JE NE MARCHERAI JAMAIS SEUL

Ouvrage dirigé par Bertrand Pirel

© 2015, Hugo et Compagnie
38, rue La Condamine
75017 Paris

Couverture : © Mounic / Presse Sports
Conception couverture : Philippe David
Cahier intérieur : collection personnelle Gérard Houllier / DR sauf :
photo 5 p.II, photos 1, 2, 3 et 4 p.III, photos 1 et 2 p.IV, photo 1 p.VI,
photos 1 et 2 p.VII, photo 2 p.VIII : © Presse Sports

ISBN : 9782755622478
Dépôt légal : octobre 2015
Imprimé en Espagne

GÉRARD HOULLIER

—

JE NE MARCHERAI JAMAIS SEUL

—

AUTOBIOGRAPHIE

AVEC LA COLLABORATION DE DENIS CHAUMIER

Hugo Sport

SOMMAIRE

9 Prologue
PLUS JE CONNAIS LES HOMMES...

11 Chapitre 1
CH'TI, ET FIER DE L'ÊTRE

19 Chapitre 2
RIEN D'UN LONG FLEUVE TRANQUILLE

31 Chapitre 3
ME LANCER À LENS

41 Chapitre 4
SOUS LE CHARME DE BORELLI

51 Chapitre 5
CAP'TAIN FERNANDEZ

59 Chapitre 6
P..., 50 ANS !

65 Chapitre 7
LA CHUTE DE L'EMPIRE PARISIEN

75 Chapitre 8
UN DRÔLE DE COMITÉ D'ACCUEIL

83 Chapitre 9
A COMME ADJOINT

91 Chapitre 10
UN CLIMAT VICIÉ

99 Chapitre 11
OH... GINOLA !

109 Chapitre 12
LE TRAUMATISME EFFACÉ

115 Chapitre 13
TROIS HOMMES ET UN COUP FIN

125 Chapitre 14
« GRANDIR DANS UNE ZONE SINISTRÉE »

133 Chapitre 15
FIN DE LA *BOOT ROOM TRADITION*

137 Chapitre 16
VOUS AVEZ DIT *CHRISTMAS PARTY* ?

147 Chapitre 17
ROY, PHIL, PATRICE, SAMMY, JOE ET LES AUTRES

153 Chapitre 18
TÊTE-À-TÊTE AVEC « THE GOVERNOR »

161 Chapitre 19
TROIS H ET UN PUR ÉCOSSAIS

169 Chapitre 20
STEVEN « WONDER » GERRARD

179 Chapitre 21
L'ENNEMI MANCHESTER, L'AMI FERGUSON

191 Chapitre 22
AUX BONS CONSEILS D'ARSÈNE

197 Chapitre 23
LES CINQ GLORIEUSES

213 Chapitre 24
MIRACULÉ

223 Chapitre 25
LES 157 MARCHES

231 Chapitre 26
THE END

241 Chapitre 27
AULAS, CŒUR DE LYON

249 Chapitre 28
ENTRETENIR LE PATRIMOINE

259 Chapitre 29
LES DESSOUS D'UN TRANSFERT

269 Chapitre 30
LE MESSAGE QUI REFROIDIT

277 Chapitre 31
À L'ATTAQUE !

283 Chapitre 32
ATTENTION : ZONE DE TURBULENCES !

293 Chapitre 33
TROP, C'EST TROP

297 Chapitre 34
RETOUR AU PAYS DU FOOTBALL

303 Chapitre 35
L'ÉPÉE DE DAMOCLÈS

309 Épilogue
LE SENS D'UNE VIE

315 Entretien
« LE FOOTBALL ENTRE DANS UNE PHASE PLUS ÉDUCATIVE ET PLUS SOCIÉTALE »

335 CV et statistiques

341 Index

PROLOGUE
PLUS JE CONNAIS LES HOMMES...

Dès mon plus jeune âge, j'ai adoré pratiquer le sport. Tous les sports, sans exception. Je songeais à devenir professeur d'éducation physique. Ce projet a longtemps occupé mon esprit et guidé mes premiers pas. Jusqu'au jour où un accident de vélo assez sérieux m'ôta tout espoir de réaliser mon rêve. Avec mon coude fracturé, je me suis retrouvé assis face à un chirurgien qui ne me dessina aucune perspective réjouissante : « Vous ne serez jamais pilote ; quant à professeur de gymnastique, mieux vaut ne pas trop y compter. » Son annonce fut brutale, et sans appel. Elle avait le mérite de la franchise.

J'avais treize ans. Mon destin, que je croyais tout tracé, venait de basculer. Je devais m'imaginer un futur différent.

J'ai compris, ce jour-là, que rien n'était jamais écrit d'avance, et que la vie était remplie d'imprévus. La suite ne fera que conforter cette découverte.

J'aimais les langues étrangères, au point d'apprendre le métier d'interprète-traducteur. Mais des raisons familiales m'ont empêché de poursuivre mes études dans cette direction. J'ai dû m'adapter, contraint et forcé. Changement de programme : je suis devenu enseignant. Je ne l'ai pas regretté.

Je jouais au football avec une bande de copains, dans mon village du nord de la France. La passion aidant, j'ai rejoint une équipe, quelques kilomètres plus loin, pour me confronter à une réalité inédite. Au bout de quelques mois, à la demande du président, j'ai apporté mon concours à la préparation et à l'animation des entraînements. J'y ai pris du plaisir, beaucoup. Un virage fortuit qui m'a ouvert un nouvel horizon. Mais l'idée restait la même : communiquer, transmettre, donner, s'ouvrir sur le monde extérieur.

Il y eut d'autres tournants et d'autres opportunités. Tellement d'autres, qui ont influé sur le cours des événements.

Je ne pensais pas que la vie me réserverait autant de surprises et de bonheurs additionnés.

Elle s'est construite autour de rencontres humaines qui ont surgi, devant moi, à l'improviste, sans que je les attende. Ni que je les espère. Je n'ai rien programmé. Ma chance fut de saisir toutes ces mains tendues. Celles de Patrice Bergues, de Guy Debeugny, de Bernard Leroy, de Romain Arghirudis, de Francis Borelli, d'Alain Cayzac, de Jean Fournet-Fayard, de Claude Simonet, de Michel Platini, de David Dein, de Peter Robinson, d'Abbas Rashid, de Jean-Michel Aulas, de Randy Lerner ou de Dietrich Mateschitz. Je pourrais en citer d'autres, mais vous les découvrirez au fil de ce récit.

Ma vie est un heureux concours de circonstances.

Je ne sais pas à qui attribuer cette saillie verbale : « Plus je connais les hommes, plus j'aime mon chien », que plusieurs personnes semblent vouloir revendiquer.

Je peux révéler une première chose, avant que vous ne tourniez cette page. Mais elle est essentielle : je n'ai toujours pas de chien.

Chapitre 1
CH'TI, ET FIER DE L'ÊTRE

J'ai grandi dans le village d'Hucqueliers, chef-lieu de canton, dont les racines s'enfoncent dans le sol du Haut-Pays d'Artois.

Un village du nord de la France. Un village du Pas-de-Calais.

Un village de maisons individuelles, de constructions variées, qui entourent une place centrale accueillante. Un village ordinaire, où l'eau du ciel, irrésistiblement attirée par le sol, se répand oblique, poussée par un vent continu. La pluie, encore la pluie, toujours la pluie. Mieux vaut ne pas craindre les averses pour y vivre. Le temps qui passe ne chasse pas les nuages qui se vident au-dessus d'Hucqueliers : en octobre 2012, le village a été déclaré en état de catastrophe naturelle suite à des inondations et à des coulées de boue. Sa réputation est établie : un « pot de chambre », dit-on familièrement. Si le ciel pleuvait avec insistance, mes yeux ne versaient aucune larme. J'ai pris la vie comme elle venait, heureux de mon sort, sans jamais me préoccuper des aléas climatiques. Pas à pas, à ma place, au cœur d'une famille unie. Je suis né en 1947, au lendemain de la guerre, à Thérouanne, une commune du Pas-de-Calais, nichée à une quinzaine de kilomètres de Saint-Omer. Je suis un Ch'ti, un vrai, et fier de l'être. Mon père, Francis, était cultivateur, mais il n'appréciait que modérément son métier. Il chercha à l'abandonner à la première occasion. Au contact d'un oncle qui lui mettra le pied à l'étrier, il en apprendra un nouveau, celui de boucher. Toute la famille fut invitée à vivre chez mes grands-parents maternels pendant six mois, et quand il s'est senti capable de voler de ses propres ailes, mon père acheta une boucherie à Hucqueliers. J'y ai vécu toute mon enfance, dans cette bourgade de 567 habitants coincée entre Montreuil-sur-Mer et Saint-Omer.

Avec mon père, avec ma mère Gisèle, avec mon frère Jackie, de quatorze mois mon cadet, puis plus tard Serge, mon deuxième frère, j'ai habité dans la maison qui faisait corps avec la boucherie. Je ne me suis jamais défilé pour donner un coup de main à mes parents, surtout pendant les vacances. Je me revois agripper le volant de notre camionnette pour partir en tournée dans les villages alentours, afin de vendre des beefsteaks, des rôtis ou de la volaille. Ma mère se postait à l'arrière pour préparer la viande et ficeler les paquets, et moi, à l'avant, je traçais la route. J'avais à peine quinze ans, et c'est ainsi que j'ai appris à conduire, avant d'être en droit de passer mon permis. Je m'arrêtais devant chaque habitation. Je klaxonnais, et les clients sortaient de chez eux, pour acheter leur viande. Un circuit bien rôdé, qui ne présentait aucune difficulté. Je l'avais en main, ce véhicule pratique, robuste, et bénéficiant d'une bonne tenue de route. J'avais plutôt intérêt : il servait à mon père pour transporter l'équipe de football locale. Un dérapage non contrôlé, un coup de frein mal ajusté, et son déplacement pour le match du week-end risquait d'être compromis. Je mesurais ma lourde responsabilité.

Pour être honnête, j'ai préféré ces sorties sur les petites routes du Pas-de-Calais au travail sur l'étal de la boucherie familiale, que mes parents me demandaient parfois d'accomplir. Désosser la viande, la dénerver, la découper, ne générait aucun plaisir chez moi, encore moins une passion naissante. Je ne serais jamais boucher, ça, c'était sûr ! Je me l'étais juré. Plus ils m'ont exhorté à les aider, plus ils m'ont incité, sans s'en douter, à poursuivre mes études. Mais ils me donnaient un précieux sésame une fois ma tâche accomplie : j'avais le droit d'aller jouer au football. Le jeu, comme une récompense, presque comme une délivrance. Je me précipitais vers la place, où une sorte de porte à bascule nous servait de but, à mes copains et à moi. Et c'était parti pour des parties sans fin. Nos idoles de l'époque portaient un maillot rouge et blanc : celui du Stade de Reims. La mienne avait aussi un nom : Raymond Kopa.

C'est mon instituteur qui, le premier, m'a inoculé le virus du football, dès l'école primaire. Il nous autorisait à jouer devant chez lui, au grand dam de sa femme car le ballon venait parfois briser les fleurs de son jardin. Vu la fréquence de cette rencontre accidentelle occasionnée par quelques tireurs maladroits, on aurait pu fabriquer de nombreux bouquets.

Mon père, lui, jouait avec assiduité avec l'équipe locale, avant de prendre du galon à la direction du club. Petit à petit, j'ai assuré la relève familiale et, sur un terrain légèrement en pente où l'herbe se faisait rare, je me suis vite pris pour un grand. Je n'étais pas le seul, avec mes six ou sept copains du même âge, dont les plus vaillants seront sollicités pour aller renforcer l'équipe de Boulogne-sur-Mer. Mais aucun n'accepta de quitter le village car il existait une sorte de pacte entre nous. « Un pour tous, tous pour un ! ».

Dès l'âge de dix ans, j'ai été « exilé » à une demi-heure de route de la maison, à Montreuil-sur-Mer, où j'ai intégré, comme interne, le collège Sainte-Austreberthe, une institution catholique qui accueillait les élèves jusqu'à la troisième. Mon grand-oncle, devenu moine, avait fait don de tout ce qu'il possédait à un monastère et à ma famille. Ma mère reçut de sa part une somme d'argent inespérée. « C'est pour les études des enfants », lui avait-il confié, dans son extrême générosité. Sans cette aide, je ne vois pas comment j'aurais pu entreprendre de telles études.

Inscrit au lycée Albert-Châtelet à Saint-Pol-sur-Ternoise, j'ai suivi ma scolarité jusqu'à la terminale, toujours en qualité de pensionnaire. C'est là, sur les bancs de l'école, que j'ai lié connaissance avec Patrice Bergues, un très bon copain de classe et un excellent joueur de football. Bien meilleur que moi : il fut sélectionné dans les cadets du Nord — un but que je n'avais pas les moyens d'atteindre. Les amitiés sont promptes à se sceller, et celle-ci prit tout de suite. Elle a bravé tous les aléas de la vie. Formidable personne, Patrice demeure un ami fidèle.

J'ai toujours attendu la journée du dimanche avec impatience, car je la réservais au « dieu » football. Mais l'excellente ambiance qui régnait au sein de notre équipe d'Hucqueliers s'effilocha au fil du temps, par la faute de ceux qui n'attachaient pas autant d'importance que moi au rendez-vous dominical. La veille d'un match important, plusieurs joueurs avaient fait la bringue. Leur prestation terne, sur le terrain, m'a convaincu de rejoindre l'équipe voisine du Touquet, avec Jean-Claude Fourmanoir, un de mes copains. Un « transfert » qui fit du bruit dans le village. C'était en 1971, l'année de la fameuse affaire Carnus-Bosquier qui provoqua un énorme scandale dans le football français. Les deux internationaux de Saint-Étienne s'étant engagés à évoluer à Marseille la saison suivante, Roger Rocher, le président stéphanois, vert de rage, les avait mis sur la touche, et leur contrat avait été résilié sur-le-champ.

On nous accusait d'être les « Carnus-Bosquier » du canton, sans méchanceté mais avec une pointe de malice. C'était cocasse à vivre car les copains, au fond, ne nous en voulaient pas. D'ailleurs, personne ne souleva la moindre objection.

Au-delà du football, qui ne représentait pas ma seule préoccupation, je m'étais promis de poursuivre des études. Je me suis tenu à cet engagement.

Après l'obtention de mon baccalauréat en 1965, je voulais devenir traducteur-interprète et, pour augmenter mes chances de succès, j'ai participé à des stages de formation à Erfurt, en Allemagne de l'Est. Sans passer par la case préparatoire, je me suis inscrit au concours de l'école d'interprète de Paris. Dans la salle d'examens, 150 élèves planchaient, mais seuls 20 candidats, au bout du compte, seraient retenus. La probabilité que je sois reçu étant infime, j'ai déposé un dossier avec mon certificat du baccalauréat pour intégrer la faculté à Lille. Je préférais courir deux lièvres à la fois, plutôt que d'attendre d'être fixé sur mon sort les deux pieds dans le même sabot.

Je n'allais plus savoir où donner de la tête.

Un courrier m'annonça que je n'étais pas admis à l'école d'interprète mais que mon nom figurait sur une liste supplémentaire. On m'indiquait que deux nouvelles annexes s'ouvraient à Strasbourg et à Tours, et que je pouvais choisir ma destination. Une aubaine : j'ai penché pour Tours où mon père m'a accompagné pour trouver un logement et régler les démarches administratives. J'ai financé mes études avec des baby-sittings et plusieurs petits boulots. Je me souviens de l'un de mes premiers achats, une radio, pour écouter les retransmissions des matches de championnat de Division 1. Chaque week-end, je regagnais mon Nord natal pour revoir mes parents et pour jouer au football. Il n'était pas question que je range mes crampons sous prétexte que j'habitais loin de mes copains-footballeurs.

Et puis, les événements se sont précipités. Lille, d'abord, refusa le transfert de mon dossier de la faculté à Tours, où je résidais depuis six mois. Je devais regagner ma terre d'attache. Un crève-cœur. Mais un deuxième facteur plus douloureux m'obligea à quitter Tours, où ma vie d'étudiant et l'école d'interprète me plaisaient. Mon père tomba gravement malade, et mes parents ne pouvaient plus subvenir au financement de mes études. Il fallait que je me débrouille seul pour espérer m'en sortir.

J'ai passé avec succès le propédeutique, un examen préparatoire à la licence. À cette époque, l'Académie d'Arras décida de former des instituteurs sur une période de deux ans, et organisa un concours externe, l'été 1966, auquel 300 candidats participèrent. L'écrémage était impitoyable : sur les 300, il n'y aurait que quinze « survivants », dirigés vers l'École Normale de Douai. J'ai eu le bonheur de faire partie des quinze qui incorporèrent l'Éducation nationale. J'étais payé, tout en poursuivant mes études. Autrement dit, j'étais « sauvé ».

La première année, j'ai beaucoup lu, André Gide, Jean-Paul Sartre, Albert Camus, plus quelques essais philosophiques pour parfaire ma culture générale. J'ai aussi pratiqué le handball, comme gardien de but, devenant même champion d'académie avec mon équipe. Ma deuxième année fut davantage studieuse, plus tournée vers la réussite de mes examens. C'était sans compter sur les événements de mai 68. Je suis « monté » à Paris, pour me mêler aux réunions des étudiants qui se multipliaient sur les campus universitaires. En assemblée générale, il nous arrivait de voter pour les modalités de vote, dans une ambiance extraordinaire, parfois surréaliste. Le mouvement de grève prenait une allure assez spéciale. Quand il cessa, je me suis remis au travail en apprenant que tous les examens étaient reportés en septembre. Pendant les vacances, j'ai bûché comme jamais, à raison de plusieurs heures par jour. Je suis même allé en Angleterre, à Leeds, pour peaufiner mon anglais. J'ai bien fait : à la rentrée, j'ai obtenu une mention bien, et une mention assez bien à mes deux unités de valeur.

L'année scolaire 1968-69 se présentait sous les meilleurs auspices. Pendant trois mois, j'ai enseigné dans une classe de cours préparatoire à l'école primaire d'Hucqueliers, où j'ai passé et obtenu le certificat d'aptitude pédagogique. Puis j'ai rempli une demande pour partir enseigner en Angleterre. Dans le dossier, il fallait cocher le nom des villes convoitées. Généralement, les candidats inscrivaient celui de Londres ou de Brighton. Pas moi : j'ai réclamé Liverpool. Lors de l'entretien avec l'examinateur, il me posa la question :

« Mais pourquoi Liverpool ?
— Parce que la ville compte deux clubs de football.
— Pardon ?
— Il y a deux clubs : le Liverpool FC et Everton.
— Ah bon ! »

J'ai été affecté à mi-temps dans un lycée de Liverpool. Je consacrais le reste de mes journées à des cours à la faculté, où j'ai achevé mon mémoire de maîtrise qui s'intitulait « *Growing up in a deprived area* ». J'y suis resté un an, et j'en garde un souvenir formidable.

J'étais très loin de m'imaginer que j'allais revenir trente ans plus tard pour entraîner une équipe de football de Premier League.

Je rentrais parfois au « pays » pour revoir les copains et pour jouer au football avec eux. Je reconnais avoir inventé la disparition de quelques grands-parents, tantes, oncles et cousins pour obtenir le droit de rentrer en France, ce qui n'allait pas de soi. Au volant de ma Renault 4, je parcourais le trajet entre Liverpool et Douvres.

Là, je garais la voiture dans le bateau, et je traversais la Manche. Un aller-retour, le temps d'un week-end marathon. Une petite folie à laquelle je ne voulais pas échapper.

Un membre de l'administration anglaise me dira, un lundi, à mon retour à la faculté de Liverpool : « Tu es le seul que je connaisse qui se rend à l'enterrement d'un membre de sa famille et qui revient avec une entorse de la cheville. »

Personne n'était dupe de la réalité de mes escapades. Mais tout le monde se montrait très conciliant.

Au terme de l'année scolaire, je suis rentré en France. Nommé professeur au collège Gabriel-de-la-Gorce à Hucqueliers, j'ai enseigné trois matières : l'éducation physique, le français et l'anglais.

Plus tard, j'ai rejoint l'École Normale d'Arras, en tant que conseiller d'éducation, pour me permettre de boucler ma maîtrise.

Les études, toujours les études.

Elles me passionnaient, mais je voulais aussi consacrer du temps à une activité qui m'enthousiasmait, elle aussi.

Chapitre 2
RIEN D'UN LONG FLEUVE TRANQUILLE

C'est au Touquet, sur la Côte d'Opale, à quelques kilomètres au sud de Boulogne-sur-Mer, que j'ai accompli mes premiers pas d'entraîneur. En 1971, dès mon arrivée au club, j'ai d'abord obtenu mon diplôme d'initiateur pour les jeunes, au CREPS de Wattignies, dans le Nord. Deux ans plus tard, je passais l'examen de moniteur sous la conduite de Jules Bigot, le responsable du stage. Son enseignement avait un haut niveau d'exigence, qu'il s'imposait aussi à lui-même. Ses qualités exceptionnelles lui vaudront de devenir membre du conseil fédéral de la FFF en 1975. On devait être une bonne cinquantaine de candidats à défiler devant lui, et seuls ceux qui décrochaient la note de 12/20 pouvaient prétendre, ensuite, au diplôme d'entraîneur. En terminant deuxième, je me suis tenu prêt à dépanner, le cas échéant.

Une occasion se présenta avec la défection inattendue de l'entraîneur de l'équipe première du Touquet. Pour pourvoir à son remplacement, le capitaine fut sollicité en urgence. Une marque de confiance qu'il accepta avec fierté, tout en m'embarquant dans son sillage : « Je n'y connais rien, Gérard, donne-moi un coup de main. » Impossible de refuser. Au contraire : cette perspective m'excitait. Pour l'aider, j'ai préparé les séances d'entraînement, puis je les ai animées. Lui retenait les joueurs, composait l'équipe et la plaçait en ordre de bataille sur le terrain. À chacun son job. Les résultats ne furent pas si mauvais, et cette organisation originale basée sur cette répartition des tâches fut reconduite l'année suivante. Elle aurait pu perdurer mais le club devait se conformer au règlement et posséder un entraîneur diplômé. Jean Sérafin fut celui-là et, tout en jouant parfois avec l'équipe première, j'ai endossé l'habit d'entraîneur-joueur de la réserve.

À l'époque, je travaillais à l'École normale d'Arras et à l'École Supérieure de Commerce de Lille. Je vivais à cent à l'heure. J'effectuais le trajet entre Arras et Le Touquet avec ma Renault 4, les deux villes étant distantes d'une centaine de kilomètres par la route principale. Je ne recevais aucune rémunération du club mais sa direction m'accorda une indemnité mensuelle pour régler mes factures d'essence. Elle était modique, mais je devais m'en contenter. Reste que j'en étais de ma poche.

Un jour, j'ai demandé un rendez-vous au président du Touquet, auprès duquel je voulais plaider ma cause.

« Écoutez, président, vous ne pouvez pas me donner un peu plus ?

– Non, non, tu n'y penses pas, ce n'est pas possible !

– Mais je ne fais pas l'aumône, le prix du carburant vient d'augmenter…

– Bon, ok, on veut te garder, on va faire un petit effort. Et tu toucheras un complément à condition d'obtenir de bons résultats avec l'équipe. »

À moi de me débrouiller au plan sportif.

L'équipe réserve dont je m'occupais monta d'un cran,

pour accéder à la Division d'Honneur. L'objectif fixé était atteint. J'allais pouvoir récupérer mon dû. Le secrétaire du club me pria de passer par le président, qui m'envoya voir le trésorier, qui m'expédia chez une quatrième personne. Je me suis fait balader d'un bureau à l'autre.

Pour l'un des derniers rendez-vous de la saison, j'avais été convoqué pour jouer avec l'équipe première contre l'équipe de France junior dirigée par Jacky Braun. Dans le vestiaire, j'ai averti mes copains que je disputais mon ultime match : « Puisqu'ils ne tiennent pas leurs engagements, je m'en vais dès ce soir ! » Notre équipe l'emporta 2-1 et, ironie du sort, j'ai inscrit un but, alors que je n'en marquais jamais dans mon rôle de milieu défensif. En rentrant dans le vestiaire, le président du Touquet s'approcha de moi et me tendit un chèque.

« Tiens, c'est pour toi.

– Je le prends puisque vous me le devez. Mais je pars quand même !

– Comment ça, tu pars ?

– Vous m'avez bien entendu : je pars. Je m'en vais, quoi ! Les contrats lient les hommes, qu'ils soient honnêtes ou malhonnêtes. Les paroles lient les hommes. Je n'ai plus confiance en vous, je ne peux pas rester un jour de plus ici. »

Les gars me regardèrent et certains m'invitèrent à plus de modération : « Non, Gérard, ne fais pas l'idiot, reste ! »

J'ai pris ma douche, j'ai rassemblé mes affaires, j'ai salué tout le monde, puis je suis sorti pour regagner ma voiture. J'ai parcouru 80 kilomètres et, au volant de ma Renault 4, tout se bousculait dans ma tête. Je ne savais plus trop à quoi m'en tenir. Je me disais : « Non, tu ne peux pas en arriver à une telle extrémité. Tu vas faire demi-tour et tu vas retrouver tous tes potes. Ta vie est là-bas, ta vie, c'est le foot… » J'ai résisté à la tentation de revenir sur mes pas. Et pendant les 20 derniers kilomètres, je me suis accroché à mon idée de base : la parole donnée relève du sacré. Je n'avais pas été éduqué selon un autre principe.

En rentrant chez moi, j'ai décroché mon téléphone pour confirmer ma décision.

Le Touquet, c'était bel et bien fini.

À 29 ans, je me suis retrouvé sans réelle attache. Avec Bernard Gence, professeur d'EPS à l'École Normale, je m'occupais de l'école de football d'Arras, où je résidais, mais je n'avais pas eu l'opportunité de devenir l'entraîneur de l'équipe première. Elle se présenta quand Jean Cornet quitta son poste d'entraîneur d'Arras, à l'époque en Division 3. L'occasion était trop belle pour que je passe à côté. Sur la dizaine de candidatures qui affluèrent sur le bureau du président d'Arras, deux furent retenues : celle de Simon Flak, qui venait d'être champion de D3 avec Noeux-les-Mines, et la mienne. Flak avait eu la chance de détenir un bon poste et, à 60 ans, il n'était peut-être pas l'homme de la situation pour se lancer dans une nouvelle aventure. C'était tout au moins mon avis. J'étais le seul à le partager. Car c'est lui qui fut désigné.

J'étais furieux, et j'ai fait part de ma colère au président. « Mais qu'est-ce qui vous a pris ? C'est insensé ! Je vis à Arras, j'habite à 500 mètres du stade, j'ai faim et j'ai envie de construire. Et vous, vous décidez d'engager quelqu'un qui a déjà obtenu des médailles. Je ne comprends pas votre raisonnement… » Pour me calmer, il me proposa de prendre la responsabilité des équipes de jeunes, mais il n'en était pas question. Il n'allait pas m'amadouer avec un sucre d'orge. C'était non. Je n'avais pas avancé d'un pouce : toujours rien en vue.

Un dirigeant d'un petit club, Agnicourt, voisin d'Arras, voulut me sortir de l'impasse dans laquelle je me trouvais, et dans laquelle je risquais de me morfondre.

« Venez chez nous, vous serez entraîneur-joueur !

– Merci à vous, c'est très gentil de votre part. J'accepte mais à condition que vous n'adressiez pas ma licence tout de suite à la Ligue. Car si jamais un club me faisait signe avant le début de la saison, je pourrais prendre une autre direction.

– C'est d'accord. »

J'allais démarrer la préparation, comme prévu, lorsque Patrice Bergues me téléphona. « Gérard, j'ai peut-être un bon plan pour toi. Mon beau-frère vient d'être nommé entraîneur à Nœux-les-Mines. Il recherche un adjoint, qui serait également en charge de l'équipe réserve et des jeunes. Ça te dirait de le rencontrer ? » L'horizon s'éclaircissait. L'équipe venait d'accéder à la deuxième division, et le challenge valait le coup d'être relevé. C'était même inespéré.

Ma rencontre avec Guy Debeugny changera le cours de ma vie professionnelle, qui n'aurait pas pris la même orientation sans sa fréquentation. Ses conceptions avant-gardistes m'ont constamment inspiré. En deux ans de collaboration, il m'a permis de posséder plusieurs années d'avance sur mes confrères.

Je l'affirme sans forfanterie.

Il habitait à Béthune et, à raison de quatre fois par semaine, je me rendais à son domicile pour préparer ensemble les séances d'entraînement, avant de retrouver les joueurs sur le terrain. Il m'enseigna les avantages de sa méthode intégrée, qui mariait tous les aspects du football : la tactique, la technique, le physique. Il était passionnant à écouter, et exaltant à suivre. Avec lui, tous les exercices d'entraînement étaient brefs et minutés, un principe que lui fit découvrir Pierre Pibarot, entraîneur de l'équipe de France pendant la Coupe du monde 1954 en Suisse, et théoricien de la défense en ligne. Il possédait mille et une recettes pour que les joueurs « s'amusent à s'entraîner », comme il l'exprimait, et son idée directrice visait à tout transformer en jeu. Il formait des groupes et les mettait en concurrence afin de créer une émulation qui développait l'esprit de compétition. Le tout dans une ambiance décontractée où les plaisanteries et les défis étaient monnaie courante.

Guy Debeugny n'avait qu'un seul défaut, tout relatif : trop gentil, il accordait facilement sa confiance aux joueurs. Trop, sans doute. Un type de management qui connaissait des limites. Mais c'était sa nature profonde : un génie et une crème d'homme.

En 1977, on avait fait le déplacement ensemble à Liverpool pour assister au quart de finale de Coupe d'Europe entre les Reds et Saint-Étienne. Il avait été frappé, comme moi, par l'ambiance extraordinaire qui régnait à Anfield. On souhaitait se focaliser sur les aspects tactiques et techniques du match, mais notre attention avait été attirée par des éléments extérieurs. J'aimais suivre les matches en sa compagnie. Il avait un œil d'expert.

Neuvième au classement de Division 2 avec son équipe première, Nœux-les-Mines affichait aussi une belle réussite dans les autres catégories : la réserve termina première de son groupe, et les juniors enlevèrent le titre de la région Nord-Pas-de-Calais.

Le duo Debeugny-Houllier tenait la route !

Mais qui avance parfois recule.

L'année suivante fut moins probante, y compris sur le plan financier où le marasme guettait, avec une chute au classement et une descente en division inférieure. Elle sera fatale à mon ami Guy Debeugny, qui démissionna au cœur de l'été 1978. Je découvrais la dure loi du métier, appliquée à un homme qui ne méritait pas un tel sort.

Le soir même, alors que je ressassais cette décision qui m'apparaissait injuste, un appel téléphonique m'arracha à mon vague à l'âme. À l'autre bout du fil, Bernard Leroy, le patron des établissements Leroy-Merlin, qui cumulait cette responsabilité avec celle de président du club. Comme son père l'avait fait dans les années 30, il s'était impliqué dans la vie de Nœux-les-Mines au milieu des années 60.

« Écoute-moi bien : j'ai vu beaucoup de vautours dans les tribunes du stade à l'occasion des derniers matches. J'ai rencontré de nombreux agents qui m'ont proposé de faire venir des entraîneurs pour occuper la place de Guy. Mais je ne ferai appel à personne d'autre que toi. Je l'ai décidé : tu seras le prochain entraîneur. »

Bernard Leroy était une personnalité particulière, à la fois très décontractée et extrêmement déterminée. Lorsqu'ils signaient en faveur du club, les joueurs étaient embauchés chez lui. Il ne s'agissait pas d'emplois fictifs, mais ils quittaient le magasin vers 17 h, avant sa fermeture, pour se rendre à l'entraînement.

Je suis allé voir Guy Debeugny pour lui apprendre le contenu de ma conversation avec le président. Il me mit à l'aise : « Ne rate surtout pas cette occasion, Gérard. Tu vas récupérer une équipe en troisième division, que tu n'auras aucun mal à maintenir. Fonce, et ne te pose pas de questions. »

J'ai agi selon ses recommandations. Cette fois, j'étais en première ligne, en prise directe avec le groupe. Je n'ai pas eu à le regretter.

Avant un entraînement de début de saison, un de mes copains, Jean Verschueren, un ancien pro à Lille, m'apostropha alors que je buvais un verre au bar.

« Gérard, tu sais que tu vas agir comme un salaud désormais ?

– Quoi ? Mais qu'est-ce que tu me racontes ?

– C'est toi l'entraîneur en chef, et tu fais un métier de salaud.

– Mais qu'est-ce que tu veux dire par là ?

– Eh bien, tu vas faire des choix, et ce ne seront pas

toujours les meilleurs joueurs qui joueront. Mais je ne t'en tiens pas rigueur. Simplement, tu te lances dans un métier où il n'y a plus aucun affect possible. »

J'avais encore la tête à l'École Normale d'Arras et à Sup de Co Lille, et je n'avais pas envisagé ma responsabilité sous cet angle-là.

Mon premier choix d'équipe ne tarda pas. Pour l'ouverture du championnat, on se déplaçait à Saint-Quentin, chez l'ennemi juré, où nous attendaient, comme au coin du bois, 4 000 spectateurs hostiles. Un de mes joueurs avait suivi toute la préparation d'avant-saison, et il s'était révélé irréprochable. Un autre n'était rentré que dix jours avant le début de la compétition, à cause du calendrier des congés déterminé par son entreprise. Le premier, assidu, s'imposait logiquement au poste d'arrière droit, mais je me suis interrogé, au dernier moment, sur sa capacité à maîtriser son stress. J'ai demandé au deuxième comment il se sentait. C'était un Ch'ti, un gars du pays. « T'inquiète pas Gérard, cha va aller... » Malgré les limites de sa préparation physique, il me rassurait par sa décontraction. Le match fut tendu de la première à la dernière minute, mais Nœux-les-Mines ne plia pas et l'emporta sur le score de 1-0. Mon défenseur avait réalisé une prestation remarquable.

Ce jour-là, j'ai repensé à la formule de mon copain Verschueren. Il avait raison : je faisais peut-être un métier de salaud.

Il me réussissait, pourtant.

Sur les 30 matches de la saison, une seule défaite nous obligea à poser un genou à terre. Elle fut concédée au Touquet, par la plus petite des marges. Et encore : à 0-0, on avait eu la possibilité d'ouvrir la marque, par l'ancien avant-centre du Touquet qui rata malheureusement un penalty. Depuis ce jour, je refuse qu'un ancien joueur de l'équipe que nous rencontrons se propose pour tirer un penalty. Une question de superstition.

Après une vingtaine de matches, l'équipe comptait plusieurs points d'avance, et le projet d'accession en D2 commençait à prendre corps. Il ne convenait pas à tout le monde. À quelques heures d'un match en retard, j'ai senti moins de motivation chez un de mes joueurs, alors que sa passion pour le jeu était sans faille. En tendant l'oreille dans le vestiaire, j'ai compris qu'ils n'étaient pas tous favorables à l'idée de monter de division. En D2, leur vie allait être chamboulée et certains ne le souhaitaient pas. Ils semblaient préférer le « confort » de la division inférieure. Je les ai réunis pour leur rappeler l'objectif à atteindre, qui ne serait pas revu à la baisse. Nœux-les-Mines a finalement été champion, mais j'ai écarté en cours de route les deux ou trois joueurs que je ne sentais pas assez impliqués. J'avais des doutes sur eux, j'ai réglé le problème en les « éliminant ».

Habitant Arras, je parcourais de nombreux kilomètres chaque jour et, dans ma voiture, dès qu'une idée me venait à l'esprit, je l'enregistrais sur un mini-magnétophone pour ne pas l'oublier. J'étais sous tension permanente.

Notre aventure en deuxième division ne fut pas simple à manager. J'avais organisé trois jours de stage d'avant-saison au Touquet pour une mise à niveau de l'effectif. C'est un moment capital dans la vie d'une équipe. Jean-Michel Godart, notre talentueux gardien de but, m'a averti au dernier moment qu'il ne serait pas des nôtres, car son travail chez Renault ne lui permettait pas de se libérer.

« Gérard, je ne peux pas venir.

– Si tu ne viens pas te préparer avec le groupe, je ne pourrai pas compter sur toi pour le reste de la saison. Ce n'est pas grave, je vais m'organiser autrement. Tu as 48 heures pour réfléchir. »

J'ai contacté deux gardiens de but susceptibles de le remplacer, Gérard Gili et Marc Weller, qui se trouvaient tous les deux en fin de contrat.

48 heures plus tard, Godart réapparut.

« Allô, Gérard ? Finalement, je viens au Touquet.

— Non, non, ça ne se passe pas comme ça. Tu raccroches le combiné, tu prends ta voiture et tu viens me le dire en face, chez moi. »

Il est arrivé au bout d'une petite demi-heure. Il s'est assis dans un fauteuil.

« Bon, en fait, que veux-tu me dire ? Que tu veux jouer ? C'est bien ça, hein ? Que tu veux jouer ? Bon, d'abord, parlons du stage.

— Le stage, c'est réglé : j'y participerai.

— Alors maintenant, je vais te décrire une situation : on est derniers, on compte huit points de retard sur le premier relégué, plus d'argent dans les caisses et plus beaucoup de spectateurs dans les tribunes. Le terrain d'entraînement est pourri et tu es obligé de faire des roulades sur un sol dur comme du béton armé. Je peux toujours compter sur toi ?

— Je serai le premier à venir à l'entraînement, tu peux compter sur moi !

— Tu me le répètes, car j'ai deux gardiens de but qui attendent mon coup de fil. On sera derniers, et tu seras le premier à l'entraînement ?

— Je te le promets, coach.

— Ok, alors on part comme ça. »

Jean-Michel Godart réalisa finalement une saison exceptionnelle, qui lui permettra, deux ans plus tard, d'évoluer en première division à Laval avec Michel Le Milinaire. Et d'être surnommé le « Schtroumpf » par la France entière, suite aux exploits européens du club.

J'ai appris qu'un entraîneur devait veiller à tout, et qu'il pouvait aussi rencontrer des situations abracadabrantes. Mais la difficulté ne me déprimait pas.

Le « pic » de la performance de Nœux-les-Mines se situa au printemps 1981 lorsque l'équipe accéda aux barrages dans l'espoir d'atteindre la première division. À l'aller, contre Toulouse, entraîné par Pierre Cahuzac, « mes » deux Polonais Stefan Bialas et Joachim Marx avaient marqué un but chacun et notre victoire (2-0) nous laissa entrevoir les portes du paradis. Mais tous les habitants de cette ville aux ambitions modestes n'envisageaient pas cette perspective avec jubilation. Notre présence éventuelle parmi l'élite effrayait, d'autant qu'il aurait fallu que le club prenne le statut professionnel. Le barrage retour se chargea de rassurer les inquiets.

Arrivés à Toulouse en avion et repartant en train dès la fin du match, nous avions loué deux mini-bus pour nous rendre au stade vers 18 h. J'étais au volant du premier, et je me faisais guider par mes joueurs dans les rues toulousaines encombrées. À l'entrée du Stadium, deux policiers me firent signe d'arrêter.

« Bonsoir, messieurs. Nous sommes l'équipe de Nœux-les-Mines.

– Non, sans blague ? »

Alain Tirloit, assis sur la banquette avant du véhicule, prit son meilleur accent ch'ti.

« Monsieur l'agent, on vous promet, on est Nœux-les-Mines.

– Allez, assez rigolé, vous venez jouer en lever de rideau.

– Oui, c'est ça, nous venons jouer en lever de rideau. Laissez-nous passer où je vais chercher un collègue à vous. »

Il montra du doigt un joueur de l'équipe, Alexandre Stassievitch, assis à l'arrière, qui travaillait dans la police.

« Bon, passez, vous allez être en retard. »

J'avais répliqué par une pirouette : « Je vais entrer doucement, mais on risque de sortir beaucoup plus vite. » Je ne croyais pas si bien dire. L'équipe encaissa cinq buts sans pouvoir en rendre un seul. J'ai eu l'impression étrange d'assister à un match dont le scénario avait été écrit à l'avance.

Marx avait ouvert le score en notre faveur dans les premières minutes mais l'arbitre refusa le but. Personne n'a compris pourquoi. Quand Toulouse marqua son deuxième but, le juge de touche sauta de joie. Le troisième but découla d'un penalty curieux et le cinquième fut inscrit alors que les supporters toulousains avaient déjà envahi la pelouse. Bizarre, vous avez dit bizarre ?

Je ne saurai jamais le fin mot de l'histoire.

Le maire de la ville insista auprès de ses administrés : « Nœux-les-Mines ne peut pas se permettre d'avoir un club en D1. » Le message était clair. Notre troisième saison ne fut pas mièvre avec une troisième place en championnat, une qualification aux dépens de Nantes (2-1) en Coupe de France, et une élimination au tour suivant, en aller-retour, face au PSG, futur vainqueur de la compétition. Il n'y avait pas de quoi rougir. Je sentais, pourtant, que la fin de l'aventure était proche et qu'il serait impossible d'aller plus loin. D'autant que la mort brutale de Bernard Leroy, dans un accident de la route, en octobre 1981, privait le club de son meilleur représentant.

Depuis quatre ans, on disait que j'étais le Guy Roux de Nœux-les-Mines.

Alors, quitte à me comparer à lui, autant le faire en première division.

Chapitre 3
ME LANCER À LENS

La première division semblait disposée à m'ouvrir ses portes et à m'accueillir. Elle ne m'effrayait pas. Le football était mon mode d'expression. Les artistes chantent, ils peignent ou ils écrivent, moi j'aimais entraîner. C'était ma façon d'être en phase avec moi-même. Je ne m'étais pas lancé dans ce métier par goût de l'aventure mais parce que je me sentais capable de l'exercer. J'aspirais à le vivre intensément, et le haut niveau me le permettrait. J'étais prêt à sauter le pas.

Au cours des derniers mois à Nœux-les-Mines, j'avais reçu huit propositions de clubs de l'élite parmi lesquelles celles de Nice, de Rennes et du Havre étaient les plus pressantes. Jean-Pierre Hureau, en particulier, insistait pour que j'assure la relève de Léonce Lavagne. Il entreprit un forcing effréné pour me convaincre de le rejoindre en Normandie. Sa démarche aurait peut-être abouti si celle de Romain Arghirudis ne s'était pas montrée aussi déterminante.

Directeur sportif du RC Lens, en âge de jouer encore – il avait été contraint d'abandonner prématurément sa carrière à cause d'un genou défaillant –, il appréciait mon travail et me le fit savoir à plusieurs reprises. Quand il accepta que Nœux-les-Mines dispute ses matches de Coupe de France contre Nantes et le Paris SG au stade Bollaert, au début de l'année 1982, il m'adressa un premier message qui ne trompait guère sur ses intentions. Il eut aussi l'intelligence d'agiter la fibre régionale, qui acheva de me persuader. Il voulait créer un esprit de clocher autour de Lens, avec des hommes du cru, en s'inspirant de l'exemple et de la réussite des Basques de la Real Sociedad.

Porte-parole du club, il se faisait aussi l'interprète de la volonté du premier magistrat de la ville, André Delelis, qui n'était autre que son beau-père. Or, à Lens, le football, c'était André Delelis. Nulle part ailleurs, en France, la vie d'un club de première division ne s'identifiait autant à la passion de son maire. On allait même jusqu'à dire dans la cité nordiste, un peu gauloisement il est vrai, que le RC Lens était la « danseuse du maire ». André Delelis rêvait de rejoindre un jour l'AS Saint-Étienne dans le cœur des Français, avec l'espoir de ne pas aller aussi loin que les Verts dans les excès.

Le nom de Lens sonnait bien à mes oreilles. Comme Liverpool, Lens était mon équipe de cœur. Elle allait être celle de la raison, aussi.

Romain Arghirudis avait connu trois entraîneurs depuis sa prise de fonction : Roger Lemerre, Arnold Sowinski et Jean Sérafin, le dernier en date. Il était arrivé en provenance du Touquet pour s'occuper des jeunes avec la promesse écrite, dans son contrat, de récupérer l'équipe première en cas de nécessité. Arnold Sowinski congédié pendant ses vacances, c'est Jean Sérafin qui hérita du poste ; mais les résultats moyens du RC Lens durant la saison 1981-82 le condamnèrent.

Je devais quitter mon métier de professeur d'anglais qui ne rimait pas avec le monde du football professionnel. Je disposais de quelques mois pour faire mes preuves.

Je me suis présenté devant le président Jean Bondoux avec mes fiches de paie à la main. Il les regarda attentivement et il m'annonça aussitôt qu'il ne pourrait pas m'offrir le même niveau de rémunération. J'avais imaginé que m'asseoir sur un banc de touche me rapporterait davantage que la fréquentation d'un banc d'école. Mais j'ai signé mon contrat, malgré tout. Je voulais saisir l'opportunité de faire partie des vingt meilleurs entraîneurs français, et rien n'aurait pu m'empêcher de réaliser ce rêve. Pas même l'argent.

En quittant l'abri atomique de l'Éducation nationale pour camper sur un champ de mines, je savais que je ne choisissais pas la facilité. Mais j'avais confiance en moi et j'ai foncé.

L'une de mes premières décisions consista à m'assurer le concours d'Arnold Sowinski comme adjoint. Vieux serviteur du club, il avait été mis sur la touche en 1978, sans beaucoup de scrupules ni d'explications. On lui reprochait en vrac son manque d'autorité et ses faiblesses avec les joueurs. C'était oublier un peu vite qu'il avait mené Lens en finale de la Coupe de France en 1975 (Saint-Étienne-Lens 2-0) et dans une campagne européenne mémorable (Coupe de l'UEFA 1977-78). C'était faire fi, également, de son attachement au club auquel il appartenait depuis l'âge de quatorze ans, avec une carrière de gardien de but de 1952 à 1965, une reconversion comme entraîneur, et toute une vie aux couleurs sang et or.

Guy Debeugny m'avait énormément apporté par sa vision du football moderne, Arnold Sowinski serait précieux pour sa somme d'expériences accumulées et la mine d'or qu'il représentait. Il m'empêcha de commettre des bêtises, et il me fit gagner du temps. Il avait le profil d'un entraîneur à l'ancienne, un peu comme José Arribas. Souvent, j'ai été stupéfait par la finesse de son raisonnement sur les hommes comme sur le jeu.

Pendant les quinze premiers jours, j'ai eu le sentiment étrange que certains joueurs me faisaient la gueule. Je n'avais pas l'habitude qu'une ambiance pesante enveloppe mes séances d'entraînement comme une chape de plomb. Alain Tirloit et Pascal Leprovost, qui étaient arrivés « dans mes bagages », le constatèrent eux aussi. À la joie de Nœux-les-Mines succédait la grisaille de Lens. Ce n'était pas prévu au programme.

Un matin, François Brisson s'en est ouvert auprès de moi.

« Coach, vous n'avez rien remarqué ?

– Remarqué quoi ?

– Ce n'est pas la folle ambiance dans le groupe.

– Non, c'est le moins que l'on puisse dire. Je trouve qu'il manque d'enthousiasme mais ce n'est que le début de la saison. Il faut qu'on apprenne à se connaître.

– En tout cas, vous n'êtes pas du tout celui qu'on nous a décrit !

– Que veux-tu dire par là ?

– Jean Sérafin nous a assurés que vous étiez un jeune entraîneur qui ne connaissait rien à son métier. Les joueurs sont méfiants, il faut les comprendre. »

C'était donc l'explication au désenchantement ambiant : ils doutaient de moi, comme si on avait cherché à les parquer dans une classe où ils ne voulaient pas mettre les pieds car la tête du professeur ne leur convenait pas. Avant d'abandonner les lieux, Jean Sérafin m'avait rendu un fieffé service : j'allais leur démontrer, à tous, que mes entraînements étaient d'une bonne tenue !

Entraîneur issu de la base de la pyramide du football, et non de son sommet, je savais que mon intrusion au plus haut niveau ne faisait pas plaisir à tout le monde. J'étais attendu au tournant, et certains guettaient mon échec pour mieux s'en réjouir. On ne me pardonnerait pas ce que l'on pardonne à d'autres, originaires du monde professionnel. Mais je ne voulais pas dévier de ma voie : la première forme d'autorité, c'était la compétence. Qu'on me juge sur des faits et pas sur des qu'en-dira-t-on : c'est tout ce que je réclamais.

Notre bon démarrage en championnat changea l'atmosphère générale du club où les querelles de couloirs se répandaient parfois jusqu'au terrain.

La bonne humeur, au contraire, devenait contagieuse. Lors de la 2ème journée, contre Bordeaux, l'équipe menait 2-0. Alain Tirloit se procura une monumentale occasion d'assurer définitivement la victoire, en se présentant seul devant Richard Ruffier. Une heure après le coup de sifflet final, et notre résultat nul (2-2), je me suis moqué de lui, ne cessant de lui répéter en souriant : « Quand même, ce but, c'est incroyable que tu l'aies raté. » Il ne perdit pas son sang-froid, et répondit du tac au tac : « Au moment de tirer, j'ai regardé le banc de touche pour savoir où placer le ballon et je n'ai pas reçu de consigne. C'est ce qui explique mon échec. » Une anecdote, parmi d'autres, pour décrire une ambiance saine et conviviale. Et propice au travail.

Le fait de prendre la tête du classement après six journées ne relevait pas d'une simple péripétie, mais presque. Je n'étais pas hanté par la première place. Elle ne modifiait rien pour moi. J'ai horreur de la condescendance quand on se retrouve en position de force. Il régnait seulement un climat apaisé, le public appréciait le spectacle proposé, et cela suffisait à mon bonheur.

J'avais réussi, sans le savoir, mon examen de passage en division 1. Mon équipe prenait davantage de risques, et elle exprimait une joie de jouer et un esprit conquérant qui contrastait avec les mois précédents. Elle évoluait selon des options tactiques différentes. Depuis l'adoption quasi généralisée du 4-4-2, un certain nombre d'entraîneurs se penchaient sur les solutions qui leur permettraient d'en trouver la faille. Pour affronter Lille, par exemple, j'avais adopté un schéma novateur. Deux défenseurs (Sénac et Bade) étaient chargés des deux attaquants adverses. Ils étaient couverts par Leclercq, le libero. Quatre milieux de terrain, dont deux à dominante défensive et deux à tempérament plus offensif, complétaient le dispositif, avec trois attaquants : Xuereb, Ogaza et Brisson, dans une sorte de 3-4-3. Jamais les deux arrières latéraux lillois n'avaient pu « sortir », et nos échanges rapides à une touche de balle étouffèrent nos adversaires. Daniel Leclercq occupait un poste comparable à celui tenu par Matthias Sammer avec l'Allemagne au Championnat d'Europe 1996. Daniel comprenait vite, il manifestait une grande intelligence dans le jeu, il n'était pas très rapide, mais il le « lisait » bien. On avait l'impression qu'il avait une main à la place du pied gauche.

Lens termina la saison à la quatrième place, derrière Nantes, Bordeaux et le PSG. Avant notre rencontre capitale au stade Marcel-Picot, je me trouvais moi-même à Nancy, au CREPS, pour y passer, avec réussite, mon examen pour le tronc commun nécessaire à l'obtention de mon diplôme d'entraîneur. Notre victoire lors de la dernière journée de championnat assura notre qualification pour la Coupe de l'UEFA. Lens revenait de loin, et pouvait regarder droit devant.

À l'automne 1983, notre campagne européenne prit la forme d'un derby France-Belgique avec deux premiers voyages chez nos voisins, contre La Gantoise (1-1 et 2-1 a.p.) et le Royal Antwerp (2-2 et 3-2). À Gand, en cours de match, un dégagement aux six mètres raté du gardien belge avait atterri dans les pieds de notre avant-centre, le Polonais Roman Ogaza, posté devant la surface de réparation adverse. Il contrôla le ballon, tira et marqua un but inattendu. À la surprise générale, l'arbitre le refusa, prétextant un hors-jeu. Or, un hors-jeu sur une remise en jeu aux six mètres, cela n'existait que dans son propre règlement. Ogaza se précipita vers lui pour protester mais il se montra dans l'incapacité d'argumenter et de se faire comprendre. Et pour cause : il s'exprimait difficilement en français.

La période était marquée par une hécatombe des clubs français dans les coupes européennes. Des cinq équipes, il n'en restait plus qu'une : la nôtre. Nantes chez les champions (1er tour), PSG en Coupe des Coupes, Bordeaux et Laval en Coupe de l'UEFA (2ème tour) étaient déjà tombées. C'est encore par la Belgique que passait notre chemin pour atteindre le printemps européen : Lens affrontait Anderlecht, le tenant. Un adversaire d'envergure. Dès l'ouverture des portes du stade Bollaert, le 23 novembre, des projectiles lancés par les hooligans belges dégringolèrent depuis la tribune Delacourt. Des pierres, des bouteilles, des canettes, des barres tombaient sur la tête des CRS alignés entre les gradins et le but. À la 88ème minute, lorsque Erwin Vandenbergh s'en alla battre Jean-Pierre Tempet, toute l'équipe accusa le coup. Mais alors qu'il restait quelques secondes à jouer, une dernière action lensoise mit le public en ébullition. Sur un ballon en retrait, Morten Olsen laissa passer la balle entre ses jambes pour son gardien, Jacky Munaron, qui mit le pied en opposition, en cherchant à gagner du temps. Il aurait pu s'en emparer à la main mais il préféra temporiser. Juste au moment où il s'apprêtait à s'en saisir, un caillou lancé de la tribune située derrière son but heurta sa jambe gauche – et non le ballon comme il le déclara. Perturbé, il laissa filer le ballon qui glissa lentement derrière la ligne. Un but gag qui fit le tour du monde. Je ne savais pas s'il fallait se réjouir de ce cadeau tombé du ciel ou se sentir gênés. André Delelis me le confiera un jour : « Vous ne pouvez pas savoir la publicité que ce but a provoquée pour la ville... » Dans le vestiaire, Jacky Munaron était furieux. Il avait ramassé trois canettes de bière et, en guise de protestation, il les exhiba sous le nez de l'arbitre écossais, M. Syme. Celui-ci les examina et lui répondit, avec un flegme tout britannique : « Mais monsieur Munaron, il s'agit de bières belges ! » Le gardien comprit qu'il n'obtiendrait rien de lui, tourna les talons et regagna son vestiaire. Deux semaines plus tard, Lens s'inclinera avec les honneurs à Anderlecht (1-0), pour la seule fois en six confrontations franco-belges.

Cette campagne représenta un formidable investissement pour le club, qu'il convenait de gérer au mieux de nos intérêts.

Mais la saison suivante ne nous apporta pas la récompense espérée. Elle fut à l'image de la région du Nord-Pas-de-Calais, qui vivait des difficultés socio-économiques d'une ampleur inégalée. Les énergies pour sortir le RC Lens de la morosité existaient, mais elles n'étaient pas assez vigoureuses. L'intégration des nouveaux, Pascal Zaremba, Jean-Michel Rabier, Venancio Ramos et Claude Deplanche, ne s'était pas effectuée au rythme souhaité et, dans cette période de flottement collectif, la méforme de nos deux champions olympiques, François Brisson et Daniel Xuereb, ne nous aida pas à sortir du tunnel.

Lens boucla sa saison avec une septième place en deçà des positions européennes, et sa défaite à Rouen lors de la dernière journée n'ajouta rien à sa gloire.

Le succès n'étant jamais dû à un seul homme, l'échec n'était pas davantage imputable à une seule personne.

Mais il m'a semblé qu'il était temps que je parte, et que je passe le relais à qui voudrait s'en saisir. C'est Joachim Marx – un homme du cru, lui aussi – qui prit ma succession.

Le métier d'entraîneur est fait d'approches relationnelles. Je désirais connaître de nouvelles situations, me confronter à des raisonnements différents. Je n'avais pas 40 ans et il était temps que je me remette en cause pour évoluer dans un autre environnement.

Quand les rumeurs ont commencé à circuler sur mon possible départ à Paris, j'ai entendu les mêmes remarques fielleuses qui avaient accompagné mon arrivée à Lens, trois ans plus tôt. Du scepticisme, de la part de certains observateurs. D'autres, le sourire au coin des lèvres, n'attendaient qu'une chose : que je me casse la figure. L'espéraient-ils ? Je ne parierais pas le contraire.

Chapitre 4
SOUS LE CHARME DE BORELLI

Tout commença dans la pénombre, sous une pluie fine, sur le parking du stade Félix-Bollaert. Étrange endroit pour une rencontre impromptue qui allait bouleverser le cours de ma vie professionnelle. Le Racing Club de Lens, dont j'étais l'entraîneur, venait de corriger l'équipe du Paris Saint-Germain à laquelle Brisson, Tlokinski, Oudjani et Vercruysse avaient marqué chacun un but, comme autant de coups de poignard plantés en plein cœur de sa défense. Notre victoire 4-2, en ce 26 mars 1985, à l'occasion de la 30ème journée de championnat, précipitait le club de la capitale dans une crise inéluctable. Douzième à 22 points du leader, les Girondins de Bordeaux, il s'enfonçait au classement, à des années-lumière de ses objectifs initiaux, et les journaux bruissaient de rumeurs insistantes.

En quittant le stade pour récupérer mon véhicule garé près de la sortie des officiels, je suis tombé nez à nez avec Francis Borelli qui semblait perdu, ne sachant où aller, tournant sa tête à droite et à gauche pour trouver une issue. Quelques minutes plus tôt, au moment du coup de sifflet final, le public lensois lui avait réclamé une chanson sur l'air des lampions. Son orgueil avait dû en souffrir. Le football est parfois impitoyable.

« Que faites-vous là, tout seul ?

– Écoutez, monsieur Houllier, je devais repartir à Paris en compagnie d'un ami qui m'a manifestement oublié. Je le cherche, je ne l'aperçois pas.

– Je peux vous aider ?

– Le bus de l'équipe est parti il y a quatre-cinq minutes, il est peut-être encore possible de le rattraper. Je rentrerai alors avec lui...

– Allons-y, montez à côté de moi, on va y arriver ! »

J'ai aussitôt foncé en direction d'Arras et, un petit quart d'heure plus tard, j'ai réussi à revenir à la hauteur du bus de la délégation parisienne. À la faveur d'un feu rouge, Francis Borelli sortit précipitamment de la voiture, me remercia chaleureusement et grimpa dans le bus.

Ce fut mon premier vrai contact avec le président du Paris Saint-Germain.

Deux jours plus tard, il convoqua une conférence de presse au siège de RTL, près des Champs-Élysées, pour annoncer la mise à l'écart de Georges Peyroche et son remplacement, sur le banc de touche, par Christian Coste, responsable de l'équipe de Division 3. Dans la coulisse, les grandes manœuvres s'engageaient en vue de la saison suivante et les noms de plusieurs entraîneurs fleurissaient dans la presse. On parlait notamment de Robert Herbin et de Michel Hidalgo, les plus performants et les plus en vue de l'époque. Parmi les autres bruits qui circulaient, l'un me concernait. *France Football* publia dans ses pages « Confidentiels » un entrefilet relatant mon entrevue surprise avec le président du Paris S-G sur le parking du stade de Lens. Il n'en fallut pas davantage pour éveiller les imaginations et susciter toutes les suppositions. La diffusion de cette information provoqua une certaine fébrilité chez mes dirigeants, qui me demandèrent des explications. Au point que Francis Borelli me téléphona un jour : « Monsieur Houllier, sachez que je suis désolé par l'ampleur prise par cette affaire. Je vous ai mis dans l'embarras alors que vous m'avez rendu service, et je vous en remercie aujourd'hui encore. Maintenant, je vais aussi vous avouer une chose : les journalistes, sans le savoir, m'ont soufflé une très bonne idée… » Et il raccrocha, après une formule de courtoisie dont il était coutumier.

Vers la mi-mai, avant la finale de la Coupe de France à laquelle le PSG participait face à l'AS Monaco, Francis Borelli me contacta à nouveau. Il n'était plus question d'excuses, ou de formules diplomatiques. Le ton était plus direct. Plus engageant aussi. « Seriez-vous intéressé, monsieur Houllier, par le poste d'entraîneur du Paris Saint-Germain ? J'ai bien réfléchi depuis quelques jours : je pense à vous… » Compte tenu de ce que j'avais pu lire ici et là, je me doutais qu'il entreprendrait une démarche officielle. Je n'y avais pas sérieusement songé jusqu'alors mais plus l'idée se répandait dans la presse, plus elle circulait en boucle dans ma tête. Après tout, pourquoi pas Paris ? N'était-ce pas une opportunité extraordinaire qui se présentait à moi ? Il me rappela pour prolonger cette première discussion, tout en avertissant mes dirigeants de ses intentions. Je devais encore une année de contrat à Lens, qui réclama l'équivalent de 45 000 € pour me libérer, en vertu d'une clause signée par les deux parties. J'ai dû être le premier entraîneur à faire l'objet d'une indemnité de transfert. Un pionnier, en quelque sorte.

À son invitation, je me suis déplacé à plusieurs reprises à Paris pour rencontrer Francis Borelli et, le plus souvent, il était accompagné par Pierre Aranzana, Philippe Taupin et Patrick Malvoisin, qui gardaient un œil sur les comptes du club. Selon les jours, il me tenait des propos totalement contradictoires. Parfois, il m'affirmait avec son style grandiloquent qu'il allait acheter les meilleurs joueurs du monde et qu'il mettrait à ma disposition une équipe de tous les diables. La fois suivante, il m'avouait que le club n'avait plus le moindre centime dans ses caisses car la mairie fermait le robinet des subventions. Avec une pointe de désolation, il me priait de puiser dans l'effectif du centre de formation pour composer l'équipe de la saison suivante. Je n'arrivais pas à saisir toutes les subtilités de son message à géométrie variable, ni même l'amplitude qu'il souhaitait donner à son club. J'étais un peu perdu, comme déstabilisé par des discours si différents. Lors d'un troisième rendez-vous, il afficha une mine radieuse, heureux de l'effet qu'il ne manquerait pas de produire : « Monsieur Houllier, ici c'est Paris, vous savez ! On peut obtenir ce que l'on veut. J'ai un entretien avec Jacques Chirac demain dans son bureau de l'Hôtel de Ville, je pense pouvoir repartir avec un chèque. Et un bon chèque, si vous voyez ce que je veux dire. » Il était à la fois imprévisible et sublime. Je le connaissais naturellement de réputation, mais je ne l'avais jamais côtoyé. Il me déconcertait, je dois l'avouer.

Un jour, sur le rebord d'une table, dans un bar proche de son bureau parisien, rue Bergère, il s'empara d'une feuille blanche pour dessiner les futurs contours de l'équipe dont il rêvait. Une feuille qu'il gardait jalousement dans sa poche et qu'il ressortait à chacune de nos rencontres. Il y couchait des noms, qu'il pouvait ajouter, barrer, ou entourer. Michel Bibard, Joël Bats, Claude Lowitz, Fabrice Poullain, Robert Jacques, Omar Da Fonseca, et tant d'autres.

J'ai assez vite noué une véritable complicité avec lui, d'abord parce que sa compagnie était très agréable, que notre relation personnelle s'agrégeait bien et qu'il me faisait beaucoup rire par ses expressions et la manière de se conduire. Ensuite, son amour total et sincère pour le jeu me séduisait. Jeune, il avait porté les couleurs de La Patriote de Sousse, et il en conservait une certaine fierté. Mais son plus grand motif de satisfaction concernait sa sélection en équipe nationale de Tunisie, contre la Yougoslavie. Il ne manquait jamais une occasion de glisser ce rappel historique, incidemment, dans une conversation. L'air d'insinuer qu'il en connaissait un rayon. Et il est exact que le football n'avait pas de secret pour lui.

Parfois, avant un match de championnat, il me prenait à l'écart, en me chuchotant à l'oreille : « Surtout, arrivez bien à l'heure au stade avec l'équipe, car je joue en lever de rideau... » Il tenait à ce que ses joueurs sachent que leur président n'était pas malhabile balle au pied. Il voulait briller à leurs yeux. Safet Susic, qui l'appréciait beaucoup, pouffait : « C'est le seul numéro 10 que je connais qui joue les deux mi-temps devant la tribune d'honneur pour qu'on le remarque bien... » Les joueurs l'aimaient, et la réciproque était vraie. Quand j'en écartais un pour une raison ou pour une autre à l'occasion d'un match, il lui passait un coup de fil pour le réconforter. Il lui arrivait aussi d'envoyer un bouquet de fleurs à sa femme, voire même une montre, pour atténuer les effets de la mauvaise nouvelle. Dans le budget du club, toutes ces dépenses étaient inscrites et, au bout du compte, elles représentaient des sommes non négligeables. Le trésorier, parfois, toussait... Ce type de dirigeant proche des joueurs, qui développait avec eux des rapports humains très étroits, parfois basés sur l'empathie voire l'amitié, tend à disparaître dans le football moderne. Francis Borelli aurait du mal à trouver sa place, aujourd'hui.

Après un résultat nul à Monaco (1-1) en novembre 1985, qui nous permettait de conserver notre invincibilité après la 18ème journée de championnat, il donna quartier libre aux joueurs et chacun d'eux reçut de sa part une plaque de 1000 francs à dépenser au casino. Ensuite, il s'occupa personnellement de la cinquantaine de supporters qui avaient organisé un déplacement en car. Sur les coups de 23 h, il leur dégota une dizaine de baguettes et de la confiture dans les cuisines de son hôtel, le Beach Plaza, pour qu'ils puissent manger dans la nuit du retour.

C'était un homme élégant, dans tous les sens du terme. Élégant au plan vestimentaire avec sa célèbre sacoche en cuir qui ne quittait jamais son poignet gauche. Elle cachait, paraît-il, des amulettes de la chance qui le protégeaient de toute déconvenue. Mais comment oublier ses vestes à carreaux toujours impeccablement découpées, et sa pochette légendaire qui ornait sa poitrine ? Son élégance se prolongeait dans l'expression d'un langage soigné et fleuri. Il ciselait le mot juste, et ne détestait pas noter des citations d'auteurs célèbres qu'il déclinait, à l'occasion, lors de conversations. Il n'hésitait pas à rappeler que le monde du théâtre et du cinéma lui avait ouvert ses portes. Il avait tourné avec Marcel Carné dans *L'air de Paris*, et sa réplique principale suscitait l'hilarité générale : face à Maurice Sarfati, qui incarnait un boxeur, il s'emportait : « Vas-y ; frappe z'y dans la boîte à ragoût. » Avec Christian-Jaque, qui l'avait recruté pour *Madame du Barry*, son rôle prenait un relief particulier : il saluait Martine Carol une bonne dizaine de fois en lui adressant des courbettes. Un vrai régal.

Il vénérait les stars, les belles personnes et les Noirs, aussi, dont il s'était épris. Oumar Sène figurait parmi ses préférés. Une sacrée personnalité, cet Oumar ! Une fois, Bernard Brochand et Charles Talar partirent ensemble en voyage au Sénégal mais leur avion ne décolla pas à l'heure, dans l'attente d'un passager, en retard d'une bonne vingtaine de minutes. Arriva finalement Sène, le pas pressé, large sourire aux lèvres, costume et gilet blancs, cravate flashy.

On le baptisait le Ministre, et son surnom n'était pas usurpé tant il prenait soin de son apparence.

Francis Borelli était tellement sensible à ce qui s'écrivait sur lui qu'il convia un journaliste, un jour, dans son bureau pour tenter de comprendre ses motivations. Travaillant à *France Soir*, il avait rédigé un article caustique intitulé « Le gang des chemises roses ». On pouvait y lire : « Ils sont habillés de vestes de couleurs vives, de chemises souvent roses, de cravates blanches ou bariolées. Entourés de jolies filles, ils ont su conserver leur ligne à 40 ans. Certains ont l'accent d'Enrico Macias et ils forment le comité de gestion du Paris Saint-Germain, qui contraste avec le précédent où l'on ne voyait que des costumes sombres sans fantaisie. » Gérard Le Scour, l'auteur de cette « envolée » lyrique, fut si bien accueilli par Francis Borelli qu'il l'engagea sur-le-champ ! Il fut « bombardé » directeur de la communication, après un entretien où les bons mots s'échangèrent avec courtoisie.

Tous les quinze jours, il me demandait d'assister au comité directeur du club, qui se déroulait à son domicile, rue Freycinet, à Paris. Dans le grand salon, il y avait Bernard Brochand, Philippe Taupin, Charles Talar, Pierre Aranzana, Patrick Malvoisin et Alain Cayzac. J'ai vite flairé la philosophie ambiante qui prévalait, avec ce côté naïf et patelin qui rendait les soirées si sympathiques : le football représentait aux yeux de tous une aventure qui leur permettait de s'amuser.

Bernard Brochand débordait d'idées, et il lui arrivait de se heurter avec Charles Talar, qui s'opposait à lui sur un ton parfois véhément. Après quelques escarmouches, une voix s'élevait : « Bon, on décide maintenant ! Passons à l'action… » Et, à ce moment-là, Bernard Brochand se levait, prétextant un rendez-vous à honorer, ou une visite à rendre d'urgence à sa mère. Il provoquait souvent un immense chantier au cœur de l'assemblée et il choisissait de filer ! Francis Borelli, les bras au ciel, nous prenait tous à témoin : « Que voulez-vous que je fasse ? Que voulez-vous que je fasse ? Regardez, il a des idées à foison mais il ne va jamais jusqu'au bout ! » J'arrivais parfois à me glisser dans leurs conversations mais il était difficile de se faire entendre, encore plus de se faire comprendre. La situation était surréaliste, tellement les échanges partaient dans tous les sens. Parfois, les discussions n'avaient ni queue ni tête, et il fallait s'accrocher pour les suivre. Francis Borelli s'emportait : « Mais toi tu t'en fous, Charles, tu gagnes de l'argent avec tes spectacles ! Mais nous, on travaille, il faut qu'on bosse... » Il y avait un mélange savoureux où se mêlaient un texte de Marcel Pagnol et des répliques de Michel Boujenah dans une pièce improvisée et imprévisible. Et sans cesse recommencée.

Souvent, à la fin de la réunion, Francis Borelli évoquait un sujet qui lui tenait particulièrement à cœur : les acquisitions de joueurs ou les contrats à signer.

Il m'avait enseigné sa stratégie en la matière :

« Quand vous voulez un joueur, monsieur Houllier, il ne faut jamais le contacter d'emblée. Un conseil : vous appelez son président pour une raison fortuite et, dans le fil de la conversation, vous lui parlez de son arrière droit. Vous lui dites combien vous le trouvez bon et vous lui demandez à quel prix il serait prêt à vous le céder. Vous attirez son attention sur un sujet qui ne vous intéresse pas, et vous l'attaquez alors sur le joueur que vous souhaitez prendre...

— Mais ça ne marche pas toujours...

— Mais si, mais si, détrompez-vous. Ça marche ! Faites-moi confiance. »

Il possédait un vrai talent de négociateur et, pour l'avoir vu à l'œuvre dans des tractations a priori difficiles, je peux témoigner qu'il était redoutable dans cet exercice. Parfois, j'avais honte, tellement il était gonflé.

Devant les membres du comité directeur, il sortait de sa poche des feuilles sur lesquelles il avait consigné des bouts de phrases et plusieurs chiffres, et l'ensemble donnait l'impression d'un immense gribouillis. Lui seul pouvait s'y retrouver. Les experts-comptables s'arrachaient les cheveux et, quand ils réclamaient des précisions pour tenter d'y voir clair, Francis Borelli les avisait des avantages en nature consentis aux joueurs : appartement, voiture, réfrigérateur, télévision, avant d'évoquer leurs salaires de base. Le tout dit au beau milieu d'un folklore incroyable.

Lui et son entourage ne connaissaient absolument rien au football étranger, ce qui nous valut quelques prises d'armes homériques. Un jour, j'ai annoncé que le recrutement de John Barnes, de l'ordre de 400 000 €, constituerait une belle affaire pour le club. « Qui c'est celui-là ? », me questionna Francis Borelli, qui ignorait son statut d'international anglais. « Et quand on jouera à Montpellier, on me dira : mais qui avez-vous déniché pour votre équipe ? », me lança-t-il. John Barnes, qui jouait à l'époque à Watford, signa finalement à Liverpool. Glenn Hoddle lui-même avait accepté de signer en faveur du PSG, avec l'agrément de son agent, Dennis Roach. On lui dénicha une maison, près de Saint-Germain-en-Laye, où il devait s'installer. Mais si l'arrière gauche d'Alençon ne présentait aucun secret pour Francis Borelli, les identités de l'avant-centre de Manchester United ou du défenseur central de Chelsea lui étaient absolument inconnues. Il fit traîner en longueur les négociations par manque de conviction et Monaco, sous la double impulsion d'Henri Biancheri et d'Arsène Wenger, activa les démarches pour recruter Glenn Hoddle, qui nous passa sous le nez.

Le Paris S-G, finalement, développait un style qui collait assez bien au caractère de son président : truculent, intuitif, passionné, mais aussi hésitant et dispersé. Il se passait toujours quelque chose au Parc des Princes, et le public s'identifia à une équipe qui lui apportait son lot d'émotions.

Je n'ai jamais eu à me plaindre du comportement de Francis Borelli à mon égard, qui me manifestait beaucoup de respect. Dès mes premiers jours dans la capitale, il m'avait annoncé la couleur : « Monsieur Houllier, vous êtes à Paris, il faut sortir… » Pour lui, j'étais un provincial qui n'avait pas pour vocation à le rester longtemps. Il m'incitait à aller voir des spectacles. Charley Marouani, l'agent de Luis Fernandez, qui manageait la carrière des plus grands chanteurs français de l'époque, m'invitait lui aussi à assister à des concerts.

Il ne voulait pas que son entraîneur soit reclus sur lui-même. Il souhaitait que je me montre en public, ailleurs qu'au stade, dans des lieux où l'on pourrait me reconnaître et me prendre en photo.

Quand il me disait « Dehors ! », ce n'était pas pour me montrer la porte…

Chapitre 5
CAP'TAIN FERNANDEZ

Quel ramdam !

Un ciel bleu azur, un soleil éclatant, un cadre champêtre, une atmosphère de fête, un public bon enfant, un terrain vert et plat comme un billard, une équipe locale extrêmement bien disposée et accueillante, et un Paris Saint-Germain heureux de livrer son premier match amical dans sa nouvelle configuration : à Zeist, aux Pays-Bas, toutes les conditions étaient réunies pour un lancement de saison réussi.

Et pourtant, quel ramdam !

À l'origine de la bourrasque qui balaya tout sur son passage : Luis Fernandez. À lui seul, il indisposa l'arbitre, les juges de touche, les adversaires, les spectateurs et ses partenaires, par-dessus le marché. Il a râlé, il a contesté, il a bougonné, il a invectivé, il a hurlé. Il n'a pas arrêté une seule seconde, aucun moyen de le calmer ou de lui faire entendre raison. Malgré plusieurs rappels à l'ordre, impossible de contenir sa personnalité extravertie.

En le regardant s'agiter dans tous les sens, je me suis dit : « Non, ce n'est pas vrai, ce n'est pas possible, tu ne vas pas pouvoir te le traîner comme ça toute une saison. Ça va vite devenir invivable ! » J'ai tourné la tête vers Christian

Coste pour l'interroger : « Il se conduit toujours de cette façon, Luis ? » Il m'adressa un signe de la tête et une moue dubitative qui ne laissaient planer aucun doute sur le fond de la réponse. « Je ne vais pas le supporter longtemps, crois-moi, il va falloir qu'il change ! »

Comment le remettre dans le droit chemin ? Comment lui faire comprendre qu'il allait se perdre et qu'il entraînerait dans sa chute l'ensemble de l'équipe ? Entendrait-il, seulement, ce que j'avais à lui dire ?

Le soir, je l'ai convoqué dans ma chambre pour une explication sans concession en tête-à-tête, après avoir bien mûri mon discours.

« Écoute, Luis, je ne vais pas te parler de ton comportement de cet après-midi. Tu devines ce que j'en pense, et tu n'auras aucun argument convaincant à m'opposer si jamais tu avais l'intention de te justifier. Mais oublions le passé, le mal est fait, n'en parlons plus. À partir de demain, tu seras le capitaine de l'équipe. Le capitaine du Paris Saint-Germain. Tu m'entends bien : le capitaine du Paris Saint-Germain ! Et être le capitaine du Paris Saint-Germain, tu sais ce que cela signifie, Luis ? C'est à peu près tout l'inverse de ce que tu as montré tout à l'heure... »

Lui qui croyait se faire remonter les bretelles sembla tout à la fois soulagé et regonflé par ma proposition. Manifestement étonné et réjoui, il s'engagea à se ressaisir sur-le-champ.

« Je montrerai l'exemple, Gérard, ne t'inquiète pas ! Tu me fais confiance, je t'en remercie, tu ne le regretteras pas. »

Je l'ai senti fier de saisir la main que je lui tendais.

En l'installant dans un rôle de capitaine, je voulais le ligoter pour l'aider à combattre ses dérives individuelles. Mais je pensais, sincèrement, qu'il en possédait les qualités essentielles : il raisonnait toujours en termes collectifs et il savait se lier avec ses coéquipiers pour lesquels il se montrait attentif. Certes, Luis chambrait tout le monde en permanence mais tout le monde en avait autant à son service. Il entretenait une belle alchimie dans le groupe. Il assuma pleinement sa fonction, et fut la plupart du temps exemplaire dans la conduite de sa mission.

Mais, fondamentalement, il demeurait Luis Fernandez !

Un entraîneur doit être capable de composer avec des natures singulières, parfois torturées ou exubérantes. Mais, pour éviter toute source de tension généralisée, il est préférable qu'il n'en compte pas deux ou trois dans son effectif, sinon il ne saurait plus où donner de la tête. Car Luis, ce n'était pas un problème par jour, pas un problème par entraînement, pas un problème par heure, mais un problème chaque minute ! Avec lui, j'étais constamment sur le qui-vive.

À l'entraînement, il lui arrivait parfois de se présenter en retard. Je prenais le groupe à témoin : « Mesurons notre chance aujourd'hui, Luis a trouvé le moyen de s'entraîner avec nous… » Pour dédramatiser et détendre l'atmosphère, il fallait faire preuve de doigté psychologique. J'ai connu le même type de phénomène, plus tard, avec Éric Cantona, en équipe de France. Les joueurs qui frisent l'excellence ne peuvent pas être gérés comme les autres. Mais ils vous rendent au centuple ce que vous leur accordez : sur le terrain, ils ne trichent pas. Jamais. Un entraîneur ne dirige pas quinze gars qui vont à l'usine pour leur réclamer de reproduire chacun les mêmes gestes. Il connaît ceux qui ont des aspérités, et il doit en tenir compte dans son management.

Pour décrire l'attitude de Luis Fernandez, il faut s'imaginer un groupe de joueurs qui tourne autour d'un terrain, au petit trot, pour les premières minutes d'un échauffement collectif. Dans 80 % des cas, il se traînait une bonne vingtaine de mètres derrière les autres. Et dans les 20 % restant, il menait la bande dix mètres devant elle. Il ne pouvait jamais se fondre dans la masse, comme s'il était animé par le besoin irrépressible de se distinguer et d'attirer l'attention sur lui. Je crois qu'il recherchait, confusément, une forme d'affection. J'ai rapidement compris qu'il ne se fondrait pas dans le moule, mais j'ai vite su, aussi, qu'il permettrait au PSG de gagner des matches. D'où mon discours modulable : avancer l'idée que chaque joueur n'est pas construit sur un modèle identique et, en même temps, réclamer de la tolérance et du discernement à l'égard de Luis. Je n'étais pas sur le fil du rasoir vis-à-vis du groupe car tous ses partenaires l'ont compris et admis. Ils savaient qu'il ne se focalisait pas sur son nombril et que rien, dans sa démarche, ne ressemblait à de l'égoïsme.

En 38 matches de championnat, combien de fois Luis m'a-t-il prévenu, avec son air catégorique ? « Gérard, je suis désolé mais je ne joue pas demain ! Je ne peux pas. » Je ne les ai pas comptabilisés tant ses prétendus forfaits se sont accumulés tout au long de la saison. La première fois, je lui ai fait part de ma surprise : « Comment ça, tu ne joues pas ? Que t'arrive-t-il ? » « Écoute, je ne peux pas prendre le moindre risque, j'ai trop mal au mollet... » Finalement, le jour du match, il se déclarait apte au service. Toute trace de blessure avait disparu, comme par enchantement. Chaque veille de match, il entonnait le même refrain. Il suffisait de le savoir, et j'ai fini par m'en amuser au point de le provoquer : « Bon Luis, ce n'est pas bien grave, Jean-Claude Lemoult me paraît en excellente forme cette semaine, il a fait de très bonnes séances d'entraînement. C'est le moment de lui donner sa chance : il te remplacera... » « Ah Gérard, attends, attends ! On ne sait jamais : je vais tester ma cheville, une heure ou deux avant le coup d'envoi, et on prendra alors une décision. » Au bout du compte, il jouait toujours, et Lemoult faisait banquette. Il aimait se faire désirer. Et que les regards soient braqués sur lui. Quand le calendrier nous proposait Toulon pour adversaire, la tension montait d'un cran. Il avait provoqué la blessure de Roger Ricort dans une rencontre précédente, et il existait un réel contentieux entre eux. Safet Susic le titillait : « Luis, tu ne vas pas jouer ce match, hein ! Tu as peur, tu seras absent, tu nous laisseras nous débrouiller tout seuls... » Il lui répliquait vertement : « Arrête cinq minutes le Yougo, arrête, arrête, tu vas m'énerver... » Et Luis, finalement, ne se dégonflait pas. Brassard de capitaine au bras, il assumait et affrontait la tempête au milieu de sa troupe.

Le sportif de haut niveau est un type fragile car une énorme attente se manifeste autour de lui : sa famille, ses amis, son club, ses partenaires, le public, la presse. Ils sont tous sur son dos. Imaginons un chirurgien qui débarquerait dans une salle d'opération, mettrait son masque, et ajusterait son matériel. Au moment où il se lancerait dans une intervention à laquelle il s'était préparé de longue date, quelqu'un le retiendrait in extremis : « Non, non, pas aujourd'hui. Vous vous asseyez dans un coin et vous observez : c'est un autre médecin qui pratiquera l'opération... » Toute l'existence des footballeurs est contenue dans ce paradoxe : ils vivent entre eux une compétition interne parfois féroce, et en même temps une équipe ne fonctionne harmonieusement que s'il existe une excellente collaboration entre tous ses membres. Concurrents et partenaires en même temps ! Rien à voir avec la vraie vie d'une entreprise qui a besoin d'un fraiseur, d'un tourneur, d'un ajusteur sur la chaîne de production. Si l'un d'eux tombe malade, elle fera appel en urgence à une agence d'intérim pour pallier à son absence. En football, une équipe qui a besoin de trois milieux de terrain en prendra six dans son effectif pour remédier à toute défection. Ce sont en principe les meilleurs qui jouent mais, parfois, la titularisation ne s'opère pas au seul mérite. Jean Verschueren, à Noeux-les-Mines, l'avait dénoncé en me lançant à la figure : « Tu fais un métier impitoyable. Tu dois choisir des joueurs, mais pas forcément en fonction de leurs mérites. » Il n'avait pas tort, car l'injustice fait parfois partie intégrante de ce métier. Un joueur tourmenté recherche toujours la perfection, sinon il se sent mal dans sa peau et il se met en colère. Style Éric Cantona. Et puis, tu as celui dont l'ambition est d'être meilleur que les autres, style Luis Fernandez, qui devient difficile à gérer et à canaliser.

Mais je ne veux pas me plaindre : Luis m'a beaucoup aidé tout au long de la saison, car il détenait ce sens inné du collectif qui n'est pas donné à tout le monde.

Jusqu'au mois de février 1986, il a entraîné l'équipe dans son sillage, avec un enthousiasme et une volonté impressionnants. Il fut à la fois son guide, son leader et sa figure de proue. Mais, à l'approche du printemps, sa tête chavira, envahie par un choix cornélien qui le minait de l'intérieur.

Un jour, il a sollicité une discussion avec moi, au Camp des Loges :

« Gérard, j'ai vu monsieur Jean-Luc Lagardère dans ses bureaux, près des Champs-Élysées. J'ai longuement parlé avec lui. Il a déposé un papier en blanc sur la table. Et il m'a invité à écrire le chiffre de mon choix. Ce serait mon salaire au Matra Racing… » Il s'arrêta, presque étonné de s'ouvrir d'une telle confidence. « Il y a beaucoup trop d'argent en jeu, Gérard, je ne peux pas refuser. C'est impossible. » Je le sentais touché, pas pleinement heureux d'une offre qui aurait fait grimper n'importe quel autre footballeur aux rideaux. Il ne pouvait pas refuser mais ce n'est pas l'envie de dire non, au fond, qui lui manquait.

Francis Borelli considérait Luis Fernandez comme son fils, et la « trahison » du père qui se profilait stressait beaucoup Luis, qui est un homme plus délicat qu'on ne le croit. Comme tout « produit » du centre de formation, il n'avait pas été reconnu à sa juste valeur au plan financier et, pendant longtemps, il se contenta d'un salaire très nettement inférieur à celui des autres joueurs de l'équipe parisienne. Il gardait, au fond de lui, le sentiment que Francis Borelli l'avait traîné dans la farine, sans lui accorder le crédit qu'il était en droit d'attendre. Jusqu'au bout, Francis Borelli pensa que son influence lui permettrait de le retenir, en usant de la corde sensible. « Je ne l'imagine pas partir… », clamait-il à qui voulait l'entendre. Il se berça d'illusions. Jusqu'au jour où l'inévitable se produisit.

L'écart entre ce que le PSG consentait à lui offrir et ce que le Matra Racing lui proposait était abyssal. Avec le recrutement de Maxime Bossis, de Pascal Olmeta, d'Enzo Francescoli ou de Pierre Littbarski, toutes proportions gardées, il étalait une puissance économique jamais vue, comme le fera à son tour le PSG des années 2010.

Vers la fin de la saison, Luis n'était plus tout à fait le même. Il s'illustra par une attitude un peu plus pénible car, au fond, il vivait mal le fait de devoir quitter le PSG. Tiraillé par un environnement qui lui conseillait de rester au club et par sa fascination avouée pour Jean-Luc Lagardère qui l'avait séduit, ses repères explosèrent. Et son cœur se déchirait.

Je pouvais le concevoir, et même l'admettre. Tout en reconnaissant son rôle capital dans la conquête du premier titre de champion de France d'un club auquel il donna toujours le meilleur de lui-même.

Chapitre 6
P..., 50 ANS !

Pour construire un club et lui garantir une évolution progressive et harmonieuse, j'ai toujours pensé que le facteur temps représentait une donnée essentielle. Il ne faut pas chercher à brûler les étapes, sous peine d'emballer la machine et de prendre le risque de la détraquer. Combien de clubs ont-ils vu leurs ambitions se fracasser contre un mur en voulant aller plus vite que la musique ? Pour bâtir une équipe et la rendre compétitive, en revanche, il n'est pas nécessaire d'attendre des années. Si l'alchimie prend bien entre les joueurs, si la dynamique s'enclenche rapidement, les résultats suivent et s'enchaînent à un rythme si élevé qu'on ne peut en mesurer à l'avance les conséquences.

Qui aurait pu prédire que notre premier match de championnat marquerait le coup d'envoi d'une série d'invincibilité record qui s'étira pendant 26 matches ? Du 16 juillet 1985, date de notre entrée en scène à Reims, dans le stade des idoles de ma jeunesse, pour y affronter Bastia (4-2), jusqu'au 18 janvier 1986, jour de notre victoire face à Nice (3-2) au Parc des Princes, six mois s'écoulèrent sans que jamais le PSG ne connaisse le goût amer de la défaite. 26 matches, 18 victoires, 8 nuls, 52 buts marqués,

21 encaissés : aucun club, dans l'histoire du championnat de France, n'avait autant dominé ses concurrents, sur une période aussi significative.

Au fil des semaines, eux-mêmes surpris par la succession de performances dont ils étaient les seuls responsables, les joueurs s'auto-persuadaient que l'échec se profilait au bout de la route. Quand ils l'emportaient sur un score étriqué, ils ne se berçaient d'aucune illusion. Dans le vestiaire, je les entendais : « De toute façon, le prochain match, on va bien finir par le perdre… » J'ai dû lutter contre cette idée lancinante et pessimiste qui ne les quittait plus. Pour eux, la série devait cesser un jour ou l'autre. Non pas qu'ils le souhaitaient, mais une forme de fatalisme avait gagné leurs rangs. Notre série s'arrêta net au 27ème match, à l'occasion d'un déplacement à Lille, dans une rencontre à rejouer. Luis Fernandez, alité, nous manqua beaucoup ce jour-là. Dommage.

Pour repousser les limites du record, il nous a fallu du talent, de la solidarité, de la persévérance, de l'enthousiasme, du cœur, de la réflexion, sans compter une bonne dose de chance qui vient souvent au secours des audacieux.

Parmi ses nombreuses qualités, Michel Bibard avait le don de siffler tel un arbitre, mais sans l'utilisation d'un sifflet. On jouait à Toulouse, et le score était de 0-0. Yannick Stopyra profita d'un ballon en profondeur pour filer seul au but. Facétieux, Bibard siffla, stoppant net la course de Stopyra qui, fou de rage, donna un coup de pied machinal dans le ballon. Il croyait que l'arbitre était intervenu, tout comme Joël Bats qui détourna le tir en corner par réflexe. Or c'est bel et bien Bibard qui avait usé de son stratagème préféré ! L'arbitre, M. Biguet, en colère, l'admonesta : « La prochaine fois, monsieur Bibard, je vous expulse… » Ce jour-là, notre invincibilité ne tint qu'à un fil. On l'emporta finalement 3-1 et, pour la première fois de sa jeune histoire, le PSG s'installait en tête du classement après trois journées.

Parfois, c'est notre bravoure qui nous sauva la mise. Je me souviens d'un déplacement à Toulon, en octobre, qui faillit dépasser les bornes. À Orly, le départ de notre avion fut retardé d'une heure à cause d'une alerte à la bombe. Arrivés à l'hôtel Frantel, plusieurs joueurs reçurent des menaces de mort et, au stade Mayol, des cris de haine accompagnèrent notre entrée sur le terrain. Dans cette ambiance hostile et éruptive, la surexcitation de nos adversaires me fit craindre le pire. Mais nous avons su résister sous une bronca monstre et Safet Susic égalisa à un quart d'heure de la fin, démontrant que nous avions du répondant physique. Ce soir-là, je me suis dit : « Vraiment, nous sommes costauds ! » Trois journées avant la fin des matches aller, le PSG était désigné champion d'automne.

Mais je ne peux pas oublier d'autres confrontations plus abouties, comme celle contre Nantes, par exemple, qui révéla nos potentialités. Sur certaines phases, j'ai eu la sensation d'une rare plénitude dans l'expression de notre jeu, face à un rival de référence. Certes, mon équipe n'était pas à l'abri des aléas et de l'adversaire d'un jour, mais j'avais la conviction qu'elle s'inventait un chemin original qui ne ressemblait ni à celui de Bordeaux ni à d'autres, même si ce chemin était jalonné de repères connus et nécessaires. J'aimais ce PSG parce qu'il mordait à pleines dents dans la vie et qu'il savait faire la fête sans déviances ni tricheries.

Notre organisation tactique en 4-2-3-1 tenait la route. Luis Fernandez et Fabrice Poullain contrôlaient le milieu de terrain, Pierre Vermeulen, que j'avais repéré à Zeist lors d'un match amical de pré-saison, et Robert Jacques animaient le jeu sur les côtés. Jacques imposait sa présence lorsqu'il s'agissait de contre-attaquer, mais Oumar Sène se révélait plus utile dans un jeu plus posé. Safet Susic, lui, alimentait Dominique Rocheteau, qui était notre avant-centre. La relation technique entre les deux fonctionnait à merveille, et ils marquèrent près de 50 % des buts de l'équipe. Safet n'aimait pas jouer dos au but, une position qui ne lui permettait pas d'exploiter sa qualité de passe exceptionnelle pour ses partenaires, qui plongeaient dans les espaces pour recevoir ses offrandes. Formidable animateur, il fait partie des meilleurs joueurs que j'aie eu la chance d'entraîner. Il portait en lui la magie d'un prince.

J'ai beaucoup appris pendant cette période, et mon approche du rôle de l'entraîneur évolua au fil des semaines. Quand tu es jeune dans le métier, tu focalises ton attention sur le message à transmettre aux joueurs. En mûrissant, je me suis posé davantage de questions. Ont-ils bien compris ce que je leur demande ? Se sentent-ils suffisamment impliqués ?

Un jour, au Camp des Loges, le vestiaire s'était vidé après un entraînement. Il ne restait plus que Joël Bats, allongé sur la table de massage pour qu'on lui prodigue des soins. Je me suis arrêté sur le pas de la porte et la discussion s'engagea entre nous de façon informelle pendant une quarantaine de minutes. Elle fut riche et instructive. En regagnant le parking pour récupérer ma voiture, je suis resté pensif quelques instants. Je venais d'en apprendre davantage sur ses objectifs, sur ses motivations, sur ses problèmes professionnels, sur ses contrariétés extra-professionnelles, sur ses interrogations au sujet de son contrat, qu'en plusieurs mois de coexistence. J'ai appelé Francis Borelli pour lui exposer la situation. Quelques jours plus tard, il voyait Joël et lui proposait un nouvel engagement. Joël retrouva ensuite sa place dans l'équipe. Un mois après, l'équipe nationale lui tendait à nouveau les bras. Entraîner, c'est aussi écouter. Je l'ai appris au fil du temps.

Je pensais, après nos six premiers mois de compétition, après nos démonstrations de rigueur défensive et notre habileté à nous adapter à toutes les circonstances, que notre progression allait suivre un courant naturel et prometteur. Or, le PSG, sans jamais s'éroder, se mit quelque peu à plafonner. Peut-être ce frein à l'expression totale de l'équipe était-il dû à quelques organes individuels défaillants, aux absences de Vermeulen-le-marathonien ou à une altération mentale partielle provoquée par le problème posé par Luis Fernandez. La réflexion sur son avenir a fatalement perturbé l'équilibre psychologique de son entourage et, sur le terrain, l'équipe du PSG est un peu passée de l'état de grâce à l'état de liberté conditionnelle.

Il n'en demeure pas moins que l'essentiel s'imposa à tous. Paris n'avait pas remporté le moindre titre de champion de France depuis 50 ans, avec le Racing Club de Paris. Pour Francis Borelli, rendu si heureux par un parcours auquel il n'avait pas songé, même dans ses rêves les plus fous, on atteignait le Saint Graal. Après ses deux succès en Coupe de France (1982, 1983), le Paris-SG étoffait sa carte de visite pour un jeune club créé depuis treize ans seulement. Il manqua l'occasion superbe de rejoindre la galerie des seigneurs, de ceux qui, par leur talent collectif, leur maturité, leur science du jeu et leur capacité d'accélération, écrasent tout sur leur passage. Il est exact que la fête aurait pu être totale si nous avions réussi le doublé qui nous tendait les bras et que nous avons laissé échapper. Mais qu'importe !

Je vivais une étape importante avec la conquête de mon premier titre, gagné avec des méthodes d'entraînement nouvelles, validées par l'implication totale des joueurs, réceptifs à mes idées.

Signe du destin : c'est à Luis Fernandez que revint l'honneur d'inscrire sur penalty le 66ème et dernier but parisien de la saison, au Parc des Princes, face à Bastia. Son dernier sous les couleurs du PSG. Ultime clin d'œil d'une fin de parcours qui marquait une forme de consécration... et le début d'un nouveau chapitre.

Chapitre 7
LA CHUTE DE L'EMPIRE PARISIEN

Je circulais au Mexique, je ne me souviens plus dans quelle ville exactement, pour suivre la Coupe du monde lorsque j'ai eu vent de l'intention de Francis Borelli de conclure un accord avec Vahid Halilhodzic. Il n'avait pas eu l'élégance de m'avertir avant mon départ de ce projet qui me paraissait extravagant. Une initiative menée dans mon dos, sans que nous en ayons parlé une seule fois ensemble. J'étais d'autant plus surpris que nous étions parvenus à engager Jules Bocandé, l'avant-centre de Metz, auteur de 23 buts la saison précédente, après un long bras de fer avec les Girondins de Bordeaux.

Au téléphone, c'est tout juste si Francis Borelli n'exultait pas.

« Rendez-vous compte, monsieur Houllier, j'ai pris monsieur Halilhodzic ! Monsieur Halilhodzic ! Vous vous imaginez ce que cela représente pour nous ? Monsieur Halilhodzic !

– D'accord, Francis, d'accord, je connais la valeur de Vahid Halilhodzic mais avec Jules Bocandé et Dominique Rocheteau, je vais disposer de trois joueurs pour le seul poste d'avant-centre ! Et je ne vous parle même pas de Daniel Xuereb qui peut lui aussi évoluer dans l'axe. Deux, c'est déjà beaucoup, mais trois voire quatre, rendez-vous compte de la situation dans laquelle vous me mettez ! Comment je vais gérer ça, moi ?

— Ne raisonnez pas de cette façon, monsieur Houllier !

— Je vous assure qu'on en a un de trop !

— Mais non, mais non, vous vous adapterez. Vous avez de l'imagination, vous trouverez le moyen de les associer, je vous fais entièrement confiance. »

Il me semble bien que Safet Susic l'avait mis sur la voie de ce recrutement surprenant. L'avant-centre du FC Nantes faisait tourner la tête de Francis Borelli, et il imaginait les rêves les plus fous pour enflammer le Parc des Princes et assurer le spectacle.

« Monsieur Houllier, l'auteur du plus grand nombre de passes décisives de ces deux dernières saisons, Susic, associé au meilleur buteur des championnats 1983 et 1985, Halilhodzic, c'est une formule magique. C'est une formule pour Paris ! »

Dans l'absolu, son raisonnement recouvrait un fond de vérité mais, dans la réalité de la gestion d'une communauté de joueurs, ce n'était pas aussi évident qu'il le prétendait. Les faits se chargèrent de le démontrer.

Qui s'imposa au détriment des autres ? Vahid Halilhodzic, naturellement ! Il possédait la panoplie complète de l'attaquant moderne : la technique, le physique, le mental. D'emblée, il écarta la concurrence sans jamais fléchir, ni même se poser la moindre question et j'ai bien cru qu'il nous emmènerait vers les sommets. Au bout d'une dizaine de matches, il avait déjà marqué huit buts et le PSG, grâce à lui en particulier, se hissa dans le trio de tête du championnat. Tout s'annonçait bien lorsqu'un drame survint dans sa famille. Il redoutait depuis un moment la mort de son père, qui était invalide, mais contre toute attente c'est sa mère qui décéda brutalement. Il m'appela pour me prévenir et, à l'autre bout du fil, il me fit part de sa profonde détresse. Il était inconsolable. Il pleurait à tel point que j'étais moi-même ému aux larmes. J'ai dû bredouiller quelques morceaux de phrases pour le consoler. Mais dans une circonstance pareille, aucun mot ne peut vraiment apaiser votre douleur. Je lui ai conseillé de rester auprès des siens, en Bosnie, tant qu'il le jugerait nécessaire.

Il revint trois semaines plus tard et, lorsque je l'ai vu face à moi, à son retour, j'ai ressenti un choc visuel. Son épaisse chevelure brune avait viré au gris, conséquence de la profonde secousse psychologique qu'il venait de subir. Il était transformé. Jusqu'au terme du championnat, il fut méconnaissable, et il ne marqua plus qu'un but en cinq mois de compétition ! À la fin de la saison, il décida de résilier son contrat et de tirer un trait sur sa carrière. Lors de notre dernière entrevue, il me dira : « Toi, Gérard, tu n'as pas eu de chance ! Tu as vu un petit Halilhodzic, un tout petit Halilhodzic : 10 % peut-être de ce que je pouvais donner. Mais, depuis la mort de ma mère, je n'étais plus le même. Quelque chose, en moi, s'était brisé… » Comment le lui reprocher ?

Pour situer l'étendue de notre problème, cette saison-là, il faut mettre en rapport quelques chiffres. Ils parlent d'eux-mêmes. Le PSG champion de France 1986 termina avec l'attaque la plus performante en inscrivant 66 buts avec, pour top 3, Rocheteau (20), Susic (14) et Fernandez (12). Un an plus tard, la barre était redescendue à 35 buts avec pour principaux buteurs Halilhodzic (9), Bocandé (5) et Sandjak (5). Le renforcement de notre secteur offensif ne nous avait pas permis de monter en gamme, bien au contraire. Il contribua même, indirectement, à désorganiser l'ensemble de l'équipe. Ce que je redoutais secrètement se produisit.

Je savais que le départ de Luis Fernandez, parti gonfler les rangs du Matra Racing, créerait un vide immense. Il possédait une telle personnalité que son absence dans le groupe se remarqua beaucoup plus que n'importe quelle autre. Il n'existait pas tant de solutions adaptées pour le remplacer et, dans son registre, j'avais ciblé Jean Tigana et René Girard. Après plusieurs discussions animées, j'ai fini par convaincre Francis Borelli que Tigana offrait les meilleures perspectives en termes de jeu mais Claude Bez opposa un refus catégorique à toute transaction et le dossier fut vite clos. Avec le président de Bordeaux, il était inutile de revenir à la charge. Quand c'était non, c'était non ! Vous aviez un mur face à vous. Une autre option nous conduisait vers Bruno Germain, qui donna son accord de principe, mais qui préféra, au dernier moment, répondre aux avances de notre rival parisien.

Avant le coup d'envoi de la compétition, le championnat commençait à montrer une certaine agressivité qui se cristallisait autour du marché des transferts. Les clubs entendaient délimiter leur territoire, et les enchères foisonnaient. C'était la loi du plus fort.

Quand on se trouve dans l'obligation de changer un joueur jugé irremplaçable comme Luis Fernandez et qu'on constate que les solutions supérieures n'existent pas, alors on essaie de s'adapter. C'est ce que j'ai fait, tant bien que mal. Tout en me posant rapidement des questions : « N'avais-je pas monté l'équipe à un niveau qui n'était pas forcément le sien, la saison précédente ? Ne revenait-elle pas à un rang plus conforme à ses possibilités ? »

Vahid Halilhodzic accablé par sa douleur personnelle, Dominique Rocheteau éprouvé par une Coupe du monde exigeante, j'aurais dû pouvoir compter sur Jules Bocandé. Mais il me glissa lui aussi entre les doigts et j'ai compris, cette année-là, combien il était essentiel de se renseigner sur la mentalité d'un joueur avant de l'engager. Personnalité sympathique et toujours de bonne humeur, Bocandé brûlait la chandelle par tous les bouts et son hygiène de vie ne correspondait pas aux exigences qu'un sportif professionnel doit s'imposer. Il aimait le ballon, je n'en doutais pas, mais il ne se dictait aucune limite. Organisant des méchouis monstres dans sa maison, il avait fait démonter le plancher de sa pièce principale pour installer tout son arsenal de cuisson ! J'étais effaré quand on m'en avisa. Les anciens du club me firent remarquer que Kees Kist, le joueur hollandais passé au PSG en 1982-1983, avait fait preuve d'une plus grande originalité encore. Il vivait avec son cheval qui dormait dans le salon de sa résidence, mise à sa disposition par le club ! Étranges comportements qui, les deux fois, valurent au PSG de payer au prix fort tous les dégâts occasionnés.

Et tout s'enchaîna dans le mauvais sens. Le jour de son arrivée au club, Pierre Vermeulen avait fêté son transfert avec une coupe de champagne, offert par Taittinger qui comptait parmi les partenaires du PSG. Comme il l'avait appréciée, il en avait fait son ordinaire : il buvait du champagne à chaque repas ! Forcément, ses performances ont suivi une pente déclinante. Joël Bats, lui, a vécu une période compliquée, avec des problèmes familiaux et des ennuis de santé. Il culpabilisait beaucoup, et la culpabilité est très inhibitrice. J'avais moi-même connu ces périodes sombres et compliquées où l'on perd de son pouvoir de création et de sa faculté à développer des idées.

J'ai vécu, aussi, une autre facette de la vie : les coups tordus, les mesquineries, les petites jalousies. En coulisses, de basses manœuvres s'organisaient dans l'entourage du club pour « sensibiliser » Francis Borelli à l'idée d'un changement d'entraîneur.

Notre élimination rapide en Coupe d'Europe n'arrangea rien. Nous étions allés en repérage en Tchécoslovaquie pour découvrir l'équipe de Vitkovice. Ses dirigeants nous avaient invités à déjeuner et, avant le repas, Francis Borelli prononça un discours ahurissant, traduit par un interprète. En réponse au président de Vitkovice, il se leva : « Dites à ce monsieur que nous sommes dans un drôle de pays, qu'il fait froid et que nous n'avons qu'une hâte : rentrer chez nous ! De toute façon, on les battra en Coupe d'Europe et on n'en parlera plus… » L'interprète n'en croyait pas ses oreilles : traduire une telle déclaration de guerre ? Francis Borelli pouffait de rire, et ses accompagnateurs, Georges Romano et Gérard Le Scour, aussi. Il lui arrivait de se comporter de façon désopilante et inattendue. L'interprète inventa un message de toute pièce. À la fin du match, Francis Borelli récidiva : « Dites à ce monsieur que son équipe ne vaut pas un clou et qu'elle n'a aucune chance face à nous… » Moyennant quoi Vitkovice nous élimina de la compétition. Francis Borelli désacralisait la fonction de président par son humour et par sa nature déconcertante. Mais, le soir du match retour, perdu sur le terrain des Tchécoslovaques, dans le froid et la brume, je rasais les murs.

J'étais le premier responsable d'une situation qui m'échappait. J'étais moi-même trop affecté et perturbé, je l'avoue, par des événements personnels que je n'arrivais pas à surmonter. J'étais moins bon, incontestablement, pas concentré à 100 % sur mon métier, et j'en faisais payer le prix à l'équipe.

Loin de faciliter nos affaires, la saison 1987-88 s'engagea sur des bases identiques. Au soir de la 16ème journée, après une défaite au Parc des Princes face à Metz (0-2) devant 10 000 spectateurs, qui nous reléguait en 16ème position au classement, le comité directeur décida de m'enlever la responsabilité de l'équipe professionnelle et de la confier à Erick Mombaerts. Je l'avais fait venir pour s'occuper du centre de formation, et le choix des dirigeants reflétait une certaine cohérence. Ils me proposèrent de monter d'un cran, et de devenir manager général. À la fois écarté et promu !

Cette période de transition ne dura pas longtemps. Deux mois plus tard, à la mi-décembre, le PSG concéda un nouveau revers à Monaco et sa 18ème place l'installa dans une zone de plus en plus dangereuse : Erick Mombaerts, limogé, en fit les frais.

À Noël, je me reposais à l'île de Saint-Martin lorsqu'un coup de fil de Gérard Le Scour me détourna de mes vacances. À Paris, loin d'être éteint, le feu couvait toujours.

« Gérard, il faut que tu reviennes immédiatement pour reprendre l'équipe en mains.

– Et pour quelles raisons ?

– Avec Erick, ça ne fonctionne pas. Il ne s'en sortira pas. Si on le remplace par un entraîneur étranger, il mettra trois mois avant de connaître la route du stade et l'identité des joueurs, et de prendre la mesure du championnat. Il sera trop tard. On sera déjà en deuxième division. »

Je savais, en lisant la presse, qu'une longue liste d'entraîneurs circulait : Josef Vérebès, Bora Milutinovic, Antonio Moraes et même Johan Cruyff étaient cités avec insistance.

« Ok, Gérard, préviens Francis que je planche sur un plan de relance, et que je vous le soumettrai à mon retour. »

J'ai été reçu quelques heures après avoir atterri à Paris par le comité directeur, auquel j'ai exposé toutes mes revendications : un stage de reprise, Mombaerts à mes côtés, comme adjoint, un esprit commando. C'est à cette occasion que j'ai découvert un homme d'une grande intelligence, très clair dans ses analyses : Alain Cayzac. Il m'a beaucoup aidé dans la mise en œuvre de mon plan d'action. Depuis cette époque, Alain est devenu un ami fidèle.

Devant l'ensemble de la direction du club, j'ai ajouté, histoire de ne tromper personne sur la suite des événements : « Je tiens à vous prévenir : ce ne sera pas toujours très beau à voir. On va provoquer des réactions hostiles du public dont une partie nous haïra. Mais tant pis : l'objectif est de sauver notre tête. Ne soyez pas affolés : on restaurera d'abord la confiance et, après, on essaiera de relever le niveau. En attendant, il nous faudra obtenir des résultats. » Notre calendrier ne nous facilitait pas la tâche : quatorze matches, dont huit à l'extérieur.

On a commencé à remonter doucement la pente mais sans Jules Bocandé qui avait commis deux ou trois impairs avec des collaboratrices de Francis Borelli, lequel n'avait pas du tout apprécié la très mauvaise plaisanterie. Il fut donc prêté à Nice jusqu'à la fin de la saison. Nice, justement : j'ai le souvenir d'un véritable cauchemar lors de sa venue au Parc des Princes, le 30 avril. Comme par hasard, sous ses nouvelles couleurs, Bocandé avait été l'un des meilleurs joueurs sur le terrain, et le résultat fut catastrophique : une défaite 4-0 ! J'ai découvert ce jour-là qu'un match pouvait engendrer un scénario spécial, créé par le comportement bizarre d'un ou de deux joueurs étrangement « absents » lors de certaines phases de jeu. Comme par hasard, l'un d'entre eux rejoindra Nice la saison suivante. Je me souviens aussi de notre derby face au Matra Racing de Luis Fernandez. Nous l'avions emporté 1-0, sur un tir détourné dans ses propres filets par… le dos de Luis ! Un but « freudien », en quelque sorte. Jusqu'au bout, la tension fut extrême et le PSG ne se sauva que lors de la dernière journée, grâce à un but inscrit par Daniel Xuereb au Havre. Quel soulagement !

À titre personnel, j'étais aussi fier d'avoir conquis le titre de champion de France que d'avoir évité au club de sombrer dans une relégation qui aurait pu lui être fatale. J'ai autant appris dans les deux cas, pourtant si différents l'un de l'autre.

Mais, avec le recul, je me dis que ma naïveté m'a joué quelques vilains tours : j'ai tracé ma route comme si de rien n'était, sans prêter attention à l'environnement. Un peu plus de prudence et de discernement m'auraient facilité la tâche.

Je n'étais peut-être pas suffisamment armé pour m'imposer et durer à Paris.

D'ailleurs, en tournant la page du PSG, je pensais que je n'entraînerais plus jamais un club.

Et qu'il faudrait que je passe à tout autre chose.

Chapitre 8
UN DRÔLE DE COMITÉ D'ACCUEIL

Dans une interview accordée à *France Football*, en janvier 1986, je me suis lancé à l'eau en indiquant que la perspective de travailler à la Direction technique nationale ne me déplairait pas. Consacrer son temps au développement du football de masse, à l'amélioration de l'élite et à la formation des entraîneurs, voilà bien un programme d'action qui correspondait à mes aspirations profondes. Jean Fournet-Fayard, président de la FFF, m'apostropha plus tard lors d'une remise de décoration au Sénat. « J'ai lu que vous souhaitiez rejoindre la Fédération. Ce n'est pas possible pour le moment. Mais, une autre fois, pourquoi pas ? Les portes s'ouvriront peut-être… » On en resta là quand une opportunité, un beau jour, se dessina.

Au terme de mon contrat avec le Paris Saint-Germain, que je souhaitais quitter dans les meilleurs termes, il me tendit la main pour me confier une responsabilité importante au sein de la DTN. Pas celle de directeur, qu'Henri Michel assumait pleinement en plus de son implication comme sélectionneur de l'équipe de France. Avec l'approbation de Jean Sadoul, président de la Ligue professionnelle, il me proposa un poste d'entraîneur national, avec une triple mission : assurer l'animation d'une sélection de jeunes, organiser l'encadrement des stages d'entraîneurs, et lancer une large réflexion pour imaginer le football de demain. Un plan bâti presque sur mesure pour moi. J'étais aux anges !

Pendant longtemps, j'ai traîné l'image du « petit prof' » qui cherchait à s'incruster à tout prix dans un univers sportif qui n'était pas le sien. Lorsqu'on me la jetait à la figure, je pensais immanquablement au « douanier », le sketch célèbre de Fernand Raynaud : « J'suis pas un imbécile moi, j'suis douanier. J'aime pas les étrangers, ils viennent manger l'pain des Français... ouais ! » Pour les mauvaises langues, je débarquais comme un voleur. Un jour, alors que je m'installais dans la tribune officielle, à Lens, pour observer un match de championnat, Bernard Lacombe me reprocha vertement de ne pas appartenir au sérail. Plus ma carrière de technicien prenait du volume, plus on me rappelait mon passé de professeur. Comme si je devais en avoir honte. Je ne savais pas qu'il fallait avoir été cheval pour devenir un bon jockey. Toutes ces attaques m'agaçaient prodigieusement. Je ne constatais qu'une seule chose : au Touquet, à Noeux-les-Mines, à Lens et à Paris, mes méthodes de préparation avaient tenu la route – le titre de champion de France 1986 en faisait foi. Désormais, j'étais animé du profond désir de les enrichir, en cherchant d'autres idées, plus modernes, plus novatrices, au service de la DTN.

Le comité d'accueil, à la Fédération, ne fut pas à la hauteur de mes espérances. Et je pèse mes mots. Un séminaire organisé à Montélimar en août 1988, sous le double patronage de Jean Fournet-Fayard et d'Henri Michel, fixa le cadre de travail de chacun. J'ai cru, naïvement, que ce serait le point de départ d'une franche collaboration, et d'une action collective où tout le monde serait impliqué, à part égale. Je me suis bercé de douces illusions. Première « entaille » à mon contrat de départ : je n'ai eu droit à aucune sélection. Pire encore : au siège de la FFF, je n'ai même pas pu disposer d'un bureau. J'avais l'impression d'être un corps étranger et de gêner l'équipe en place.

Jean-Pierre Morlans, que je nommerai plus tard directeur technique adjoint, m'avoua un jour son sentiment profond.

« Je ne vois absolument pas ce que tu es venu faire là, parmi nous.

– Depuis longtemps, je suis intéressé à l'idée de rejoindre la DTN. Je n'ai pris personne par surprise

– Eh bien, moi, saches que j'étais totalement opposé à ton arrivée à la Fédération. »

Il n'avait pas pris de gants. Son discours sans fioriture avait le mérite de la franchise. Il n'en était pas moins violent.

Jean-François Jodar, lui, avait été encore plus mordant.

« Tu n'es pas un type bien, Gérard. En cours de saison dernière, tu as pris la place de Mombaerts au PSG, c'était vraiment dégueulasse de ta part.

– Comment ça j'ai pris la place de Mombaerts ? Mais c'est moi qui l'ai fait venir au PSG ! Et lorsque les dirigeants ont exigé que je reprenne l'équipe après la trêve hivernale, j'ai imposé sa présence auprès de moi, comme adjoint ! Tu dis n'importe quoi.

– Oh non, tu t'es vraiment très mal conduit ! »

Et il enchaîna par une sorte d'inventaire de tout ce que j'avais entrepris de négatif jusque-là. Bienvenue dans le monde merveilleux de la DTN !

Avec Arsène Wenger, je venais d'assister à l'Euro 1988, au terme duquel je m'étais mis à l'écriture d'un rapport d'analyse technique. J'avais attiré l'attention sur quelques enseignements majeurs : 82 % des tirs victorieux provenaient de l'intérieur de la surface de réparation ; la majorité des tirs suivaient des phases à trois passes au maximum. Je bossais en solo, en espérant que mes travaux capteraient l'attention et serviraient, le cas échéant, pour réfléchir à des évolutions dans notre approche du jeu.

Lors d'une réunion des entraîneurs nationaux, Jean-François Jodar, qui était l'adjoint d'Henri Michel chez les A, annonça qu'il devait disputer un match à Tranmere, près de Liverpool, avec son équipe junior. Or ni Jodar, ni Morlans, ni aucun autre entraîneur national n'étaient disponibles. Tout le monde se tourna dans ma direction, comme un seul homme. Tiens, on s'intéressait à moi ! J'étais la bouée de sauvetage.

« Tu pourrais peut-être dépanner, Gérard ?

– Oh, ça devrait être possible ! Il me faudra bien une demi-heure pour retenir seize noms et autant de prénoms, et les coucher sur une feuille blanche pour composer la liste des joueurs. Vous pouvez me faire confiance, j'ai déjà entraîné, je pense pouvoir m'en sortir... »

Le tout énoncé avec une légère pointe d'ironie, qui eut le don de crisper un peu l'assemblée. Ça m'était égal.

J'ai préparé le voyage pour l'unique match de sélection que la DTN, dans son extrême générosité, me laissait diriger. J'ai joint les dirigeants de Liverpool pour leur demander de visiter leurs installations et de nous mettre à disposition quelques billets d'entrée pour assister à un match de championnat à Anfield. L'affaire prenait tournure.

Coup de téléphone, un soir, à mon domicile. Henri Michel au bout du fil. « Ça va, Gérard ? Je ne te dérange pas ?

– Oui, très bien. Qu'arrive-t-il ?

– Bon, je t'appelle au sujet du match à Tranmere. Finalement, il se peut que Jean-François parvienne à se libérer...

– Ah bon ?

– Oui, se libérer et donc manager l'équipe !

– Ah oui ! Rien que ça ! Je passe vingt coups de téléphone en Angleterre, je prépare tout aux petits oignons et, au dernier moment, je suis éjecté. Sympa ! Alors écoute-moi bien, Henri : à partir de cet instant précis, dis-toi que ce n'est plus du tout ton problème. C'est le mien. Uniquement le mien. Et je vais le régler demain, comme un grand, à la Fédération.

– Tu sais qu'on a une réunion de la DTN ?

– Je suis parfaitement au courant. Elle arrive au bon moment, j'y serai et je m'expliquerai devant tout le monde. »

J'ai ruminé toute la nuit, retournant le problème dans tous les sens et, le lendemain, quand mon tour de parole arriva, je n'ai pas mâché mes mots, et pesé chacun d'eux : « Écoutez-moi bien tous, la situation est finalement très simple : vous ne souhaitiez pas que je vienne parmi vous. Vous avez eu l'honnêteté, pour certains, de me le dire en face. À la limite, je peux le comprendre. Ce n'était pas votre vœu. Jusqu'au 31 décembre, vous pourrez me faire toutes les vacheries que vous voulez, je ne réagirai pas. Mais je vous préviens : à partir du 1er janvier, je serai dix fois plus vache que vous tous. Vous m'entendez bien ? À partir du 1er janvier, ma réplique s'élèvera à puissance dix. J'ai entraîné en club pendant de nombreuses années, et des problèmes j'en ai vécus beaucoup plus que vous ne l'imaginez. Ce ne sont pas vos mesquineries qui me feront fléchir ! Comportez-vous comme bon vous semblera d'ici là. Je ne conduirai pas l'équipe à Liverpool puisque tel est votre souhait. Et ne comptez plus sur moi pour les réunions de la DTN jusqu'à la fin décembre… »

La tension monta d'un cran dans la salle, où les mines étaient crispées et les regards noirs.

Henri Michel rompra le silence pesant qui enveloppait l'atmosphère en prenant la parole avec une certaine assurance.

« Gérard, c'est toi qui te chargera de l'équipe à Liverpool. Nous nous y étions engagés, on respectera notre parole. »

Personne, dans l'assistance, ne broncha.

On aurait entendu une mouche voler.

Et puis, d'autres événements bouleversèrent la donne autour de la DTN, qui obligèrent à tout repenser. Avec le résultat nul concédé à Chypre, pour les éliminatoires de la Coupe du monde 1990, la position d'Henri Michel à la tête de l'équipe de France devint d'une extrême fragilité. Il semblait installé sur un siège éjectable, et les rumeurs allaient bon train sur un changement auquel Claude Bez, président des Girondins de Bordeaux, tenait beaucoup. On prétendait qu'il avait rencontré Michel Platini, quatre jours après le revers de la sélection, à Budapest, à l'occasion du match Ujpest-Bordeaux que Michel commentait pour Canal+ en qualité de consultant. La coulisse bruissait d'échos plus ou moins vérifiables. C'est en écoutant mon répondeur téléphonique, le 31 octobre vers 15 h 30, au retour d'une partie de tennis, que j'ai appris la nouvelle : Henri Michel était débarqué, et remplacé par Michel Platini. Le message émanait d'un journaliste, qui me révélait, par la même occasion, que la Fédération pensait à moi pour occuper le poste d'adjoint du sélectionneur. Il me laissa abasourdi. Michel Platini, Claude Bez et Jean Fournet-Fayard avaient eu un entretien à l'hôtel George-V à Paris, et ils avaient fixé ensemble le cadre de direction de la future équipe de France. J'apprendrai, plus tard, que le nom de Marc Bourrier avait été pressenti pour devenir l'adjoint du sélectionneur, mais qu'il refusa la proposition. Ayant déjà été numéro 2 de Michel Hidalgo et d'Henri Michel, il rêvait d'un tout autre destin. Numéro 1, et pas moins. Ce fut rien.

Nullement impliqué dans ce « complot », j'ai été mis devant le fait accompli. Par le président de la FFF d'abord : il fallait un entraîneur diplômé dans l'encadrement de la sélection, qui sache diriger des séances d'entraînement. « C'est tombé sur vous ! », m'annonça-t-il. Quant à Claude Bez, propulsé dans un rôle de super-intendant des Bleus, il tint à me rassurer : « Vous venez aider Michel à redresser l'équipe de France, mais les plans n'ont en rien changé. Vous serez directeur technique national dans un an… » Il me parla comme s'il était le seul maître à bord, mais Fournet-Fayard abondait dans son sens.

Travailler aux côtés de Michel Platini, évidemment, je le voyais d'un très bon œil. Qui n'aurait pas été ravi de collaborer avec lui ?

La situation, pour tout dire, m'amusait beaucoup : je n'avais pas le niveau pour gérer une sélection de jeunes, mais j'étais jugé suffisamment compétent pour entraîner l'équipe de France. C'est-à-dire les meilleurs joueurs du pays.

Au moment de monter dans le train bleu, je n'ai pu m'empêcher d'avoir une pensée pour tous mes charmants petits camarades de la DTN.

Chapitre 9
A COMME ADJOINT

Je n'étais pas un intime de Michel Platini. Je l'avais néanmoins rencontré une fois, chez lui, en Italie, au début de l'année 1986, quand il envisageait de mettre un terme à sa carrière. C'est ce qu'il avait plus ou moins laissé entendre. J'avais tenté une manœuvre d'approche, histoire de savoir si un dernier contrat au Paris Saint-Germain était de nature à l'intéresser. Finalement, il prolongea le sien d'une année en faveur de la Juventus Turin, son club, où il se sentait bien et qu'il quitta en mai 1987. J'étais allé lui rendre visite en compagnie d'un ami commun, Jean-Claude Colas. Arrivés à l'aéroport de Turin, quelqu'un nous repéra et alerta Europe 1. À l'époque, la station de radio offrait une prime de 5 000 francs à toute personne susceptible de lui délivrer une information exclusive. Celle-ci provoqua un certain écho : « Houllier se trouve en Italie pour négocier avec Platini ! », annonçait-on en boucle à l'antenne. Alors qu'on dînait chez Michel, Eugène Saccomano arriva à le joindre au téléphone : « Gérard Houllier est chez toi, je le sais par un auditeur qui nous a prévenus de sa présence à Turin… » Il cherchait à vérifier ce « scoop » et à obtenir des éclaircissements. À mon retour à Paris, le lendemain, des journalistes m'attendaient à l'aéroport pour tenter de démêler le vrai du faux. La vérité fut simple à expliquer.

Ma fonction d'adjoint, aux côtés de Michel Platini, deux ans plus tard, à la tête de l'équipe de France, fut rapidement cadrée. Il m'a prévenu d'entrée, pour déterminer le cadre de travail dans lequel je devais m'inscrire : il serait un manager à l'anglaise, ne s'occuperait pas de l'animation des entraînements, et ne préparerait en aucune façon les séances. Il se consacrera d'autant moins à la mise en place des exercices qu'il n'avait qu'une idée en tête : jouer ! Il chaussait les crampons, se mêlait au groupe, se choisissait une équipe et, quatre fois sur cinq, elle gagnait, en partie grâce à lui. C'était incroyable. Il s'arrangeait pour que Jean-Pierre Papin figure dans son camp, il l'alertait par ses transversales longues et précises et, hop, JPP reprenait et marquait. Il développait avec lui le même type de relation qu'il entretenait à la Juventus, au temps de sa splendeur, avec le Polonais Zbigniew Boniek. Quoique sélectionneur, Michel était encore très « joueur » dans l'esprit, et j'ai vite compris qu'il avait besoin de cette activité sur le terrain pour se sentir à l'aise dans l'exercice de sa mission. Il arrêta de participer aux petits matches d'entraînement de l'équipe de France pendant l'Euro 1992. Ce fut le signe avant-coureur, chez lui, d'une forme de détachement.

J'ai beaucoup appris et progressé à son contact. Je l'ai écouté avec attention, car il m'a transmis son feeling incomparable de joueur de haut niveau. Pour Michel, la dimension internationale n'est qu'une affaire de détails à régler, selon les circonstances. Son côté perfectionniste pouvait parfois surprendre. Son intuition laissait apparaître comme fondamentales des situations qui semblaient a priori anodines. Le détail, à l'entendre, c'était savoir communiquer sur le terrain, préparer méticuleusement un coup de pied arrêté, occuper les zones sensibles ou prendre les bons espaces. Il m'a livré des pistes de réflexions dont je me suis servi par la suite. Il ne faisait preuve ni de suffisance ni d'arrogance quand il montrait un geste à exécuter ou une position à adopter. Mais il pouvait laisser éclater son exaspération quand les joueurs n'arrivaient pas à reproduire ce qu'il divulguait. Il avait un côté dichotomique : ou tu sais jouer ou tu ne sais pas. Pour lui, il y avait les joueurs de football, et les autres. Aucune demi-mesure dans son jugement.

C'est la raison pour laquelle il s'impliqua tant pour qu'Éric Cantona réintègre les rangs de l'équipe de France. Il expliqua à Jean Fournet-Fayard qu'il n'avait aucun problème avec lui et qu'il avait besoin d'un joueur de sa trempe pour relancer la sélection. Puni et suspendu par la Fédération, il fallait qu'il rejoue. Pour reprendre le contact avec le terrain, il devait impérativement quitter la France et trouver preneur à l'étranger. Michel exigea donc du président de la FFF qu'il ne réclame pas l'extension de la sanction dont Éric était l'objet en dehors de nos frontières. Pour son transfert vers l'Angleterre, qui semblait la terre d'accueil idéale, il me chargea du dossier. J'en parlerai plus longuement dans les pages qui suivront. Sur le fond, Michel ne manquait pas d'arguments : le duo Cantona-Papin présentait une fière allure. Il disait toujours : « Les attaquants, il faut les laisser tranquilles. On leur demande de rester devant, à eux de marquer les buts et à nous d'organiser l'équipe en conséquence. » Il avait une vision très pragmatique des choses : notre style nous imposait d'adopter un jeu direct pour transmettre le ballon rapidement à nos deux duettistes. Le système recherchait le réalisme et l'efficacité. Éric Cantona n'était pas le personnage ingérable qu'on décrivait parfois, mais il générait une vraie tension dans un groupe. L'injustice l'horripilait et, à l'entraînement, si tu avais le malheur d'accorder un but entaché d'une faute, il devenait fou. Il possédait le sens du collectif, et Michel le préférait à David Ginola.

Michel appréciait les joueurs qui osaient et qui éliminaient. Ceux qui possédaient de la créativité au bout des pieds, un peu à l'image de Christian Perez qu'il avait repéré et qu'il lança dans le grand bain. Il m'aida beaucoup dans ma réflexion de DTN.

Un jour, il m'a confié que le joueur français était super physiquement, costaud tactiquement, discipliné, mais techniquement inférieur aux autres. Selon lui, il ne faisait preuve d'aucune inventivité, et ne dégageait rien de spécial.

Marcello Lippi me dira la même chose, dans des termes identiques. C'est alors que j'ai introduit de nouvelles directives dans les programmes d'action : moins de jeu à une touche de balle, plus de prises d'initiatives individuelles et de recherches de dribbles. J'ai invité des techniciens étrangers à Clairefontaine pour organiser des démonstrations et promouvoir des phases plus innovantes. La génération des Zidane, des Dugarry, des Lizarazu, des Henry et d'autres futurs champions du monde est née pendant cette période. C'est Michel qui déclencha auprès de moi, sans le rechercher particulièrement, toutes ces pistes de réflexion et d'action.

Il avait tendance à développer une vision « intégriste » : l'entraîneur ne sert pas à grand chose, et seuls les joueurs, qui font gagner les matches, revêtent de l'importance à ses yeux. Bien sûr, son analyse détenait un fond de vérité, mais encore convenait-il de les préparer, de les former, de les développer et de les organiser sur le terrain. Qui en était chargé, sinon l'entraîneur ? Compte tenu de son talent, il n'en avait pas ressenti l'utilité, jeune, mais son cas, assez unique, valait pour lui, pas pour neuf joueurs sur dix. Il avait tendance à occulter le rôle des éducateurs, qui l'aidèrent à accomplir ses premiers pas, à commencer par son père Aldo qui contribua à son épanouissement.

Il voulait demeurer le seul interlocuteur de la presse. Un jour, un article de L'*Équipe* lui était resté en travers de la gorge. Interrogé par un journaliste, j'avais évoqué le rôle de Didier Deschamps, en assurant sa promotion car je pensais qu'il nous manquait un élément de sa trempe au milieu de terrain. Il m'en adressa le reproche. Ce genre de jugement ne relevait pas de ma compétence : il aimait maîtriser la communication de l'équipe de France, qui ne devait appartenir à personne d'autre qu'à lui. Ce n'était pas négociable et ce fut l'occasion d'une mise au point entre nous. Mais, globalement, le courant passa bien. Il me faisait confiance, il me déléguait de nombreuses tâches.

Dans notre mode de fonctionnement, il me laissait intervenir auprès des joueurs, avant les matches, pour leur décrire les caractéristiques de l'adversaire, dont je décortiquais le jeu. Lui concentrait ses remarques sur notre propre équipe. Il insistait beaucoup sur l'idée d'oser, sur la nécessité d'aller de l'avant, il regrettait que la sélection, marquée par ses échecs antérieurs, reste trop repliée sur elle-même. Il l'encourageait à trouver du plaisir dans son expression et son discours, toujours positif, ne visait jamais à la mise en place d'un schéma restrictif.

J'ai beaucoup apprécié sa réaction après le premier match perdu, à Belgrade, contre la Yougoslavie, en novembre 1988, alors que la victoire, un moment, s'offrait à nous. « Ne baissez pas la tête, ne regardez pas le bout de vos pieds, vous avez été bons, soyez fiers de ce que vous avez accompli… » Il a su trouver des mots réconfortants et engageants pour relancer la mécanique. Il se projetait déjà dans l'avenir, en invoquant les ressorts nécessaires pour repartir au combat. Il a eu l'attitude d'un capitaine. Et bien plus que ça : celle d'une réelle autorité qui s'exprimait fort, y compris pour contraindre Patrick Battiston et Jean Tigana, ses « vieux » amis, anciens partenaires sous le maillot bleu, de revenir en sélection. « Ce n'est pas à eux de décider s'ils veulent continuer ou pas », affirmait-il.

Après notre élimination de la Coupe du monde 1990, suite à notre match raté en Écosse, il lança une excellente idée : l'organisation d'une tournée au Koweït pendant la trêve hivernale. Il estimait que les joueurs devaient vivre ensemble une aventure originale, dans l'espoir qu'un groupe se crée et que des liens se tissent. C'est l'ancien joueur qui en devinait l'intérêt. Bien vu. L'excellent parcours de qualification pour l'Euro 92 s'expliqua en très grande partie par les dividendes de ce déplacement exotique : huit victoires en huit matches. La France remontait la pente, et de quelle manière !

Luis Fernandez, rarement en panne d'une pique pour entretenir l'ambiance, ne cessait de le chambrer. « Je t'ai sauvé la tête à Guadalajara, ne l'oublie jamais Michel ! », lui rappelait-il en permanence, en faisant allusion à la séance de tirs au but en quarts de finale de la Coupe du monde 1986 face au Brésil. Michel, lui, prolongeait sa carrière de joueur à travers ce groupe, où il éprouvait du plaisir à vivre, tout en ne négligeant pas ses responsabilités de sélectionneur.

Pendant la phase finale de l'Euro 92, j'ai senti, toutefois, qu'il n'avait plus le feu sacré. Il se montrait irrité par le comportement de Jean-Pierre Papin qui, blessé à une cheville, ne semblait pas vouloir se faire violence pour se tenir prêt le jour J. De toute façon, les chiffres sont implacables. À l'Euro 1984, Platini marqua neuf buts et donna trois passes décisives. La France fut sacrée championne d'Europe, en grande partie grâce à ces statistiques records. À l'Euro 1992 : si Papin avait inscrit six buts, la France aurait terminé au moins demi-finaliste, à trois buts, elle se serait baladée dans son groupe mais avec un seul but à l'actif de JPP, elle a été éliminée de la compétition. C'est aussi simple que ça.

En Suède, Michel changea radicalement d'attitude. Il semblait déjà dans l'après, comme s'il avait la tête ailleurs. La dynamique naît du chef : s'il n'est plus « entraînant », il la casse. Il s'avouait déçu par l'attitude de certains joueurs et, peu à peu, il se retira du jeu. Au soir de l'élimination, après une défaite contre le Danemark, futur vainqueur du tournoi, il déclara que la France ne pouvait pas espérer mieux dans un tournoi trop relevé pour elle. Personne n'osa le contredire.

L'Euro se termina dans cette atmosphère particulière, plutôt déliquescente et désagréable. Michel ne m'avait pas fait part de ses intentions profondes mais il me fit comprendre, vers la fin de la compétition, qu'il n'irait pas au-delà de son mandat.

Sans imaginer un instant ce qu'il adviendrait par la suite, je savais que son successeur à la tête de l'équipe de France aurait un premier impératif : recoller les morceaux d'un groupe touché au moral et éclaté dans tous les sens.

Chapitre 10
UN CLIMAT VICIÉ

Le refus de Michel Platini de poursuivre sa tâche, annoncé au début du mois de juillet 1992, le jour même de l'attribution à la France de l'organisation de la Coupe du monde 1998, précipita la reprise en main de l'équipe de France. Il fallait vite lui trouver un remplaçant, d'autant que des échéances importantes se profilaient avec les éliminatoires de la Coupe du monde 1994 en septembre. Jean Fournet-Fayard me sollicita pour que je reprenne le flambeau. Soucieux d'une forme de continuité dans la gestion de la sélection, il préférait régler la succession avant le grand rush des vacances, sans laisser le champ libre aux calculs et aux supputations dans un monde qui en raffole. Je lui ai exprimé mes réticences car, en tant que directeur technique national, j'estimais que l'accomplissement des deux tâches posait un réel problème. Le sélectionneur garde le prochain match dans le viseur, le DTN, lui, fixe l'horizon des dix années à venir. Le port de la double casquette n'est pas confortable, ni forcément souhaitable. Par ailleurs, je devinais que ma candidature ne suscitait pas l'unanimité et que le secteur du football professionnel, par la voix de Noël Le Graët, sans doute pour marquer son indépendance, encourageait indirectement d'autres ambitions. Le nom de Jean-Michel Larqué fut souvent cité, sans que je sache très bien s'il relevait d'une volonté réelle de sa part. Je me suis dit que s'il avait vraiment voulu s'emparer du poste, le Variétés Club de France aurait tout mis en œuvre pour qu'il l'obtienne. Or, ce ne fut pas le cas.

Désigné à l'unanimité par le Conseil fédéral, dans sa séance du jeudi 9 juillet, je me suis mis aussitôt en action. Jean Tigana m'en voudra longtemps de ne pas avoir pensé à lui pour devenir mon adjoint, mais mon choix se porta sur Aimé Jacquet, avec lequel je m'entendais bien. Je dis souvent que le talent, c'est le rebond et Aimé est le parfait symbole de cette capacité qu'ont les hommes, après des déboires, à remonter la pente. En février 1988, il avait été écarté sans ménagement de Bordeaux par Claude Bez. Je parlerais même d'une certaine brutalité. Je me trouvais ce jour-là en Angleterre et je l'avais appelé pour lui remonter le moral. Il semblait dépité. Dans cette période, j'avais été contacté par Montpellier pour entraîner l'équipe mais, étant engagé auprès de Michel Platini avec la sélection, j'avais décliné la proposition. J'ai recommandé Aimé aux dirigeants montpelliérains, mais le courant ne passa malheureusement pas et, grâce à Michel, il trouva ensuite refuge à Nancy où, là encore, les événements ne lui furent pas favorables. Il préféra partir lorsqu'il vit débarquer Stefan Kovacs, sans qu'on le prévienne. Pour l'aider à évacuer ce triple coup du sort et lui permettre de se remettre en marche, j'avais convaincu le président de la Fédération de l'engager comme entraîneur national. Une fois nommé sélectionneur, j'ai donc pensé à lui pour me seconder : il disposait d'une expérience précieuse du haut niveau, et il possédait une excellente connaissance des internationaux français. Deux atouts considérables. Deux avantages appréciables.

Je savais les joueurs affectés par les déclarations de Michel Platini à leur égard après l'échec de l'Euro. Quelques-uns furent plus touchés qu'on ne l'imagine, et il fallut faire preuve de persuasion pour les remobiliser.

Certains internationaux ne voulaient plus entendre parler de l'équipe de France, dont Éric Cantona qui préférait concentrer son énergie sur son club de Leeds. Je suis allé le voir en Angleterre afin d'effacer les mots qui fâchent et, au terme d'une discussion animée, il me lâcha, le ton ferme, droit dans les yeux : « Tu peux compter sur moi, Gérard ! » Laurent Blanc se trouvait dans les mêmes dispositions d'esprit. Je me souviens d'une soirée passée en sa compagnie dans une pizzeria près de Créteil après un 32ème de finale de Coupe de France, Créteil-Nîmes, en mars 1993. Il avait été vexé par les attaques dont il avait été l'objet et, après un long échange entre nous, il accepta de revenir, sans arrière-pensée. Jean-Pierre Papin s'embarrassait moins de préjugés mais j'ai dû souvent convaincre Fabio Capello, son entraîneur au Milan AC, d'accepter de le libérer. Je découvrais, en fait, le travail « invisible » du sélectionneur. Je veux dire : celui que le public ignore, et n'imagine sans doute même pas.

Avant même de plonger dans le cœur de ma nouvelle responsabilité, il existait d'autres sujets périphériques à traiter en urgence. Pendant l'Euro 92, Basile Boli multiplia les rendez-vous avec Noël Le Graët car son club, l'OM, n'assurait pas le versement de son salaire, pas plus que ceux de ses coéquipiers Bernard Casoni et Pascal Olmeta. Il lui demandait d'intervenir en leur faveur auprès de Bernard Tapie. À l'époque, les joueurs ne gagnaient pas ce qu'ils touchent aujourd'hui et, lorsqu'ils devaient honorer des emprunts, les deux ou trois mois de salaire qui n'étaient pas versés leur faisaient grandement défaut. L'ambiance générale était plombée, et Michel fut lui-même très contrarié par cette situation à laquelle il ne pouvait rien. La concentration indispensable pour la compétition n'était pas à son maximum.

Le « cas » posé par l'Olympique de Marseille ne se dissipa pas avec le changement de sélectionneur. Sans parler d'animosités exacerbées entre les joueurs marseillais et parisiens, ils s'échangeaient des piques lorsqu'ils se retrouvaient en équipe de France. Il était parfois compliqué de réclamer une attention totale. Je m'en veux de ne pas avoir suffisamment mesuré le poison représenté par cet antagonisme profond. J'aurais dû provoquer des discussions ouvertes pour crever l'abcès.

Dans ce contexte, jouer au Parc des Princes, qui était le stade de l'équipe de France et du PSG, ne favorisait pas l'apaisement des esprits. Jean-Pierre Papin et Éric Cantona, deux anciens de l'OM, avaient l'impression d'évoluer en territoire hostile, et les quelques sifflets qui accompagnaient leurs performances les irritaient au plus haut point. Ils réclamèrent, l'un comme l'autre, que la sélection s'exile en province où ils se sentaient davantage considérés et plus soutenus.

Et ce ne sont pas les déclarations incendiaires de Bernard Lama, au soir d'un PSG-OM de décembre 1992, qui contribuèrent à maintenir l'unité nationale. « Les Marseillais sont des voyous », lança-t-il à la cantonade, une formule reprise en boucle dans les médias, qui eut le don d'exciter les passions et d'entretenir les tensions.

Comment ai-je fait pour ne pas réagir plus tôt dans ce climat vicié ? Je me le demande encore.

Je me suis rendu au Stade-Vélodrome, à Marseille, l'été 1992, peu de temps après la reprise, pour assister à un match de championnat. En croisant Bernard Tapie dans le couloir du vestiaire, je l'ai averti que plusieurs de ses joueurs seraient conviés à la prochaine rencontre de l'équipe de France. Sa réplique fusa, avec toute la « tendresse » dont il était capable : « Mais qu'est-ce que tu viens me faire chier avec ton équipe de France ! Les joueurs, ils n'en ont rien à foutre… » Lui visait le titre de champion d'Europe et celui de champion de France avec l'OM. Le reste, tout le reste… J'avais fini par décrypter son mode de fonctionnement. D'abord, il essayait de séduire. Ensuite, il intimidait et tentait de susciter la peur. Et, au final, il recherchait un arrangement. Quand il constatait qu'aucune méthode ne fonctionnait, il contournait l'obstacle. Il prévenait que les règlements jouaient en sa faveur, ou que ses joueurs seraient blessés le jour de leur convocation en sélection. Si vous faisiez preuve de la moindre faiblesse face à lui, vous n'aviez aucune chance de vous en tirer. Le mardi 27 juillet 1993, veille de notre rencontre amicale contre la Russie à Caen, une réunion portant sur les primes de match rassemblait plusieurs joueurs autour de la table, dont Jean-Pierre Papin, le capitaine de l'équipe de France. À cette occasion, dans le courant de nos échanges, il s'évada du sujet principal et nous raconta le mode de fonctionnement de la direction de l'Olympique de Marseille.

Ses « révélations » intervenaient après les développements de l'affaire VA-OM qui affectèrent le football français dans son ensemble, jusque dans les rangs d'une équipe de France touchée en plein cœur. À tel point qu'au lieu d'apprécier notre victoire en Finlande, au début du mois de septembre (0-2, buts de Blanc et de Papin), les joueurs étaient polarisés sur les sanctions prises contre l'OM, privé de Coupe d'Europe par l'UEFA. Or, Bernard Tapie avait déclaré que, dans de telles conditions, il ne serait plus en mesure d'honorer les contrats des joueurs. Dans le bus qui nous mena du stade de Tampere jusqu'à l'aéroport, le seul sujet de conversation tournait autour de l'avenir du club marseillais. Notre performance paraissait secondaire. Comme si elle n'existait pas.

Je n'ai pas bien évalué l'impact psychologique et les répercussions de cette affaire, parce que j'étais trop focalisé sur ma seule mission de sélectionneur. J'aurais dû la traiter de front, mais je n'ai pas eu conscience, sur l'instant, de sa gravité pour la vie de l'équipe de France elle-même.

Le président de la Fédération fut placé lui-même au centre d'une tourmente terrible, trop préoccupé par la gestion des conséquences désastreuses du match VA-OM. Bernard Tapie avait porté plainte contre la FFF, et la FIFA menaçait de rayer Marseille de la carte s'il ne retirait pas immédiatement son action en justice. Sepp Blatter restait en contact permanent avec Fournet-Fayard. Je me souviens de soirées pesantes au siège de la Fédération, où tout le monde semblait accaparé par les rebondissements incessants d'une affaire de corruption nauséabonde. Sale période. Très sale période, pour l'ensemble du football français.

Je n'ai pris conscience de l'ampleur du problème que quelques jours avant le match contre Israël. Était-il trop tard ? Sans doute pas.

Mais je m'adresse un autre reproche, sur lequel je vais revenir : j'aurais dû exclure David Ginola après ses déclarations publiques, lors du rassemblement de France-Bulgarie, qui brisèrent définitivement la cohésion du groupe dans une période où elle était déjà mise à mal. Car quand tu es décalé par rapport à l'équipe, tu joues décalé par rapport à elle. Tu n'as pas la bonne concentration, tu es débranché. Et tu fais mal ton boulot.

Un jour, Georges Boulogne me l'avait dit, au sujet d'un joueur dont l'état psychologique ne cadrait pas avec l'esprit de groupe. J'ai repensé à lui, premier DTN de l'histoire du football français, le soir de notre élimination.

Pour prolonger cette réflexion, je crois que si Zinédine Zidane a commis ce geste surprenant contre l'Italien Marco Materazzi en finale de la Coupe du monde 2006, avec ce coup de tête qui provoqua son expulsion, c'est qu'il devait lui-même être en décalage avec Raymond Domenech.

Mais c'est une autre histoire.

Celle que je vais vous raconter ne vaut pas beaucoup mieux.

Chapitre 11
OH... GINOLA !

Quand j'ai pris les rênes de l'équipe de France, le 26 août, au Parc des Princes, elle était encore traumatisée par les séquelles de l'Euro 92. Son degré de confiance flirtait avec le service minimum et elle entamait une période de transition avec la fin de la génération des Manuel Amoros et Luis Fernandez, puis bientôt celle des Basile Boli et Bernard Casoni. Tout n'était certes pas à reconstruire, mais un vaste chantier se présentait à nous. Pour y avoir longuement réfléchi avec Aimé Jacquet, on savait, tous les deux, dans quelle direction nous engager, en introduisant du sang neuf et en procédant à des changements. Il fallait inventer un jeu différent pour la sélection et promouvoir un autre style. Le challenge nous plaisait. Mieux : il nous excitait.

Il se heurta, dans un premier temps, à l'équipe du Brésil qui nous fut supérieure dans tous les domaines, avec des joueurs de la qualité de Raï, Valdo, Bebeto et Romario. Deux ans plus tard, elle allait devenir championne du monde, aux États-Unis, pour la quatrième fois de son histoire. La France, elle, avait un chemin considérable à accomplir pour prétendre rivaliser avec elle.

Enchaîner par un déplacement en Bulgarie n'avait rien du cadeau de bienvenue. C'est bien simple : en sept matches à Sofia, l'équipe de France n'avait gagné qu'une seule fois, en 1932, grâce à un Jean Sécember, de l'US Tourquennoise, en état de grâce, auteur de quatre buts ce jour-là. Même Michel Platini ne l'avait jamais emporté à Sofia, battu en 1985 (0-2) pour sa 58ème sélection, et volé au coin du bois, précédemment, pour sa quatrième sélection (1976, 2-2, un penalty refusé, un but bulgare hors-jeu). À défaut de nous satisfaire, notre défaite (2-0) entrait dans une certaine logique historique, que nous n'avions pas réussi à inverser.

Heureusement, la courbe de nos performances remonta par la suite et nos deux confrontations face à l'Autriche resteront un bon souvenir, au plan sportif. Celle du Parc des Princes (octobre 1992, 2-0), parce qu'il s'agissait de ma première victoire de sélectionneur et qu'elle survenait huit jours après le décès de mon père. Celle de Vienne (mars 1993, 1-0), parce qu'elle nous relançait dans la course à la qualification pour la Coupe du monde.

Elle se présentait même très bien, avant la double réception d'Israël et de la Bulgarie à l'automne 1993.

Maudit automne qui nous plongea dans un hiver exécrable.

Raymond Domenech était allé superviser à ma demande l'équipe d'Israël à Bucarest où elle affrontait la Roumanie, fin septembre, en match amical. Il ne jugea pas utile de rendre un rapport écrit, comme c'est l'habitude pour tout superviseur, et il m'affirma simplement un truc du genre : « Si vous ne gagnez pas, vous êtes des chèvres ! » J'étais bien avancé.

Je me reprocherai toute ma vie de m'être laissé « endormir », comme anesthésié par un contexte émollient. L'équipe de France restait sur une série remarquable, elle avait largement dominé Israël à l'aller (4-0) à Ramat Gan, un entraîneur national m'assurait que notre adversaire avait le profil tout désigné de la victime : je n'ai pas perçu qu'un danger nous guettait. Je ne me suis pas montré assez vigilant et concentré. Les joueurs eux-mêmes pensaient que le match ne représenterait qu'une simple formalité. Mais je ne veux attaquer personne : la faute incombait à l'entraîneur, et à lui seul.

Ma faute, ma très grande faute.

Un match international n'est jamais gagné d'avance : je me le suis souvent répété depuis cette fin d'année 1993. C'est peut-être banal à dire mais c'est la stricte vérité.

Les images défilent aujourd'hui encore dans ma tête. Une pelouse gorgée d'eau, 2-1 en notre faveur, Jean-Pierre Papin qui a une balle de 3-1 impossible à conduire au-delà de la ligne de but car elle se fige dans une flaque, le contre qui ramène le score à 2-2, un sursaut de l'équipe de France qui tient à marquer un troisième but et à l'emporter, et… cet autre contre israélien qui nous anéantit en toute fin de match ! À dix minutes près, la qualification pour la Coupe du monde aux États-Unis nous tendait les bras.

Dix minutes. Le temps de passer de l'espérance à l'angoisse.

Dès le lendemain, tout le monde m'est tombé sur le dos. On me reprochait la programmation musicale du Parc des Princes, qui proposa *L'Amérique* de Joe Dassin, *Born In The USA* de Bruce Springsteen et *West Side Story* dans la foulée. Comme si on avait sollicité mon avis pour l'animation d'avant-match ! Comment peut-on imaginer un seul instant qu'un entraîneur va consacrer ne serait-ce que cinq minutes de son temps à la planification de la sono du stade ? On m'a aussi critiqué avec véhémence car un drapeau américain devait être déployé, paraît-il, pour un éventuel tour d'honneur. J'ignorais tout ça. Et si je l'avais su, je ne l'aurais jamais autorisé. Il aurait fallu que je sois fou pour l'accepter. Pour les caisses de champagne dans le vestiaire, pareil. Tous les événements périphériques au terrain, j'ai toujours refusé d'en assumer la responsabilité. Le reste me suffisait amplement.

Après la défaite contre Israël, l'abattement se lisait sur le visage de chacun des joueurs, dans les vestiaires, mais ils s'encourageaient en rappelant que le dernier match contre la Bulgarie constituerait une deuxième chance à saisir. Je les ai sentis mobilisés.

Pourtant, plus l'échéance se rapprochait, plus l'anxiété gagnait. Le doute s'installa dans l'opinion publique et un climat d'inquiétude se diffusa autour de nous, notamment dans les derniers jours. Même si je me voulais apaisant, au fond de moi, je n'étais pas très rassuré. Or, la seule chose qu'il faut écarter coûte que coûte dans ce métier, c'est la peur. Quand l'entraîneur a peur, il transmet la peur. Quand il a confiance, il transmet la confiance. Quand il est fatigué, il transmet de mauvaises ondes.

Je me reproche d'avoir été contaminé par la peur.

Pour ne rien arranger, l'équipe se désagrégea avec les prétentions de David Ginola, qui considérait que sa place se trouvait sur le terrain, et nulle part ailleurs. Il le confiera à des journalistes lors d'une rencontre avec la presse, et ses déclarations étalées dans les journaux provoquèrent des vagues dans nos rangs. Le poison de la désunion se propagea insidieusement.

J'ai pris David Ginola en tête-à-tête : « Pourquoi t'es-tu laissé aller à faire une telle déclaration ? On va chercher à se qualifier et après on verra bien comment procéder. Chaque chose en son temps. »

Et puis, qui marquait les buts en équipe de France ? Victoire contre la Finlande, 2-1 : premier but Papin, deuxième but Cantona. En Autriche ? 0-1, but de Papin, Cantona suspendu. Contre la Suède ? Deux buts de

Cantona, Papin blessé. En Finlande ? Un but de Papin. J'avais reconduit le duo d'attaquants mis en place par Michel Platini. Il me donnait entière satisfaction. Pourquoi en changer ? Le choix de Ginola, comme troisième attaquant, aurait pu déséquilibrer l'adversaire, mais la formule présentait aussi un risque. D'ailleurs, n'évoluait-il pas avec le seul George Weah sur le front de l'attaque du PSG ?

Au Parc des Princes, il était adulé et il misait sur le soutien du public pour imposer sa présence parmi les titulaires. Sur le coup, j'ai pensé lui indiquer la porte de sortie et le mettre hors jeu. C'est la première idée qui me traversa l'esprit. J'aurais dû la mettre à exécution. La suite de ma vie professionnelle m'apprendra qu'il est préférable de prendre des décisions, même intransigeantes, plutôt que de se défiler. J'ai manqué de courage. Je ne prétends pas que son exclusion aurait tout réglé car elle aurait entériné une sorte de scission entre les copains de Ginola et les autres. D'ailleurs, Aimé Jacquet m'incita à la sagesse : « Gérard, on ne sait jamais, on peut avoir besoin de lui. Et puis, il faut calmer le jeu et faire retomber la tension. » Les facteurs de doute étaient si nombreux qu'il valait mieux ne pas en rajouter, et plutôt organiser la paix des braves. Aimé n'avait pas tort.

Dans ma causerie, la veille du match contre la Bulgarie, j'ai prévenu les joueurs : « Cette histoire, on n'en parle plus ! Fini, terminé : concentrez toute votre attention sur notre jeu et notre adversaire. Plus rien d'autre n'existe. »

La composition de l'équipe, annoncée très tôt, ne suscita ni réserve, ni commentaire particulier. Ginola, qui se savait dans le viseur, ne broncha pas. Motus et bouche cousue.

La suite oscilla entre le rêve et le cauchemar. D'une belle reprise de volée, Cantona ouvrit le score, mais la joie fut de courte durée car la Bulgarie égalisa cinq minutes plus tard sur un corner. Un résultat nul nous suffisait pour obtenir la qualification. Il fallait s'y accrocher, tout en tentant de prendre l'avantage pour nous mettre à l'abri. On avançait sur une corde raide. Tétanisé par des crampes en cours de deuxième mi-temps, sans doute victime d'une forme d'appréhension et d'un stress qui le rongeait, Papin fut contraint de quitter le terrain. Il était plus sensible aux critiques que Cantona qui, lui, ne se démontait jamais : il réglait les problèmes d'homme à homme, et basta ! Ginola entra en jeu à la 69ème minute, et sa performance, jusqu'à la dernière minute, ne souleva aucun reproche. Au contraire : il se débrouilla bien, et se démena comme l'ensemble de l'équipe pour tenir le résultat.

À 23 secondes de la fin du temps réglementaire, toutefois, je ne sais pas ce qui lui passa par la tête. Sur un coup-franc obtenu à côté du poteau de corner droit, Vincent Guérin lui glissa le ballon, avec pour invitation évidente qu'il le conserve, dans un coin. Normalement, il devait chercher à provoquer la faute de l'adversaire ou à obtenir un corner. Dans tous les cas de figure, son action devait nous être profitable. Comme tous les gamins le font dans les matches de jeunes le samedi après-midi, pour gagner quelques précieuses secondes. David possédait une technique individuelle de haute volée, et il n'était pas facile de lui attraper le ballon des pieds. S'il avait abattu cette carte de son jeu, il aurait été victorieux à coup sûr.

Curieusement, il se précipita et il choisit de centrer. Sur l'instant, je me suis dit : « Mais pourquoi fait-il ça ? » Et, dans la même seconde, j'ai pensé : « Ah, dommage, Cantona était seul devant le but, et il aurait été capable de le convertir si le centre avait été plus précis… »

Et puis tout s'enchaîna vite. Très vite, trop vite. Tellement vite. Une remontée rapide de ballon, une petite incompréhension entre Laurent Blanc et Alain Roche, une frappe de Kostadinov dans un angle impossible. Et Bernard

Lama qui se retrouva foudroyé sur place, sans pouvoir esquisser un seul geste.

Toute la cruauté du football résumée en quelques mots. Et en dix secondes.

J'ai entendu le hurlement du cœur poussé par Aimé, derrière moi : « Oh non, ce n'est pas vrai ! Ce n'est pas possible ! » Je n'en croyais pas mes yeux. Le tir du Bulgare avait vraiment filé sous la barre transversale ? Il y avait but ? Il était validé ? La défaite était consommée ? L'élimination avérée ? La réalité, implacable, s'imposa à moi, comme aux autres. Comme si le sol se dérobait sous mes pieds. D'un seul coup, une tristesse infinie m'a envahi. C'était trop affligeant, c'était trop stupide, c'était trop dur. Pas seulement pour moi, mais pour les joueurs, pour le staff, pour le football français, pour le public, pour le pays.

Effondrés, nous étions effondrés par tout ce que symbolisait ce but de Kostadinov.

Parmi les joueurs, Didier Deschamps paraissait le plus affecté, il pleurait à chaudes larmes. Je l'ai consolé, comme les autres, un à un, en essayant de trouver les mots qui convenaient. Mais quels mots peuvent effacer d'un trait ce que nous venions de vivre et d'endurer ? Le sentiment de gâchis était si profond qu'aucune phrase intelligente ne pouvait réparer l'irréparable.

Noël Le Graët eut une ou deux expressions de réconfort, plutôt positives, qui me donnèrent du baume au cœur. D'après mes souvenirs, il m'indiqua : « J'aimerais que vous restiez… » Je crois lui avoir répondu : « Je ne suis pas sûr que ce soit possible. »

Mais mes pensées m'emmenaient ailleurs. Je n'arrivais pas à comprendre ce qui nous avait conduits dans cette impasse. Je tentais de reprendre pied. « Tiens, tu n'aurais pas dû faire ceci… », « Tiens, tu n'as pas fait assez attention à ça… » On apprend toujours plus de ses échecs que de ses victoires, car la remise en cause est plus aiguë.

En attendant, il fallait que j'assume.

Et là, j'ai dit une énorme bêtise.

Dans le flot des commentaires répétés en boucle face à des médias avides d'explications, j'ai lâché une phrase que je n'aurais jamais dû prononcer : « Par ses déclarations, David a commis un crime contre l'équipe ! » Je voulais utiliser le terme de faute grave qui correspondait à son attitude mais, dans la précipitation et l'énervement, j'ai dérapé, en insinuant tout autre chose. Tout le monde a cru que je le traitais de criminel et d'assassin, et que je le rendais seul responsable de notre échec. Pire : on rattacha mes propos accusateurs au centre raté de David. J'avais même évoqué un Exocet parti de ses pieds. Mais mes intentions se situaient ailleurs : je lui reprochais surtout d'avoir déclenché le trouble dans l'équipe, préjudiciable à la bonne préparation du match. Qu'il ait raté son centre ne constituait qu'un fait de jeu accessoire, dans mon esprit. D'autres auraient pu rattraper son erreur.

David récupéra à son compte ma maladresse verbale en se drapant dans le rôle du martyr et en affirmant qu'il n'avait tué personne. Il prit tout le monde à témoin. Tout s'enflamma dans les jours qui suivirent, et la polémique s'amplifia, sur laquelle je n'avais plus aucune prise. J'ai payé une grave erreur de communication. Il n'y avait rien d'illogique à cela : j'étais le seul responsable de cette situation car j'avais pris la décision, en mon âme et conscience, de le faire jouer.

Après coup, je m'en suis voulu d'avoir pointé le doigt sur lui. Si c'était à refaire, je n'évoquerais même pas son nom dans mes commentaires. Et comme il a été prononcé par la presse, j'aurais dû repousser toute question, en évoquant une « cuisine interne » qui devait rester entre nous.

Cette affaire créa d'immenses dégâts.

Il n'entre pas dans ma nature de vouloir faire du mal à qui que ce soit. Je regrette cet incident tout en me disant que, dans ce métier, on devient parfois paranoïaque, en imaginant que des gens préparent des complots contre vous.

Mon réflexe immédiat fut d'annoncer ma démission du poste de sélectionneur, le soir même de l'élimination. Mais on me le déconseilla.

Ce ne sera que partie remise.

Chapitre 12
LE TRAUMATISME EFFACÉ

Je n'avais pas d'autre alternative que de laisser la place. C'était d'une logique implacable, à laquelle je ne pouvais me soustraire. Si je m'étais écouté, dès le lendemain de l'élimination, j'aurais refermé ce chapitre douloureux, pour tourner une page et me projeter vers de nouveaux challenges. Mais il fallut patienter car rien ne devait se décider sous le coup de l'émotion.

J'ai présenté officiellement ma démission le jeudi 25 novembre, huit jours après notre défaite contre la Bulgarie. Le sujet de ma succession à la tête de l'équipe de France se posa avec acuité et de nombreux candidats, plus ou moins déclarés, apparurent sur la place publique. L'incertitude était telle, à la Fédération, qu'aucune solution ne faisait l'unanimité. Qui pour me remplacer dans ce contexte ? Pour ma part, j'ai milité pour qu'Aimé Jacquet, dont le nom était rarement cité dans les journaux, reprenne le témoin, mais lui-même ne le souhaitait pas. Il était meurtri par cette aventure inachevée et il ne se voyait pas repartir au front. Toute la Direction technique nationale se mobilisa pour trouver les arguments et pousser dans le même sens. Elle parvint, finalement, à le convaincre.

Dans un premier temps, il fut nommé sélectionneur par intérim, car il ne voulait pas s'engager sur le long terme, puis il accepta, quelques mois plus tard, de prolonger son bail jusqu'à la Coupe du monde 1998.

Même si mon entourage, avec lequel je n'ai pas été toujours facile à vivre, a été formidable, je n'ai pas essayé d'atténuer mes blessures en cherchant le réconfort auprès d'eux. Je me suis vite replongé dans mes activités de DTN, en parcourant la France du football, celle des ligues et des districts. Je culpabilisais beaucoup, et j'éprouvais une certaine crainte à l'idée d'affronter les regards, que je craignais accusateurs. Il n'en fut rien.

Je me souviens d'une réunion au Palais des sports de Berck-sur-Mer un samedi soir, début janvier, devant 300 éducateurs bienveillants. Aimé m'accompagnait, et personne ne semblait me tenir rigueur de nos malheurs, même si tout le monde restait encore sous le choc des circonstances de notre élimination. Il existait un réel décalage entre mon appréhension de départ et l'accueil amical que l'on me réserva. Il n'empêche : je m'en voulais d'avoir rendu les gens malheureux et de les avoir privés du plaisir d'une Coupe du monde. Je me sentais, avec une certaine prétention sans doute, le seul responsable de cette part de rêve envolée.

Cet événement douloureux me devenait parfois insupportable. Longtemps après, j'avais toujours autant de mal à le vivre.

Les mois qui défilaient n'effaçaient rien.

Jusqu'au jour où la victoire en finale du Championnat d'Europe juniors 1996 me délivra d'une charge considérable.

J'ai dû cette libération à Christian Damiano, que j'avais promu entraîneur national en 1992. Avec Claude Dusseau et lui, nous avions bâti tous les grands chantiers de la préformation.

Christian se consacrait aussi à la direction de l'équipe de France des moins de 16 ans, qui échoua dans son épreuve de qualification pour le Championnat d'Europe de sa catégorie. Devant elle se dessinait un autre Championnat d'Europe, deux ans plus tard : celui des moins de 18 ans qui se déroulait en France en juillet 1996.

Un jour, il me fit une proposition à laquelle il songeait depuis un moment et qu'il m'exposa sans détour :

« C'est une bonne équipe, Gérard, ce serait bien que tu en deviennes le responsable. Prends-la, et je serai ton adjoint.

– Non, je ne peux pas accepter. Mais on pourrait faire l'inverse en revanche !

– Non, non ! J'y tiens : tu seras le numéro 1, et je t'accompagnerai dans ta tâche.

– Ok, merci à toi, Christian. Tu le sais mieux que quiconque : nous, entraîneurs, il n'y a que le terrain qui puisse nous guérir... »

Je savais, au fond de moi, qu'il fallait que j'entraîne à nouveau une équipe, pour aller de l'avant. Quand tu fais ce métier depuis plus de vingt ans, tu ne peux pas vivre sans ce plaisir. Et puis un DTN doit demeurer un homme de terrain : s'il n'est pas constamment opérationnel, il se coupe des réalités et faiblit.

Pour mon premier match à Armentières, près de Lille, contre les scolaires anglais, ce fut un vrai bonheur : 5-0, avec une équipe pétillante.

Et puis, lors d'un séminaire organisé par la DTN sur le thème « Comment intégrer un jeune à un effectif pro », Luis Fernandez évoqua le nom d'un certain David Trézéguet qui, en juillet 1995, débarqua au Paris S-G en provenance d'Argentine, par l'intermédiaire d'Omar Da Fonseca. Il l'avait emmené en stage de préparation d'avant-saison avec Paris et le « petit David », comme il l'appelait, lui avait produit un sacré effet. Malgré ses recommandations favorables, ses dirigeants refusèrent de le garder dans l'effectif, pour quelques peccadilles. Omar, qui avait également joué à Monaco, le proposa ensuite à Jean Tigana qui, lui, en l'espace d'une seule séance d'entraînement, décela le talent précoce à côté duquel il ne fallait pas passer.

Le nom de Trézéguet me disait quelque chose. Et en replongeant dans mes souvenirs, j'avais fini par trouver : Jorge Trézéguet avait été mon adversaire, au FC Rouen, lorsque j'entraînais Noeux-les-Mines. David n'était autre que son fils. J'ai pris des renseignements complémentaires sur le « phénomène », et je l'ai convoqué dans la foulée pour un stage à Clairefontaine afin de l'intégrer en équipe de France. Il joua pour la première fois fin novembre contre la Slovaquie. Il marqua deux de nos six buts, et délivra deux passes décisives.

Avec lui, avec Thierry Henry, autre talent naissant, qui laissait entrevoir d'immenses possibilités et percevoir un caractère de leader, je me suis régalé. J'ignore si quelqu'un peut me comprendre mais, par moments, je me suis senti grisé. J'avais le pouvoir d'agir, de modeler une équipe, de lui façonner un style et c'était magnifique. À 47 ans, j'avais l'impression qu'une seconde jeunesse s'offrait à moi et qu'une autre vie commençait.

Avant le Championnat d'Europe, organisé à Besançon et Amnéville, j'avais défini trois objectifs : 1. Nous qualifier pour le Championnat du monde des moins de 20 ans l'été suivant en Malaisie. 2. Aller en finale. 3. La gagner. Ils se réalisèrent tous les trois. Carton plein ! Dix ans après mon premier titre de champion de France avec le Paris Saint-Germain, j'obtenais un nouveau trophée. Il me combla au-delà de tout ce que l'on peut imaginer.

Depuis trois mois, le football français vivait sur un petit nuage. Ses clubs avaient réussi un tabac au printemps avec le Paris S-G, vainqueur de la Coupe des Coupes, avec Bordeaux, finaliste de la Coupe de l'UEFA et avec Nantes, demi-finaliste de la Ligue des champions. Et ses sélections nationales suivaient le mouvement. L'équipe de France ? Demi-finaliste de l'Euro en Angleterre en juin. Les Espoirs ? Troisièmes du Championnat d'Europe à Barcelone fin mai. Les Olympiques ? Tombés en quart de finale devant le Portugal. Les cadets ? Finalistes de leur Euro à Vienne en mai.

En cette année 1996 d'un cru exceptionnel, une seule équipe de France était allée au bout de son projet. Celle que j'avais l'honneur de conduire. Jusqu'à la dernière seconde de la finale contre l'Espagne, remportée 1-0, le souvenir de la fin de match contre la Bulgarie, en novembre 1993, me hanta l'esprit. Impossible de ne pas y penser. Il me broyait l'estomac et entamait mon moral. J'étais stressé, et je redoutais l'action de l'ultime minute qui viendrait tout remettre en cause et tout gâcher. Un ballon mal renvoyé, une relance ratée, un tir dévié, un contre échevelé, ou je ne sais quel coup tordu dont nous serions les victimes. Une égalisation qui vous abat, et provoque l'effondrement. Le type même du scénario catastrophe qui, heureusement, ne s'est jamais produit.

Le but de Kostadinov ne me quittait pas. Mes nuits en étaient peuplées, voire mes petits matins, quand je me réveillais vers 5 h et que je ressassais cette histoire dans tous les sens, à n'en plus finir. On appelle ce moment si particulier les « aubes navrantes », selon l'expression d'Arthur Rimbaud. J'ai été longtemps « navré », je peux l'assurer.

En finale de la Coupe d'Angleterre 2001, par exemple, j'ai eu un flash identique. Le « traumatisme » bulgare était encore tellement présent dans ma tête qu'il ressurgissait furtivement dans des matches à très fort enjeu.

Mais c'est la finale de la Coupe du monde 1998 qui finira par exorciser mes vieux démons. Ce jour-là, Aimé

Jacquet eut un comportement extraordinaire à mon égard. En me voyant débarquer dans le vestiaire du Stade de France, après le match, il a dû repenser à tout ce que nous avions vécu ensemble en cet automne noir de 1993. Et à ce but de la dernière minute qui nous terrassa, l'un comme l'autre, nous plongeant dans un abîme de souffrance. Il me serra dans ses bras et m'offrit sa médaille, en guise de cadeau et de souvenir. C'était à ce point émouvant que je crois bien avoir versé quelques larmes.

Il m'enleva définitivement le poids cruel de ce France-Bulgarie, et ce malheur absolu qui me frappa de plein fouet.

En reconsidérant mon parcours, plus tard, je me suis dit que l'équipe de France s'était présentée trop tôt à moi. Je n'étais pas prêt pour porter ce lourd fardeau de responsabilités – car c'en est un, croyez-le bien. Au fond, je manquais de cette expérience sans laquelle vous avancez sans boussole, et je l'ai payé en commettant des erreurs que j'aurais évitées avec un peu plus de bouteille. Comme par hasard, les sélectionneurs consacrés dans les grandes compétitions internationales, qu'ils se nomment Vicente Del Bosque, Marcello Lippi, Luis Aragones, Luis Felipe Scolari, ou même Joachim Löw, disposaient d'un solide vécu, riche et long, fait autant de gloire que de déboires.

Ils avaient appris la vie au feu du jeu.

Mon vécu manquait de consistance.

Mais je n'avais pas dit mon dernier mot.

Chapitre 13
TROIS HOMMES ET UN COUP FIN

Quand une idée lui trotte dans la tête, Peter Robinson la suit jusqu'au bout. Et lorsqu'une proie se présente sous ses yeux, il ne la quitte plus du regard, avant de fondre sur elle. Un sacré bonhomme, ce Peter ! Plus obstiné que lui, tu meurs. Éminence grise du Liverpool Football Club, il me pistait depuis quelque temps. Au printemps 1997, il était venu me rendre visite à Paris et, entre la poire et le fromage, à la table du Pavillon Ledoyen, dans les jardins des Champs-Élysées, il avait déployé le grand jeu. « Je vous propose de nous rejoindre et de prendre l'équipe en main dès la saison prochaine. Nous voulons nous relancer. Vous êtes l'homme de la situation. » Style franc, langage clair, argumentation solide : pas de fioriture dans son discours. Du sérieux, du concret. Avec ce flegme tout britannique qui le caractérise. Dans la place depuis 33 ans, il m'avait décrit avec objectivité la situation du club et son espoir de le remettre le plus vite possible sur les rails du succès. Il ne se résignait pas à la domination de Manchester United et d'Arsenal qui caracolaient en tête du Championnat d'Angleterre.

Au risque de gâcher la fin de notre déjeuner courtois, j'avais adopté le même ton direct. À un an de la Coupe du monde organisée en France, je ne pouvais pas répondre favorablement à son vœu, même s'il semblait séduisant sur le papier : un départ de mon poste de directeur technique national aurait été interprété comme une trahison. J'avais établi une relation de proximité avec Aimé Jacquet, et il n'était pas question de l'abandonner en cours de route, surtout dans une période où de nombreuses attaques convergeaient vers lui. Peter le comprit et ne chercha pas à palabrer pendant des heures pour tenter de m'amadouer et d'obtenir un accord à l'arrachée.

Je n'imaginais pas un instant qu'il reviendrait à la charge quelques mois plus tard.

Un jour de juin 1998, le téléphone sonna chez moi.

« Bonjour Gérard. Comment allez-vous ? C'est Peter, Peter Robinson à l'appareil. J'ai vu dans le *Daily Express* que vous aviez signé un contrat pour entraîner Sheffield Wednesday la saison prochaine. C'est bien, très bien même. Je voulais vous féliciter... »

Je suis resté interloqué. Un court silence s'installa entre nous. Je ne savais que lui répondre.

« Bon, vous vous êtes engagé ou pas ?

– Non, pas encore...

– Ah bon ? Ce que j'ai lu dans les journaux n'est pas exact alors ? J'ai bien fait de vous appeler. A-t-on une petite chance de vous convaincre de venir chez nous ?

– Je n'ai rien signé. Il y a un litige entre Sheffield et moi au sujet d'une clause...

– D'une clause ?

– D'une clause de divorce.

– D'accord, d'accord... Dites, Gérard, je vous suggère que nous nous voyions très rapidement. Demain, si vous le pouvez.

– C'est possible.

– À 11 heures, je serai chez vous.

– Entendu, Peter, à demain. »

En raccrochant, je me suis dit que son appel ne pouvait pas être innocent. Qu'il avait dû se renseigner avant de me joindre et qu'il avait réfléchi à ses quelques mots d'accroche, histoire de tâter le terrain. Malin, ce Peter ! Il s'était probablement déjà informé sur les horaires d'avion : en passant par Leeds, il arriverait en fin de matinée à Paris. Un plan de vol étudié.

En ce printemps 1998, je m'interrogeais sur mon avenir et la suite à donner à mon existence dans le monde du football. Le désir de changement me démangeait. Je m'en étais ouvert auprès de Claude Simonet et de Noël Le Graët. Je les avais sollicités afin de prendre la responsabilité de l'équipe de France Espoirs, en plus de mes activités de DTN. J'avais envie de retrouver des sensations proches du terrain. Je ne voulais plus être confiné à des seules tâches administratives, et la perspective de mettre les mains dans le cambouis ne me dérangeait pas, au contraire.

Notre aventure au Championnat du monde des moins de 20 ans, en Malaisie, avec les Henry, Trézéguet, Anelka, Gallas, m'avait donné envie de poursuivre dans cette voie et d'entamer un nouveau cycle avec eux en septembre 1998 avec, dans le viseur, la participation au Championnat d'Europe Espoirs 2000. À cette condition, je ne me voyais pas quitter mes attributions à la DTN, mais à cette unique condition.

En face, un front du refus bloqua mes aspirations. Poli, mais ferme. « Tu n'y penses pas : tu fais un super boulot, continue dans cette direction… » ; « Tu vas t'exposer inutilement si jamais ça ne marchait pas avec les Espoirs… » ; « En cas d'échec, l'ensemble de la DTN pourrait être discréditée… » ; « On a besoin d'une DTN forte… » Les mêmes réflexions revenaient sur le tapis.

Inflexibles, l'un comme l'autre, Claude Simonet et Noël Le Graët ne m'ouvraient aucune nouvelle perspective. Ils ne manquaient pas d'arguments, je le reconnais. J'avais moi-même souvent tenu un langage de vérité auprès d'eux pour obtenir le maximum de moyens. « Plus un DTN est fort, plus les présidents sont forts… » Une phrase qui n'était pas tombée dans l'oreille de deux sourds. C'est une remarque que Michel Hidalgo m'avait glissée, un jour, non sans raison. C'est le secteur technique qui conditionne le reste. Tout le reste.

Aucun espoir, donc, de m'occuper de la sélection Espoirs dont Raymond Domenech allait hériter, selon les vœux des deux présidents.

Aucun espoir, par conséquent, que je reste à mon poste.

Ma détermination était totale, elle fut clairement exposée : « Dans ces conditions, fixées par vous, il est possible que je parte dans les prochaines semaines. » Ce n'était ni une menace ni un chantage, mais un souhait. Simplement un souhait. Retrouver le rectangle vert, l'odeur des vestiaires, l'animation d'un groupe de joueurs, l'adrénaline de la compétition… Claude Simonet et Noël Le Graët m'ont-ils pris au sérieux ? Je l'ignore. Mais, dans ma tête, l'heure du départ avait sonné.

À l'écoute des sollicitations qui commençaient à arriver, je n'ai rien repoussé, désireux d'en savoir davantage sur les intentions des uns et des autres. Je me souviens, par exemple, d'un rendez-vous à Boulogne, avec François Pinault, propriétaire du Stade Rennais, et Pierre Blayau, président du club à l'époque. Leur projet m'intéressait. Je fus à deux doigts d'y répondre positivement. Mais c'est de l'étranger que les propositions affluaient. Et ce sont elles qui, au fond, éveillaient le plus mon intérêt.

Ainsi, le frère du sélectionneur de l'équipe nationale d'Écosse, Jack Brown, directeur général du Celtic

Glasgow, me contacta pour me sonder. Presque étonné par mon intérêt, il se déplaça à Paris pour me vanter les mérites de son club, le premier club britannique à remporter la Coupe d'Europe des clubs champions en 1967, bien avant les Manchester United, Liverpool, Nottingham Forest, Aston Villa et autres Chelsea ! L'idée d'en prendre les commandes m'attirait : je connaissais sa puissance et son impact auprès des foules écossaises. Elle passait par une visite sur place, pour faire la connaissance du président et mesurer avec exactitude ce qu'il attendait de moi. Bien m'en a pris.

Fergus McCann approchait de la soixantaine. Entrepreneur et homme d'affaires canadien, né en Écosse, il s'était porté au secours du Celtic, en 1994, associé à plusieurs investisseurs. Il l'avait racheté et fondé une nouvelle société cotée en bourse dont il réservait une part importante des actions aux supporters, afin de les impliquer dans la gestion du club. Il me reçut chez lui, à Glasgow, avec beaucoup d'égards. Mais au terme de deux heures de conversation, je savais que nous ne ferions pas affaire. Je sentais qu'il cherchait à imposer ses propres vues, y compris dans le domaine technique, et je redoutais qu'on soit souvent en désaccord.

En me raccompagnant à l'aéroport, Jack Brown voulut connaître mon sentiment. Impossible de jouer la comédie. Il tiqua lorsque je fis la moue. Mais il ne s'avoua pas vaincu. Il mobilisa les actionnaires du Celtic et il arriva à me convaincre de discuter avec eux. Quelques jours plus tard, je me suis retrouvé dans un salon de l'aéroport d'Heathrow, à Londres, avec, autour de la table, trois personnes déterminées. Elles firent tout pour que je modifie ma position : une offre financière à tomber par terre, un message limpide laissant entendre que les vrais patrons du club, c'était eux, les financiers, et pas le président.

Je n'ai pas succombé à ce discours séducteur : mon premier contact m'avait refroidi et, dans mon mode de pensée continental, j'estime que le rapport président-entraîneur est trop important pour prendre le moindre risque. C'était non.

Peut-être m'étais-je montré rigide dans mon jugement, mais je ne le sentais pas, et la vie m'avait enseigné qu'il valait mieux s'écouter plutôt que de prêter une oreille trop attentive aux autres.

En rentrant à Paris, j'en ai glissé deux mots à Jozef Venglos, l'entraîneur d'origine slovaque, avec lequel je collaborais dans le cadre du groupe d'experts techniques de la Coupe du monde. Il était à la recherche d'un point de chute. « Je n'y vais pas, si tu es intéressé par le Celtic, préviens-moi... » Je l'ai mis en relation avec Jack Brown, et ils trouvèrent tous les deux un accord quasi immédiat. Tant mieux pour tout le monde. En rigolant, j'ai dit à Jozef Venglos que, désormais, je devenais son agent, et que je le représenterais à chaque nouvelle étape de sa carrière.

Dans cette période, Sheffield Wednesday se montra le plus insistant et il s'en fallut d'un rien pour que je cède à ses avances. Il n'était certes pas le plus connu d'Angleterre mais il figurait parmi les plus anciens clubs professionnels du monde. Il avait un nom particulier, incluant un jour de la semaine : il provenait du club de cricket *The Wednesday Cricket Club* appelé ainsi car il organisait ses matches de cricket le mercredi. Une section football avait été créée, pour que les joueurs restent ensemble pendant la saison d'hiver où le cricket faisait relâche.

Par l'intermédiaire de David Dein, l'un des patrons d'Arsenal, Dave Richards, président de Sheffield, qui deviendra plus tard le président de la Premier League, entra en contact avec moi. Une première réunion eut lieu à Londres, une seconde à Paris : deux tête-à-tête, car je n'ai pas d'agent. Je gère ma carrière seul. L'accord fut quasi immédiat. Un nouveau projet se dessinait chez les « Hiboux », et je pensais pouvoir apporter ma pierre à l'édifice. Un seul sujet bloquait toute signature au bas du contrat : je voulais qu'y figure une clause de divorce.

Quand on signe un contrat, tout est nouveau, tout est beau, selon l'expression : c'est le mariage d'amour, célébré en grandes pompes. Mais il ne se termine pas toujours bien. Par principe, je voulais aussi me protéger : si, tout à coup, ma tête ne leur revenait plus ? J'ai exigé auprès de Dave Richards qu'une clause indique le montant de mes indemnités en cas de séparation. Il en accepta le principe. Restait à en déterminer le montant. « Vous le négocierez avec l'avocat du club », m'annonça-t-il après une franche poignée de mains qui semblait sceller notre accord.

D'entrée, l'avocat me colla au mur : « Vos prétentions pour la clause, Gérard, sont trop élevées. » La discussion partait sur de bonnes bases ! Ne voulant rien céder, je fus invité à réfléchir. « Revoyons-nous dans une semaine ! » Sept jours plus tard, il revint vers moi : « De mon côté, je n'ai rien d'autre, pour l'instant, à vous proposer. Vous avez avancé dans votre réflexion ? » Entre-temps, Dave Richards m'avait lui-même interrogé, l'air de rien : « Alors, Gérard, le contrat est-il signé ? » Non, il ne l'était pas. Un jeu curieux s'engagea entre nous trois. Près de signer ne veut pas dire prêt à signer. Il n'était pas question que je revoie mes prétentions financières à la baisse, concernant cette clause.

Peter Robinson est un homme ponctuel. À 11 h, la sonnerie de l'interphone de l'immeuble où je réside résonna dans mon appartement. Une minute plus tard, il se présenta devant ma porte avec, dans son sillage, deux personnes que je ne m'attendais pas à voir : Rick Parry et David Moores. Un large sourire illumina son visage. Il était manifestement satisfait de l'effet de surprise produit.

Une preuve supplémentaire de son esprit malicieux. Je connaissais bien Rick pour l'avoir rencontré à plusieurs reprises pendant des opérations menées conjointement entre la DTN et les dirigeants du football anglais. En qualité de directeur de la Premier League, Rick manifestait un grand intérêt pour la formation des jeunes, et notre expérience engagée à Clairefontaine l'intéressait. Expert-comptable de formation et consultant financier, ancien diplômé de l'université de Liverpool, il venait d'intégrer la direction du club comme chef du projet économique et sportif. David Moores, lui, n'était autre que le président du Liverpool Football Club. Propriétaire de la chaîne de magasins Littlewoods, la famille Moores avait lié son sort au club depuis près d'un demi-siècle. Supporter des Reds de très longue date, David Moores perpétuait la tradition avec passion.

Peter Robinson, Rick Parry, David Moores : intérieurement, je me suis dit que Liverpool envoyait son artillerie lourde, et que tout pouvait basculer en sa faveur.

La veille au soir, j'avais sondé Arsène Wenger dont l'avis m'importait beaucoup. Il fut catégorique : « Tu sais, Gérard, il vaut mieux entraîner Steve McManaman à Liverpool que Petter Rudi (international norvégien) à Sheffield Wednesday. Dans ce métier, tu sais comme moi que le stress ne vous quitte jamais et que, tout compte fait, il est préférable de l'avoir dans un bon club avec de bons joueurs... » Une remarque que je partageais, naturellement. Mais j'avais peut-être besoin qu'un ami me le dise avant de prendre une quelconque décision.

J'avais aussi informé David Dein de la nouvelle donne qui se présentait à moi. Il me mit à l'aise. « Gérard, vous méritez davantage Liverpool que Sheffield. » Si lui aussi s'y mettait...

Dans mon salon, deux grands canapés se font face. Je me suis assis dans l'un quand mes trois interlocuteurs s'installèrent sur l'autre. La discussion commença. Elle ne s'éternisa pas.

Peter Robinson prit la parole.

« Bon, Gérard, ne tournons pas autour du pot : nous sommes venus pour vous convaincre d'entraîner Liverpool, et d'être sur place dans un mois. Où en est votre réflexion ?

– C'est très simple. Comme vous le savez, j'ai entamé des négociations avec Sheffield depuis plusieurs jours. Elles sont très avancées mais elles bloquent, pour l'heure, sur le montant d'une clause que la direction du club tarde à accepter. Si vous l'agréez, je suis prêt à signer pour Liverpool…

– De quoi s'agit-il exactement ? »

Pour qu'ils se forgent leur propre idée, je leur ai montré le projet de contrat de quatre ans que j'avais reçu par fax, ainsi que le plan de la clause de divorce, à l'origine du blocage.

« Lisez. Et sachez que je ne veux pas plus d'argent que le chiffre qui figure dans ces deux documents.

J'attendais un moment, avant de les relancer.

– Alors ?

– Aucun problème pour nous, y compris pour la clause… »

Il n'avait pas fallu plus d'un quart d'heure, montre en main, pour que nos destins se rejoignent. Ils paraissaient tous les trois surpris que la discussion s'arrête net, si vite, sur ce constat marqué par le sceau de l'évidence.

Aucune négociation, pas le moindre compromis, pas davantage de relance : rien. Juste le sentiment que, finalement, nous étions faits pour marcher ensemble.

David Moores, Peter Robinson, Rick Parry : d'une grande habileté dans leur démarche, les trois hommes avaient réussi un coup fin.

Et moi, un coup gagnant.

Chapitre 14
« GRANDIR DANS UNE ZONE SINISTRÉE »

En rejoignant Liverpool, je savais où je mettais les pieds : la ville ne m'était pas inconnue. Je m'y étais rendu pour la première fois en septembre 1969, à l'âge de 22 ans. L'objectif de mon déplacement n'avait pas de rapport avec le football : dans le cadre de mes études universitaires à la faculté de Lille, je préparais un mémoire. Me destinant au professorat d'anglais, je m'intéressais au sort des grandes villes britanniques dont la situation, pour certaines, prenait une tournure dramatique. La crise commençait à produire ses ravages au Royaume-Uni qui devait réparer les dommages causés à son économie par la disparition progressive de son empire colonial.

J'avais été fasciné par la lecture de l'ouvrage d'un mineur autodidacte, Peter Willmott, qui avait enquêté sur la vie des adolescents défavorisés dans les quartiers est de Londres. Son livre s'intitulait *Le village dans la ville. Famille et parenté dans l'Est londonien*, et s'il datait de 1957, ce « sommet » de la sociologie de la famille et de la sociologie urbaine n'avait pris aucune ride. Il étudiait le thème de la parenté urbaine en Occident. Son analyse d'un quartier ouvrier de la capitale anglaise (Bethnal Green) et d'un quartier sorti de terre pour reloger les plus démunis (Greenleigh) permettait de mettre en évidence l'importance de la « famille élargie » dans les quartiers populaires. C'était passionnant. J'ai décidé d'adapter ce travail pour mener une mission de terrain identique à Liverpool. Avant de me lancer, j'ai rencontré Peter Willmott qui me renseigna sur sa méthode. Notre conversation dériva sur le football car il était un fervent supporter d'Arsenal, qu'il portait dans son cœur. Un homme formidable que j'ai présenté plus tard à Arsène Wenger. Je conserve de lui un souvenir presque attendrissant.

Liverpool. Grandir dans une zone sinistrée : tel fut le titre de ma thèse dont l'ambition reposait sur la découverte *in situ*, pendant un an, d'un quartier défavorisé, en accompagnant la vie de ses gamins, fils d'immigrés pour la plupart, originaires des pays noirs du Commonwealth, souvent délinquants. Les premières personnes noires arrivées à Liverpool étaient soit des marins, soit des enfants de marchands envoyés pour recevoir une éducation, soit des esclaves affranchis.

Il s'agissait du quartier dénommé « Liverpool 8 », situé à environ 1,5 km au sud du centre-ville, une zone formée par un triangle qui intégrait les bords de la Mersey. Dire qu'il avait mauvaise réputation est un euphémisme. Il était décrit, à l'époque, avec les mêmes mots que le Bronx de New York.

Arrivé au volant de ma Renault 4, je suis resté plusieurs mois au contact de la population locale, tout en recevant l'aide du Consulat de France et des autorités policières pour mener à bien ma mission. C'était un travail d'immersion réalisé à titre privé. La confidentialité me paraissait indispensable. Je ne voulais pas me présenter comme un étudiant français venu observer les dérives d'un quartier anglais.

Sur place, j'ai tout vu. Le pire comme le meilleur. Certaines familles avec trois enfants vivaient dans 20 m², avec des lits pour bébés dans les tiroirs, dans des pièces insalubres, avec des baignoires communes mal entretenues dans de grandes bâtisses victoriennes délabrées. Parfois, j'ai pris peur en regardant des gars très agressifs se taper dessus dans un déchaînement de violence incroyable. Les policiers m'avaient mis en garde : « Surtout, ne vous interposez jamais ! Vous prendriez des risques pour votre sécurité... » Ils me donnaient des renseignements sur certains habitants : « Celui-là, attention, il est perturbé : sous ses propres yeux, son père a tué sa mère... » Il existait un climat pesant qui, incontestablement, vous secoue. Au fil du temps, je me suis fondu dans le paysage. Mais le jour où j'ai retrouvé les quatre pneus de ma voiture crevés, j'ai compris qu'il était temps de m'éclipser.

Paradoxalement, j'ai aussi vécu de très beaux moments, dans les *Youth Clubs*, à écouter de la musique, à jouer au billard ou au football dans les rues désertées. J'ai découvert les *Community Centers* où les parents plus favorisés soutenaient les jeunes et leur donnaient des cours d'anglais. Il existait une tradition d'entraide et de solidarité déroutante pour celui qui arrivait de l'extérieur et tentait de comprendre les ressorts de cette micro-société. Autre élément notable : le sens caustique d'une population qui, au lieu de s'enfermer dans la détresse, faisait preuve d'humour et de dérision.

Ce quartier continua à faire parler de lui, par la suite, car des émeutes s'y déroulèrent en 1981, avec des batailles acharnées entre habitants et policiers. Elles contribuèrent à entretenir sa part d'ombre. Ringo Starr, le célèbre batteur des Beatles, réalisa un album solo intitulé *Liverpool 8*, où il habita pendant sa jeunesse. Il y déclamait son amour pour une ville qu'il avait quittée et qu'il gardait dans son cœur (« *Liverpool, I left you but I never let you down* », titre principal de son disque).

À mon retour à Liverpool, au cœur de l'été 1998, je n'ai pas reconnu ce quartier laissé jadis à l'abandon. Assaini, il avait subi de profondes transformations au début des années 90 en attirant des habitants plus prospères. Les docks abîmés, boueux et glauques avaient laissé la place à un site branché et refait à neuf. L'ancien symbole de la faillite économique du nord-ouest de l'Angleterre ne devenait plus qu'un vague souvenir. C'est avec un pincement au cœur que j'ai revu deux ou trois personnes, pas davantage, avec lesquelles j'avais été en contact. Le temps, comme toujours, avait produit ses effets et effacé beaucoup de choses sur son passage.

Je me souviens que la plupart des habitants de Liverpool 8 se déclaraient supporters d'Everton, donnant raison à David Moyes qui affirma, un jour, qu'il était le « *People's Club* », le club du peuple. Plus tard, Norman Gard, qui s'occupait de l'intégration des joueurs étrangers de Liverpool, me le fit justement remarquer : « Tu sais, Gérard, quand nos supporters apprendront que notre président David Moores s'est acheté la dernière Bentley, on aura du mal à passer pour autre chose que le club des riches... »

Dans le cœur de l'Anglais moyen, le Liverpool FC demeurait cependant la fierté de cette ville malade. Malgré les premiers stigmates de la crise, l'équipe était encouragée par des milliers de supporters fidèles, prompts à entonner le fameux « *You'll never walk alone* », l'hymne du club, qui fut un chant célèbre à la fin des années 50.

J'étais de ceux-là. Lorsque je suivais mes cours au lycée, j'avais un correspondant anglais, avec lequel je parlais de football, évidemment. La première équipe à laquelle je me sois intéressé, celle que je connaissais le mieux à l'époque, c'était le Leeds de Don Revie. Mais en arrivant à Liverpool, en septembre 1969, j'ai été gagné par le virus rouge. Avec Patrice Bergues venu de France pour passer quelques jours en ma compagnie, on avait acheté un billet dans les populaires, qui devait valoir l'équivalent de 4 francs, pour un match aller de Coupe des villes de foire, Liverpool-Dundalk. À la mi-temps, Liverpool menait 5-0. À cinq minutes de la fin, le score avait été porté à 8-0. Au coup de sifflet, le tableau d'affichage indiquait 10-0. Dans aucun autre pays, une équipe n'aurait été capable de jouer jusqu'au bout avec le même allant, la même intensité, la même prise de risques. Ce jour-là, je suis devenu un supporter indéfectible de Liverpool.

Autre anecdote, qui rejoint ce premier souvenir et explique ma passion. Elle remonte au printemps 1983, à un Liverpool-Lodz de Coupe d'Europe des clubs champions. À l'aller, Lodz l'avait emporté 2-0. Liverpool mena 1-0, mais prit ensuite deux buts en contre : il était éliminé de la compétition. Les joueurs se firent un devoir de gagner quand même : 3-2 à l'arrivée ! Le public leur réserva une ovation et l'équipe resta dans le rond central à la fin du match pour l'applaudir à son tour. Je me suis fait la réflexion : « Franchement, tu ne peux voir ça qu'ici. »

Tout remonta à la surface lors de ma conférence de presse de présentation, le jeudi 16 juillet 1998, à Liverpool. J'étais arrivé le matin même de Paris, et l'accueil que les journalistes anglais me réservèrent n'eut rien de chaleureux. Les titres des journaux ne laissaient aucun doute sur le sentiment ambiant : « *Gérard who* ? » Histoire d'insinuer que je n'avais aucun titre de gloire particulier. Certains suggérèrent que j'avais usurpé ma place. Arsène Wenger lui-même n'avait pas échappé aux mêmes remarques acides lors de son installation au poste de manager d'Arsenal. Il fallait s'en accommoder et ne pas y prêter trop d'attention.

Je n'avais rien préparé, ni grand discours, ni petites phrases chocs, et c'est les mains dans les poches que je me suis présenté devant un auditoire curieux, à défaut de se montrer bienveillant.

Un journaliste m'interrogea, bille en tête : « Mais que connaissez-vous de Liverpool ? »

J'ai évoqué très rapidement mon expérience d'étudiant, sans entrer dans de plus amples détails, car je ne souhaitais pas m'étendre sur un sujet qui aurait pu déclencher une controverse. J'ai parlé en revanche de ce fameux match contre les Irlandais de Dundalk, en précisant que je pourrais donner, s'il le voulait, le nom des buteurs de Liverpool. « Et encore, avais-je ajouté, je n'ai vu que la moitié des buts : étant placé debout dans le Kop, j'avais suivi le mouvement de la foule, qui allait de bas en haut… »

Un autre journaliste me demanda si j'avais prévu de venir avec un adjoint, ou une personne qui intégrerait le staff technique.

Ma réponse fusa.

« Oui, il se trouve d'ailleurs derrière vous, au fond de la salle… »

Il s'agissait de Patrice Bergues, que Peter Robinson avait rencontré à Paris et dont il avait validé l'engagement. Patrice apparut un peu gêné par cette annonce catégorique car sa femme, Maryline, présente à ses côtés, n'était pas officiellement informée ! Il lui avait demandé de l'accompagner pour assister à ma première apparition publique, tout en lui indiquant qu'il verrait comment appréhender la suite des événements. « Si ça nous plaît, on suivra Gérard, sinon… » Ma remarque la fit presque sursauter : Maryline regarda Patrice avec surprise et comprit qu'elle allait devoir quitter le Nord de la France pour habiter Liverpool.

Vue de l'estrade, la scène m'arracha un léger sourire.

Placé sur ma droite, à la tribune, Roy Evans comprit, lui aussi, le comique de la situation.

Notre cohabitation démarra ce jour-là, par le biais de cette première manifestation commune.

Elle ne dura pas aussi longtemps que nous l'avions imaginé, l'un comme l'autre.

Chapitre 15
FIN DE LA
BOOT ROOM TRADITION

Lorsque nous nous sommes mis d'accord, chez moi, sur la base d'un contrat de quatre ans, j'ai été transparent avec mes interlocuteurs : « J'accepte de venir à la condition que Roy Evans reste en place. » Je ne voulais pas être celui qui le chasserait de son poste de manager de Liverpool. Il connaissait le club comme sa poche depuis 35 ans, comme joueur puis entraîneur, et son expérience me paraissait incontournable. En prenant mes fonctions au RC Lens, la première année, j'avais obtenu qu'Arnold Sowinski devienne mon adjoint pour assurer la transition. L'association avait bien fonctionné. À Liverpool, toutefois, la situation présentait des différences importantes. Étant moi-même étranger et débarquant dans un club aussi prestigieux, je ne pouvais pas exiger les pleins pouvoirs, ni même réclamer que Roy me seconde. Il fallait trouver une formule originale susceptible de nous satisfaire l'un comme l'autre. Il y eut plusieurs réunions pour imaginer la bonne, et l'idée du joint-management m'est apparue finalement comme la moins mauvaise. Deux managers à égalité pour diriger une équipe : le concept était inhabituel. Je pensais, naïvement, qu'un attelage inédit de ce type pouvait fonctionner. Les faits m'apprendront, quelques semaines plus tard, qu'il relevait de l'utopie.

Je connaissais le mode de désignation des managers de Liverpool choisis jusqu'alors selon les préceptes nés dans la *boot room tradition*. On pourrait traduire cette expression par : « la tradition de la pièce où sont rangés les crampons. » C'est l'endroit où les entraîneurs du club avaient l'habitude de se réunir et de boire un thé chaud, notamment l'hiver. Le cœur de la machine des Reds. Là où tout se transmet. Bill Shankly, Bob Paisley, Joe Fagan, Kenny Dalglish, Ronnie Moran, Graeme Souness, Roy Evans : mes prédécesseurs étaient soit des natifs de la proche région de Liverpool, soit d'anciennes gloires du club bardées de titres et de médailles. Ils avaient pour dénominateur commun d'avoir fréquenté la *boot room*, donc d'appartenir au sérail, tous imprégnés de la mythologie locale.

Sans mener une enquête approfondie, j'ai étudié l'action et l'influence de Shankly, la personnalité la plus remarquable de l'histoire de Liverpool. Une sorte de précurseur et de détonateur. Un guide, aussi. Il créa le personnage et la légende du patron pur et dur, compréhensif et autoritaire, inattaquable et victorieux. Ses principes de direction étaient immuables, basés sur la transparence et la rigueur : aucun jeune n'empochait plus d'argent qu'un ancien ; le mérite et la fidélité étaient toujours récompensés ; on gagnait et on conservait sa place sur le terrain ; on ne faisait pas de folies en matière de transferts ; on dépensait l'argent qu'on avait, et pas davantage. Il ne sortait pas de ce cadre, et Liverpool n'eut jamais à s'en plaindre.

Il savait insuffler la confiance à son équipe. Il trouvait les mots pour *booster* ses joueurs. Lorsqu'il gagnait, il magnifiait l'équipe adverse. Et lorsqu'il perdait, il minimisait ses qualités. Il entonnait des discours très « gaulliens », au point de passer pour un prétentieux qu'il n'était absolument pas : « En Angleterre, il y a deux équipes. L'équipe A de Liverpool et l'équipe B de Liverpool... », disait-il souvent. D'autres phrases célèbres, émanant de sa bouche, firent le tour du monde. « Dans un club de football, il y a une Sainte Trinité : les joueurs, l'entraîneur et les supporters. Les présidents n'en font pas partie. Ils sont simplement là pour signer les chèques » en est une qui marqua les esprits. Mais la plus réputée est aussi la plus fréquemment citée : « Le football, ce n'est pas une question de vie ou de mort. C'est bien plus important que cela. » Tout un programme.

Il avait une vision très moderne du management, et ses méthodes m'intéressèrent beaucoup.

Quand Shankly décida de renoncer à sa charge, en 1974, c'est son assistant, Bob Paisley, un ancien maçon, qui lui succéda. Le premier avait « fait » Kevin Keegan. Le second fit venir Kenny Dalglish. Il gagna trois Coupes d'Europe et jamais moins de deux trophées par saison. Il garda un titre honorifique de conseiller et entra au conseil d'administration de Liverpool, que la maladie d'Alzheimer l'obligera à abandonner quelques années avant sa mort, en 1996.

Quand ce même Paisley se retira en 1983, on se tourna alors vers son adjoint Joe Fagan, sexagénaire de grande qualité. L'homme habitait une maison d'Anfield Road – la rue, pas le stade – depuis trente ans. Il connaissait tout du club, jusqu'à l'intérieur des placards. Avec l'appui des joueurs, il remplira son job sans faiblesse et maintiendra le train sur les rails.

Et ainsi de suite dans cette longue chaîne sans fin : Kenny Dalglish, Ronnie Moran, Graeme Souness et Roy Evans, le dernier manager en date, en poste depuis 1994.

Pourquoi l'aurais-je délogé ? Au nom de quel droit ? De quelle légitimité ?

Comment pouvais-je prétendre devenir le numéro 1 du staff technique, du jour au lendemain, alors que je n'appartenais pas à cette filiation ?

Je m'y suis refusé.

Mais sans faire partie de la famille, je ne pouvais ignorer les raisons pour lesquelles la direction du club m'appela à la rescousse. Elle avait été claire et déterminée : « Gérard, nous vous demandons de changer la culture du Liverpool FC, et de le placer dans la voie du XXIème siècle. » À côté, le voisin Manchester United s'était développé de façon vertigineuse dans tous les secteurs, y compris économique, et le Board ne pouvait se résoudre à accepter cette situation sans réagir.

Message entendu. Message reçu.

Mais je ne pensais pas, en acceptant le challenge, que la mission serait aussi compliquée à mettre en œuvre.

Chapitre 16
VOUS AVEZ DIT *CHRISTMAS PARTY* ?

Je me souviendrai toute ma vie de ma première prise de contact avec l'effectif du Liverpool FC. Elle m'a profondément marqué. Patrice Bergues était resté à Liverpool pour récupérer nos trois internationaux anglais, Paul Ince, Michaël Owen et Steve McManaman, qui venaient de disputer la Coupe du monde en France. Pour ma part, j'avais mis le cap vers la Norvège où un stage de préparation d'avant-saison avait été programmé, avec un match contre Oslo à la clé, comme les années précédentes.

Ma première soirée allait me permettre de toucher du doigt l'étendue des problèmes à régler, et pas uniquement au plan sportif. Constatant l'absence de Roy Evans, je m'en suis étonné auprès de Peter Robinson qui m'informa qu'il était parti superviser une équipe, en vue de notre participation à la Coupe de l'UEFA, au mois de septembre.

« Mais pourquoi quitter le groupe au moment où l'entraînement reprend ? Il n'avait qu'à envoyer un observateur sur place. Pour l'Europe, il n'y a aucune urgence…

– Il t'a laissé une patate chaude, Gérard…
– Une patate chaude ? Ça veut dire quoi ?
– Patiente un peu, tu comprendras mieux ce soir à quoi je fais allusion. »

Et il me laissa à ma perplexité la plus totale.

En fin d'après-midi, j'ai découvert que de nombreuses filles avaient investi le bar de l'hôtel où nous logions. Par petits groupes, elles consommaient des boissons, une paille aux lèvres, juchées sur des tabourets, en jetant des regards périphériques vers le hall d'entrée, histoire d'attirer l'attention et de croiser des regards. C'était donc le sens du message de Peter : la fameuse « patate chaude » était plutôt brûlante.

Tu parles d'une ambiance de travail pour un stage de remise en forme !

Tout le monde, au sein du club, semblait accepter cette agitation que, pour ma part, je ne pouvais pas tolérer. Je n'avais pas attendu longtemps pour saisir l'une des raisons profondes de ma venue à Liverpool : remettre de l'ordre et de la discipline dans un groupe qui déroulait sa vie comme bon lui semblait.

Quelques jours plus tard, en Irlande, de retour dans notre hôtel après un match amical disputé contre une équipe locale, le « spectacle » offert par plusieurs joueurs me déconcerta. C'était *drink and play* !

Lors de certains entraînements matinaux, il m'est arrivé de voir des joueurs vomir ce qu'ils avaient ingurgité la veille au soir, tout en se soumettant aux exercices d'étirement. J'avais beau avoir été renseigné sur l'existence d'un phénomène qu'on qualifiait hâtivement de « culturel », j'étais sidéré.

Arsène Wenger m'avait raconté le cas de Tony Adams, l'arrière central d'Arsenal, international anglais réputé, qui s'était heureusement ressaisi pour cesser toute dépendance à l'alcool. Sous son effet, il avait connu un accident de voiture, deux mois de prison, une embrouille dans un lieu public en compagnie de son partenaire Ray Parlour avec 29 points de suture à la clef et quelques autres incidents. Aidé par Arsène qui ne ménagea pas ses efforts pour le sortir de cette impasse, il devint ensuite un symbole fort de la lutte contre l'alcoolisme en Angleterre. Son autobiographie racontant son combat rencontra d'ailleurs un énorme succès de librairie. À Manchester United, Alex Ferguson avait dû faire face aux mêmes problèmes. Il écarta du club, petit à petit, tous les « buveurs » qui sévissaient dans son vestiaire.

Plus le temps passait et plus j'allais de surprise en surprise. Rien ne me fut épargné. Une tradition anglaise commande que les joueurs organisent, avant Noël, une *Christmas Party* : ils se réunissent entre eux pour un repas décontracté et festif. La légendaire *Christmas Party*… En guise de rendez-vous pour clôturer l'année 1998, elle prit une tournure très spéciale. Jamais en panne d'idées, ils avaient invité plusieurs strip-teaseuses à leurs agapes, dont l'une, manipulée par la presse à scandales, était équipée d'une caméra cachée. Elle filma en douce une partie des acrobaties de mes joueurs qui se firent piéger comme des bleus. Professionnels de football mais amateurs dans la vie.

Le samedi 26 décembre, nous disputions un match de championnat sur le terrain de Middlesbrough, gagné 3-1. Une belle performance contre un adversaire pas très facile à maîtriser sur son terrain, qui nous devançait au classement. C'est Jamie Carragher qui ouvrit le score pour Liverpool. Un petit événement car il n'avait pas pour habitude de marquer. Il se souviendra longtemps de son exploit. Le lendemain, *News Of The World*, qui paraissait le dimanche et qui n'en ratait jamais une, le mettait en valeur en première et en dernière page. Sur la première, on le distinguait très nettement en « action » avec une fille à l'occasion de la *Christmas Party*. Sur la dernière, on le voyait les bras levés après son but, la veille, à Middlesbrough. Une belle photo, dans l'exercice de son métier, cette fois.

Juste avant la séance de décrassage, le lendemain du match, j'ai tenu à réunir l'ensemble de l'effectif dans le rond central. Chacun se demandait ce que j'allais bien pouvoir annoncer, à la veille de la réception de Newcastle.

« Jamie, je te félicite…

– Merci, boss !

– Jamie, je te félicite car, pour la première fois de ma carrière, j'ai sous ma responsabilité un joueur capable, le même jour, de s'afficher à la *front page* et à la *back page* d'un journal, pour des raisons totalement différentes. Tu l'as fait aujourd'hui, et tu es le seul, à ma connaissance… Vraiment, un grand bravo ! »

Et tous ses camarades de se tordre de rire, face à un partenaire médusé.

Sur le moment, j'ai préféré désamorcer l'incident sur le mode de l'humour mais, le lendemain, je l'ai pris en tête-à-tête pour lui dire ma façon de penser. Ce n'était d'ailleurs pas la première fois que je tentais de le recadrer. Avec son air touchant, il baissa la tête : « *Oh, boss, I hope my mother doesn't see that…* », en me montrant l'exemplaire du *News Of The World* qui trônait sur mon bureau.

Je l'aimais beaucoup, Jamie.

Un des premiers jours de ma prise de fonction, j'avais engagé la conversation avec lui alors qu'il était allongé sur la table de massage, dans le vestiaire.

« Toi, Jamie, tu es un gars sérieux, il n'y a pas de problème !

– Bien sûr, boss, bien sûr…

– Tu fais attention à toi ?

– Oui, oui, pas de problème.

– Je peux compter sur toi, donc ?

– Oh boss, *I like a session…* »

J'ignorais le sens de cette expression. *Session*, je pensais à *training session*, ou à quelque chose d'approchant. Pas du tout. Phil Thompson me mit en garde : « Il t'a dit ça ? Il va falloir le surveiller : *session*, c'est quand tu te mets minable... »

Après un excès, je l'ai suspendu de toute activité pendant quinze jours. Il était malheureux comme une pierre car il adorait le jeu par-dessus tout. Je lui ai demandé d'aller se changer les idées avec l'équipe réserve, mais sur le banc de touche, pas sur le terrain. Il était vert de rage. Après avoir enduré sa dose de souffrance, il m'écouta attentivement.

« Jamie, tu aimes le foot, je crois...

– Oui, vous le savez bien.

– Tu veux jouer combien de temps encore ? Bon, tu as 20 ans, disons jusqu'à... 27 ans ?

– 27 ans ? Non, non, boss, beaucoup plus longtemps !

– Moi, je dis 27 ans, je ne te vois pas jouer au-delà compte tenu de ton comportement en ce moment. Tiens, je vais te donner les noms de quatre ou cinq joueurs qui ont beaucoup bu quand ils étaient jeunes et qui ont arrêté leur carrière quand celles des autres s'envolaient. Jusqu'à 24-25 ans, ça passait encore mais, après, ils ont vécu l'enfer des blessures musculaires à répétition, certains avaient la hanche qui grinçait, d'autres le genou qui coinçait. Si tu aimes le foot, Jamie, à toi d'accepter les sacrifices qui font partie du métier, sinon... Utilise ton temps et ton énergie pour bien accomplir ton métier, après tu feras ce que tu veux de ta vie ! »

Pris dans le sillage d'anciens, beaucoup de jeunes joueurs comme lui se laissaient embringuer dans des sorties jusqu'au bout de la nuit où la bière coulait à flot. Il s'agissait pour eux d'un signe de virilité et d'affirmation personnelle. Jamie comprit qu'il faisait fausse route et qu'il partait en vrille. Il changea du tout au tout, en quelques semaines, et il arrêta finalement sa carrière à 35 ans, sans avoir eu à déplorer de blessures majeures. Il le racontera plus tard dans un livre autobiographique où il révéla que j'avais sauvé sa carrière en le reprenant en main. Il est aujourd'hui consultant pour la télévision, et j'apprécie l'œil aiguisé qu'il pose sur les matches. Il est toujours pertinent dans ses interventions et remarquable dans ses analyses.

En même temps, les jeunes comme lui étaient aussi le produit d'un univers familial qui ne les plaçait pas toujours dans les meilleures dispositions.

Un jour, le père de Jamie, qui avait divorcé de son épouse, se retrouva en très grande difficulté personnelle. Je voyais Jamie perturbé par cette situation. À la fin de chaque entraînement, il se dépêchait pour quitter précipitamment les lieux et aller rendre visite à son père. Sans rien lui demander, sans rien évoquer ouvertement, je l'ai mis à l'aise : « Quand tu dois partir, même en pleine séance, pars ! Vas-y, ne t'inquiète pas. »

Son père avait été longtemps chômeur, Jamie lui avait offert un van qui pouvait contenir sept ou huit personnes. Il venait assister à tous les matches, au volant de son véhicule, même pour les déplacements les plus lointains. À Barcelone, à Rome, partout ! Il fumait pas mal, paraît-il, y compris dans les tribunes officielles où les spectateurs, incommodés par les effluves qui s'échappaient de sa cigarette, marquaient leur agacement. J'imagine les scènes. Je l'aimais bien aussi, son père.

Jamie n'était pas le seul, dans le groupe, à vivre des mésaventures familiales et à en subir les conséquences. À 18 ans, Steven Gerrard passa avec succès son permis de conduire. Il était heureux et fit partager sa joie au groupe : il allait enfin pouvoir être indépendant ! Un jour, je vis son père le déposer à une centaine de mètres de l'entrée du stade, presque en cachette. Steven s'approcha à pied, son sac en bandoulière.

« Mais que t'est-il arrivé ? Tu as eu un accident ?
– Non, boss, je suis suspendu.
– Suspendu ? Mais suspendu de quoi ?
– De conduite.
– Et pourquoi ça ?
– *Drink and driving*, boss. J'en ai pour un an de suspension de permis… »

La première année, j'ai eu droit à ce genre d'histoires quasiment en permanence. Ça n'arrêtait pas. Dans mon effectif, j'avais quelques sérieux « clients ».

Une fois, Robbie Fowler débarqua la tête de travers, le visage balafré, avec trois ou quatre points de suture en guise de décoration. Il ne m'a pas raconté de bobards en me disant qu'il était tombé dans l'escalier ou que sa tête avait rencontré une table de nuit pendant son sommeil. « Eh boss, je me suis retrouvé au cœur d'une bagarre sur les coups de 3 h du matin, en sortant de boîte de nuit. C'était chaud, vous savez… » Il y avait chez lui une forme de franchise presque déconcertante. Il ne trichait jamais. Deux ou trois fois, il me téléphona au petit matin pour m'avertir qu'il n'était pas en état de se lever et de venir s'entraîner. Il était « cash ». J'ai toujours apprécié son honnêteté. Disons qu'il était droit même s'il marchait parfois de travers. Quand je lui annonçais : « Tu connais le tarif, Robbie… », il me répondait : « Boss, on ne peut pas renier ses origines. » Il faut du temps pour changer ses mauvaises habitudes. Mais Robbie, à la longue, y est parvenu. Mais quelle carrière il aurait accomplie s'il avait prêté une plus grande attention à son hygiène de vie !

Une autre fois, Steve Staunton essaya de m'amadouer. J'entendais sa voix faiblarde à l'autre bout du fil.

« Boss, je ne serai pas là aujourd'hui.
– Tu es où ?
– Dans mon lit.

– Dans ton lit ?

– J'ai fait une sacrée fête hier soir et j'ai un mal de crâne comme jamais. À me taper la tête contre un mur. Je vais vous laisser tomber pour aujourd'hui.

– Steve, tu n'ignores pas le montant de l'amende. Tu ne viens pas, c'est 5 000 livres, tu arrives en retard, c'est 1 000 livres. Moi, je te conseille de sauter dans ton pantalon et de rappliquer. Maintenant, à toi de prendre tes responsabilités… ».

Finalement, il se présenta sur le terrain hors délai d'un bon quart d'heure. Il fut chaleureusement applaudi car ses exploits de la veille avaient déjà fait le tour de l'effectif. Mais il passa à la caisse.

En même temps, il planait une sorte d'autodérision dans le groupe, un sens de l'humour et de la moquerie qui nous donnait souvent l'occasion de rigoler. En Angleterre, chaque 11 novembre à 11 h, tout s'arrête pendant une minute. C'est une tradition dont je n'avais jamais entendu parler. Phil Thompson m'invita à ne pas l'oublier.

« La minute, Gérard, pense à la minute !

– Mais on sera en plein entraînement.

– Eh bien, il faudra l'arrêter…

– Comment ça, l'arrêter ?

– Oui, l'arrêter : il faudra observer une minute de silence.

– En match, je veux bien Phil, mais à l'entraînement ! En plus, la Première Guerre mondiale passe largement au-dessus de la tête des joueurs. Ils s'en fichent.

– Si tu ne te plies pas à cette tradition, tu auras toute la presse sur le dos. Tu verras les journaux demain.

– Ah bon ? »

Sur le terrain, à 10 h 59, j'ai rassemblé tout le monde dans le rond central pour respecter la coutume. Et là, Robbie Fowler, avec son humour « *scouse* », se lâcha : « Dites-moi, boss, les Allemands doivent s'y soumettre, eux aussi ? »

De grands éclats de rire brisèrent le silence face à Markus Babbel, Christian Ziege et Dietmar Hamman, nos trois joueurs allemands, qui s'esclaffèrent eux aussi.

Le lendemain, dans les colonnes du *Liverpool Echo*, une large photo prise au téléobjectif représentait le groupe où semblait régner une ambiance de fête. C'était tout le sens de la légende, du genre : « Ils ont une drôle de façon de célébrer le 11 novembre ».

Phil Thompson me prit à témoin : « Je t'avais bien mis en garde, non ? »

Chapitre 17
ROY, PHIL, PATRICE, SAMMY, JOE ET LES AUTRES

Je me suis vite rendu compte que le joint-management était une belle idée sur le papier mais qu'il n'avait aucune chance de devenir un mode d'organisation durable. Une direction à deux têtes, c'est impossible à mettre en œuvre et nous engager dans cette voie, Roy Evans et moi, représenta une erreur partagée. Elle conduisait à l'échec. Le sien, comme le mien. Donc celui de Liverpool.

Je l'ai observé dans le comportement des joueurs à notre égard : le *soft*, c'était lui, le *hard*, c'était moi. Comme une répartition des rôles. Ils se faufilaient dans les interstices, et toute décision prise était sujette à discussion, voire à contestation. Roy était considéré comme le « pote » des joueurs. Moi, je ne voulais pas l'être, même si mon fonctionnement ne repose pas sur le caporalisme, encore moins sur l'autocratie. Mais mon ambition ne consistait pas à mener la revue des *Spice Boys*, appelés ainsi pour s'être présentés en blanc lors de la finale de la Cup 1996 face à Manchester United, une bande de bons vivants réunis pour goûter à tous les plaisirs de la vie. Elle visait, comme les dirigeants l'avaient exigé, à assurer la progression du club et à le rapprocher des meilleurs du pays. En cet automne 1998, on était loin du compte : en empochant 6 points sur 24 possibles en huit matches, Liverpool se cala à la 11ème place au classement, à neuf points du leader. Ça ne pouvait plus durer.

Le Board du club tenait séance chaque mois dans un des salons d'Anfield. Il rassemblait David Moores, Peter Robinson, Rick Parry, Tom Saunders, Noel White, Terry Smith, Keith Clayton et moi. À notre réunion de la fin du mois d'octobre, j'ai tenu à aborder le sujet de front.

« Messieurs, il faut regarder la réalité en face : ça ne fonctionne pas, et il devient urgent de faire quelque chose pour reprendre la situation en main. Si vous le voulez, je me mets en retrait jusqu'à la fin de la saison. Et, en juin, on rediscute ensemble. Les joueurs actuels ont été choisis par Roy, ce n'est pas un problème : il est normal que ce soit lui qui les dirige… ».

Rick Parry, le premier, prit la parole.

« Non, non, non, ce n'est pas ainsi que nous voyons les choses. On vous a fait venir, Gérard, car il existe aussi des problèmes de discipline dans le groupe auxquels nous vous demandons de remédier. »

Le Board unanime abonda dans son sens. Il paraissait évident qu'il allait « sacrifier » Roy Evans. J'étais contrarié pour lui mais comment s'opposer au choix supérieur du club ?

Quand il a fallu annoncer la nouvelle aux joueurs, Roy les a tous convoqués dans le vestiaire pour prononcer quelques mots d'adieu. Il était presque touchant. C'était un gars formidable qui n'avait peut-être pas les épaules pour supporter une telle pression, mais il était honnête et il avait la « fibre » club. Des spasmes brisèrent sa voix et, à un moment, il ne put réprimer quelques larmes qui brouillèrent ses yeux. Il m'avait ému. Dès qu'il tourna le dos et qu'il quitta les lieux, plusieurs joueurs l'imitèrent avec une férocité incroyable. Ils faisaient semblant de pleurer et ils parodiaient son discours. Lui qui, pourtant, avait toujours été proche d'eux ! Leur comportement me sidérait. Je me rappelle une réflexion de Brian Clough, le légendaire entraîneur de Nottingham Forest, dont le jugement pouvait être impitoyable : « Tu veux réussir dans ce métier d'entraîneur ? Alors tu dois savoir une chose, et la retenir : les joueurs sont des cons. Et si tu t'aperçois qu'un joueur ne l'est pas, méfie-toi : c'est uniquement une question de temps avant qu'il ne le devienne… » Je ne partage pas son point de vue mais, ce jour-là, j'ai pensé à lui.

Quelques jours plus tard, j'ai eu une nouvelle opportunité de m'expliquer devant le Board. Je souhaitais faire bouger les lignes. Mon discours fut direct : « Je comprends que vous soyez déçus par la tournure des événements. Mais cette équipe n'est pas la mienne et, si je ne tiens pas à trouver la moindre excuse, j'ai l'intention de prendre un certain nombre de décisions, si vous voulez bien m'en laisser la liberté… ».

Tom Saunders, un ancien du club, qui avait conseillé Kenny Dalglish lorsque celui-ci avait pris en charge le destin de l'équipe, a tenu à me rassurer : « Monsieur Houllier, nous n'avons pas la prétention de posséder toutes les vertus du monde mais nous avons une grande qualité : nous savons être patients. Je tiens à vous dire une deuxième chose, et je parle au nom de toute la direction du club : nous avons confiance en vous. Faites ce que vous pensez devoir faire, et nous vous soutiendrons ! »

Je suis sorti de la réunion revigoré.

J'ai réuni mon staff dans la foulée pour le prévenir : « Maintenant, on va y arriver ! »

Compte tenu de l'éviction de Roy et de son adjoint

Doug Livermore, il fallait réorganiser l'équipe technique. Patrice Bergues ne convoitait pas le poste d'adjoint, il n'avait pas tort. Il ne voulait pas être assimilé à « l'œil de Moscou », qui me rapporterait les moindres détails de la vie du groupe. Dans le contexte, un collaborateur anglais paraissait plus indiqué. Tom Saunders me souffla à l'oreille le nom de Phil Thompson. Je l'avais rencontré une seule fois, lors d'un déplacement à Valence à l'occasion d'un match de Coupe d'Europe, qu'il commentait pour une chaîne de télévision. Dans le hall de notre hôtel, nous avions discuté quelques minutes ensemble. J'avais ressenti un bon *feeling* entre nous, sans savoir que cette discussion aurait un jour des prolongements. Ancien capitaine des Reds dans les années 80, ex-international anglais, il ne vivait que pour Liverpool après avoir été élevé dans les traditions du club, celles des *sixties*. Donc celles de Bill Shankly. Dans l'esprit, ça me convenait très bien. D'un tempérament explosif, il était souvent à cran : il ne supportait pas qu'un gars fasse la moitié du boulot exigé. Au final, je n'ai eu qu'à me réjouir de notre collaboration. Il fut un manager-assistant loyal et efficace. Et il est même devenu un ami proche.

Notre duo était complété par trois hommes de terrain : Patrice Bergues, Sammy Lee et Joe Corrigan. Les joueurs ont bien accroché avec Patrice, même s'il n'appartenait pas à leur monde. Il mettait de l'humour et de la décontraction dans tous les exercices qu'il préparait, et dans le climat de tension et de pression d'une équipe professionnelle, cette forme de « distance » est précieuse. Une mine d'or pour désamorcer tout conflit naissant. Sammy, qui avait été le numéro 3 sous l'ère Roy Evans, savait lui aussi assurer l'ambiance, mais d'une autre façon. Il aimait rigoler et transmettait sa gaieté, notamment pendant les séances d'échauffement dont il avait la responsabilité. Il cherchait toujours à s'améliorer, et il a beaucoup observé et appris auprès de Patrice.

Un jour, j'ai interrogé Bruno Cheyrou sur son adaptation à Liverpool.

« Ça va ? Tu t'acclimates bien ?

– Oui, très bien, merci. Par contre, j'ai un gros problème : je ne comprends absolument rien à ce que Sammy Lee me dit... »

Un joueur anglais passa à côté de nous et, entendant sa réflexion, il le rassura : « Ne t'inquiète pas. Nous non plus, on ne pige rien à ce qu'il nous demande ! » Sammy avait un accent « *scouse* » à couper au couteau, très difficile voire impossible à saisir.

Joe Corrigan, enfin, ancien gardien de l'équipe d'Angleterre et de Manchester City, s'occupait plus particulièrement des gardiens de but. Un bon gars, vraiment, même si je trouve que les gardiens de Liverpool auraient dû davantage progresser.

Je me suis beaucoup reposé sur eux quatre, dans l'animation de l'entraînement, même si je me plaçais toujours au centre du terrain. Dès mon premier jour d'activité en Angleterre, on m'a fait comprendre que le boss ne mettait pas les mains dans le cambouis. Ce n'était pas son rôle. Tout ce qui concernait le jeu et la mise en place tactique relevait de mon « territoire ». Pour le reste, je devais déléguer. J'impulsais les grands thèmes de travail, et mon staff se débrouillait pour les mettre en place. Parfois, ça me démangeait, j'animais une séance. Mais c'était exceptionnel. On me l'a souvent répété : « Il ne faut pas prendre le boulot des autres... »

Il a fallu remonter la pente pour répondre à l'attente du Board et redonner espoir à notre public. À Melwood, notre centre d'entraînement, j'ai fait inscrire ces quatre commandements, dans un cadre accroché au mur :

« Montre du respect. Sois un gagneur. Sois toujours un pro exemplaire. Pense d'abord à l'équipe. » Je crois avoir été entendu, et compris. Rien ne s'opéra dans la facilité mais le jour où nous avons infligé à Aston Villa, leader du championnat, sa première défaite de la saison (2-4), à Villa Park, j'ai su que nous nous engagions sur le bon chemin. Il nous mena à la 7ème place au classement, à 25 points de Manchester United. On avait frôlé le pire, on allait approcher le meilleur, j'en étais persuadé.

J'ai pris, peu à peu, la mesure d'un univers très différent de ceux que j'avais fréquentés jusqu'alors. Je parlais mieux la langue, je me faisais mieux comprendre, je m'imprégnais de la culture locale, je côtoyais de l'intérieur, avec plus d'aisance, un monde que je commençais à maîtriser.

En fin de saison, j'ai eu l'occasion de visiter l'usine Jaguar de Halewood, à quelques encablures de Liverpool. Son directeur me reçut et m'accompagna pour un tour du propriétaire. Au moment où il m'ouvrit la voie pour découvrir les chaînes de montage, il s'arrêta et d'une voix teintée d'une certaine gravité, il me fixa dans les yeux : « Quand vous perdez un match, la productivité s'en ressent dès le lendemain dans nos ateliers. En revanche, quand vous gagnez, tout notre personnel est heureux, et tout roule… Vous avez une grande responsabilité dans les résultats de notre entreprise ! »

Quel honneur !

Il ne manquait plus que cette pression sur les épaules.

Mais pour gagner davantage de matches, je devais apporter d'importantes retouches au sein de l'équipe.

Et me séparer de quelques « perturbateurs ».

Chapitre 18
TÊTE-À-TÊTE
AVEC « THE GOVERNOR »

Il suffit parfois de l'influence néfaste de deux ou trois joueurs pour qu'un groupe abandonne sa ligne de conduite et perde son fragile équilibre. Surtout lorsque les « agitateurs » figurent parmi les plus anciens : par mimétisme, les jeunes leur emboîtent le pas, foncent tête baissée, et la dérive emporte tout le monde.

Lorsque je suis arrivé à Liverpool, je connaissais Paul Ince de réputation, bien sûr. Milieu défensif impulsif au caractère trempé, il avait connu la gloire à Manchester United au début des années 90, avant de s'exiler en Italie où l'Inter Milan lui déroula le tapis rouge avec un transfert record pour l'époque. Pilier de l'équipe nationale d'Angleterre, il était rentré au pays en 1997, un an avant que j'arrive à mon tour chez les Reds.

Je n'avais aucun a priori à son sujet mais, en le voyant à l'œuvre chaque jour à l'entraînement, j'ai commencé à douter sérieusement de ses capacités à fédérer une équipe. Il se dénommait lui-même « The Governor », une appellation « contrôlée » qu'il jugea utile de faire inscrire en toutes lettres sur sa voiture. Il lui arrivait de passer une tête dans le bureau de Roy Evans, le matin, pour s'informer des exercices physiques à accomplir sur le terrain. Lorsqu'il considérait qu'ils n'étaient pas conformes à ce qu'il espérait, il lui lançait : « Roy, je file en salle de gym. Moi, je ne fais pas ça… » Et il mettait à exécution sa menace. J'étais stupéfait.

Ses qualités de joueur n'étaient nullement en cause, ni même sa mentalité : il n'avait rien d'un intrigant, ou d'un type retors. En revanche, son comportement dans le groupe était loin d'être irréprochable. Quant au terme de professionnalisme, il lui accordait un sens personnel qui n'entrait pas tout à fait dans l'éventail de mes critères.

Je me suis accroché plusieurs fois avec lui, la plus sérieuse à la fin de janvier 1999, deux mois après la nouvelle donne qui me propulsa seul et unique responsable de l'équipe. Pour les seizièmes de finale de la Coupe d'Angleterre, le tirage au sort ne nous avait pas gâtés : déplacement à Old Trafford pour y affronter Manchester United, l'ennemi juré du peuple de Liverpool. Dès la 3ème minute, Michaël Owen avait pourtant ouvert le score en notre faveur, et durant toute la première mi-temps, trois ou quatre occasions s'offrirent à nous. Au cœur de la seconde période, où le vent de la révolte commençait à souffler fort en direction de notre but, Paul Ince leva le bras et alerta le banc de touche. Le kiné, qui faisait très souvent la fête en sa compagnie, accourut à sa rencontre. Puis il revint me voir pour m'informer : « Il souffre du mollet, il doit sortir… » J'étais hors de moi : « Comment ça, il souffre du mollet ? Il est capitaine de l'équipe, il n'a qu'à serrer les dents et tenir : il reste 20 minutes à jouer. Il peut le faire, il doit le faire… » Mes recommandations s'envolèrent dans le ciel brumeux de Manchester : il quitta le terrain, sans prêter attention à mes réserves, laissant ses partenaires se débrouiller sans lui.

À une minute de la fin, Dwight Yorke égalisa et, dans les arrêts de jeu, Ole Gunnar Solskjær donna la victoire à United, sur un tir croisé décoché dans un angle impossible. Alors que nous étions sur le point de remporter notre première victoire en Cup contre Manchester depuis 1921, que nous tenions notre exploit dans les mains, nous avions lâché prise dans les ultimes minutes.

J'étais hors de moi.

J'ai préféré ne rien dire sur le moment. Mais j'ai ruminé pendant plusieurs jours.

Durant la semaine qui suivit, j'ai aménagé des séances assez légères, à base de petits jeux auxquels Paul, miraculeusement rétabli de sa blessure, participa activement. À la fin de chacune d'elles, Patrice Bergues et Sammy Lee organisaient des séries de tirs pour les attaquants, mais pas uniquement pour eux, histoire de tester la frappe de balle de tous les joueurs. Le week-end suivant, on se déplaça à Coventry, pour y concéder une nouvelle défaite (2-1) qui eut le don de m'agacer. Ince avait été nul. Mais, dans le vestiaire, il s'était plaint en se permettant d'élever le ton : « On est fatigués… » Sur le coup, je ne tenais pas à relever ce que je prenais pour une provocation. « On réglera tout ça plus tard… », pensais-je intérieurement.

Au retour, à Liverpool, ce fut la grande explication. Devant l'ensemble du groupe. Et c'est Ince lui-même qui démarra, décochant la première flèche : « On ne fait pas assez de tirs au but à l'entraînement. Ça se ressent en match… »

Mon sang ne fit qu'un tour, et je pris la parole avec véhémence. « Chaque joueur de l'effectif a tiré en quantité suffisante, ces trois dernières semaines, à l'entraînement. J'ai le relevé sous les yeux, y compris le décompte qui te concerne, Paul ! Maintenant, je vais te dire une chose, elle te concerne directement : quand on est capitaine de Liverpool, on ne quitte pas son équipe en plein match, surtout dans le stade de Manchester ! Ou alors, on part allongé sur une civière en direction de l'hôpital ! Quel exemple donnes-tu aux plus jeunes ? Tu avais mal au mollet ? Mais, trois jours après, tu t'en donnais à cœur joie dans les petites oppositions à 4 contre 4, et tu étais le premier à batailler ! Non, franchement, Paul, il y a quelque chose qui ne va pas, et ce ne sont pas les tirs au but, contrairement à ce que tu prétends... »

Silence de mort dans l'assistance.

Ce fut la seule fois où j'ai pu livrer ouvertement le fond de ma pensée, tout en décidant, aussitôt, de mettre mon poing dans la bouche et de ne plus rien dire jusqu'à la fin de la saison.

Je me suis ouvert de cet incident devant le Board, notamment auprès de Peter Robinson.

« On ne gardera pas Ince la saison prochaine.

– Ah, vous croyez Gérard ? Mais c'est un très bon joueur !

– C'est vrai, je ne conteste pas ses qualités. C'est un très bon milieu défensif, mais on ne le gardera pas. Il veut être le patron mais il ne le sera pas tant que je serai là. Il va peut-être nous jurer qu'il changera d'attitude mais jamais il ne la modifiera. J'en suis persuadé.

– C'est une décision difficile à prendre.

– Je vais la prendre et je vous demande de m'accompagner dans ma démarche. Vous savez, avec Steven Gerrard et Danny Murphy, la relève est déjà assurée. Ne vous inquiétez pas pour la suite. Paul a une personnalité oppressante, il vaut mieux qu'il s'en aille. »

Le Board accepta de me suivre, sans traîner les pieds.

Même si je pouvais avoir une certaine affection pour lui, je savais de quoi Ince était capable. Parallèlement à sa vie de footballeur professionnel, il œuvrait dans

« l'événementiel » en organisant beaucoup de soirées festives, chez lui ou ailleurs.

J'avais l'intime conviction qu'une fois parti du club, son influence disparaîtrait. Il fallait le lui dire en face.

Une semaine avant la fin de la saison, il passa me voir pour une explication en tête-à-tête. Elle fut chargée d'électricité. Capitaine de Liverpool et de l'équipe d'Angleterre, il en imposait, et le défi physique qu'il infligeait à ses adversaires, sur le terrain, je le retrouvais dans le vase clos de mon bureau.

« Paul, pour la saison prochaine, je ne compte pas sur toi. J'ai d'autres plans pour faire évoluer l'équipe, et tu n'y figures pas. Il faut que tu te trouves un club, pour te permettre de poursuivre ta carrière… »

Il me regarda fixement et il se marra. Il ne me prenait pas au sérieux.

« Détrompez-vous, boss. Je vais rester car vous avez besoin de moi. J'ai de l'expérience et je suis un bon joueur. Vous ne pouvez pas me demander de partir…

– Bien sûr, bien sûr, l'expérience, tu l'as, ok ! Bon joueur, tu l'es, ok ! Mais, malgré tout, j'imagine très bien l'équipe de Liverpool évoluer sans toi la saison prochaine. Trouve-toi un autre point de chute, tu n'auras aucun problème : je suis persuadé que de nombreux clubs s'intéresseront à toi…

– Oui, sans doute, mais non ! Vous aurez besoin de moi… Je reste.

– Réfléchis tout de même bien à ce que je viens de te dire.

Il haussa légèrement le ton et il prit l'air de celui que rien n'atteint.

– Eh bien, je jouerai en équipe réserve !

– Paul, tu n'as rien compris à mon propos. Si tu choisis de rester, tu t'entraîneras avec tout le monde, y compris avec l'équipe première. Je ne t'en empêcherai pas. Mais tu ne joueras ni en première ni en réserve. Le jour du match, ta place sera soit sur le banc de touche, soit dans la tribune. »

À cet instant, l'expression de son visage devint un peu plus agressive. Je le vis à son regard, plus perçant, et ses rictus, plus marqués. Qu'allait-il faire ? Avec lui, je pouvais m'attendre à tout. Mais on en resta là.

À la reprise de l'entraînement, dans le cours de juillet 1999, il m'indiqua qu'il serait absent pour des raisons personnelles. Je lui en donnai l'autorisation.

Devant tous les joueurs réunis pour la première fois de la saison, j'ai tenu à livrer l'information, sans ajouter le moindre commentaire : « Paul Ince ne fera plus partie de l'effectif du Liverpool FC… » J'avais impliqué l'ensemble du staff technique dans cette décision que nous devions assumer collectivement. Des jeunes commençaient à éclore, il était temps de leur enlever la bride sur le cou. C'était à eux de jouer, et de montrer ce dont ils étaient capables !

Je pensais surtout à Steven Gerrard, qui m'avait tapé dans l'œil depuis un petit moment. Un épisode m'avait particulièrement frappé lors d'un stage de préparation organisé en Suisse. Au cours d'un match en interne, Paul Ince avait « séché » Steven Gerrard avec un tacle très dur dont lui seul possédait le secret. Il avait le don de faire des fautes qu'on qualifie d'« utiles », et qui laissent des traces sur l'adversaire. Steven, tout maigrelet à l'époque, ne s'était pas démonté. Quelques minutes plus tard, sur une action à peu près similaire, il envoya Paul par terre en le « séchant » sévèrement. « The Governor » le nez dans le gazon ! La scène n'était pas si fréquente. Elle provoqua une sorte de stupeur. En se replaçant, suite au coup-franc sifflé contre lui, l'air de rien, Steven marcha sur le dos de Paul, histoire de lui montrer qu'il ne fallait plus recommencer à l'importuner. Paul était fou furieux. Il se releva d'un bond et courut derrière lui pour tenter de l'attraper et lui mettre une volée. Ce jour-là, j'ai eu la confirmation qu'il y avait de la graine de champion qui poussait à Melwood.

En fin de semaine, alors que la préparation avait commencé, Paul me téléphona pour solliciter un rendez-vous. Seul, en tête-à-tête. « Aucun problème, Paul. Passe samedi, après l'entraînement. »

Je n'avais qu'une confiance limitée en lui, et un dérapage verbal ou physique de sa part n'était pas totalement à exclure. J'ai donc invité Phil Thompson à faire preuve de vigilance : « Tiens-toi prêt dans le couloir, je ne sais pas comment les choses tourneront avec lui. Ça peut dégénérer et j'aurai peut-être besoin de toi en cas de grabuge. »

À l'heure H, Paul s'installa dans le fauteuil qui me faisait face. L'air grave, il attaqua d'entrée.

« Boss, vous savez, Claire pense que votre décision de m'indiquer la porte de sortie constitue un manque de respect total envers moi, et pour ce que j'ai accompli à Liverpool…

Claire était son épouse, une forte personnalité elle aussi, qui avait une certaine emprise sur lui. Son influence dans la vie de la famille n'était pas négligeable. Je fus surpris qu'il s'abrite derrière elle pour ouvrir notre discussion.

– Ben oui, je comprends…

– Vous m'entendez : Claire estime que vous me manquez de respect !

– Elle a raison. D'ailleurs, je vais l'appeler pour m'expliquer avec elle. Donne-moi son numéro de téléphone, je m'excuserai auprès d'elle…

Il fronça les sourcils, et il déplia ses jambes, tout en changeant de position.

– Oui, donne-moi son numéro de téléphone. Parce que s'il s'agit de parler de respect, on va être deux. J'ai beaucoup de choses à lui dire concernant ton manque de professionnalisme dans la préparation de certains matches. Elle serait surprise de les entendre…

Il transpirait, et il paraissait tellement furieux que je me tenais sur mes gardes.

– C'est bon, ok, je m'en vais… »
Il se leva et il tourna les talons.
Il s'engagea peu de temps après en faveur de Middlesbrough.
Payé par *News Of The World*, il signa plus tard une chronique très acide dans les colonnes du journal où il disait tout le bien qu'il pensait de moi. « Gérard Houllier et Phil Thompson, écrivait-il, vont tirer le club de Liverpool vers le bas… » Pour lui, notre chute était programmée, et j'imagine qu'il s'en délectait à l'avance. La souhaitait-il ? Il m'est arrivé de le penser.
J'ai mis plusieurs mois avant de réagir publiquement à cette attaque frontale et la conférence de presse qui précéda l'organisation du Charity Shield, en août 2001, m'en fournira l'occasion. « Finalement, Paul Ince est un visionnaire, à sa façon. Il avait raison : j'ai tiré le club vers le bas. La preuve, Cardiff, où nous jouons demain contre Manchester United, est situé bien plus bas, sur une carte, que Liverpool… » La formule provoqua un certain effet dans la salle où beaucoup de journalistes s'esclaffèrent.

Dans le clan Houllier,
le football est bel et bien une affaire familiale :
au centre, Francis, le père.

La plus belle des équipes :
Gisèle Houllier avec ses trois enfants,
Jacky, Gérard et Serge.

Dans l'arrière-cour de la boucherie,
Gérard Houllier en compagnie
de son frère Jacky et de son
« inséparable » Patrice Bergues.

Au centre du village d'Hucqueliers,
une « institution » incontournable :
la boucherie Houllier.

Les jambes à terre ou les jambes en l'air, un trio d'exception avec Gérard Houllier en meneur de revue (à droite et au centre) pour son frère Jacky et Jean-Claude Fourmanoir, l'ami d'enfance.

Au bon temps de l'équipe d'Hucqueliers, « terreur » de l'Artois, avec Francis Houllier (en haut à droite) et son fils Gérard (accroupi, deuxième à gauche) regroupés sous les mêmes couleurs.

Au sein de l'équipe du Touquet 1972, Gérard Houllier (debout, deuxième à droite) monte en puissance. Le temps des responsabilités est proche.

Au cœur de l'aventure de Noeux-les-Mines, dont les supporters s'enflamment : c'est le début de la consécration pour Gérard Houllier.

À Lens, les micros commencent à se tendre : la communication avec les médias devient l'affaire de Gérard Houllier.

Entouré de Dominique Rocheteau et de Luis Fernandez, Gérard Houllier fête son premier titre de champion de France en 1986.
Le premier, aussi, pour le Paris Saint-Germain.

Mains dans le dos, regards pointés vers l'horizon : le duo entraîneur-président (Francis Borelli) forme de grands projets pour le club de la capitale.

Gérard Houllier en compagnie de Jacques, Bats, Poullain, Lowitz, Sène, Bibard et Da Fonseca pour la reprise de l'entraînement : un nouveau Paris se met en marche.

Dans le sillage de Michel Platini, Gérard Houllier découvre avec plaisir et application les arcanes de la sélection nationale.

Promu à la tête de l'équipe de France, Gérard Houllier appelle à ses côtés un adjoint fidèle et aguerri : Aimé Jacquet.

Le titre de la relance d'une carrière : champion d'Europe 1996 avec l'équipe de France des 18 ans (Gérard Houllier à gauche, entouré de Jacques Crevoisier et Christian Damiano).

Sammy Lee, Patrice Bergues, Phil Thompson, Gérard Houllier, Joe Corrigan : cinq hommes pour les cinq Glorieuses de Liverpool.

Gérard Houllier-Steven Gerrard : une communion d'esprit totale pour une réussite commune intégrale.

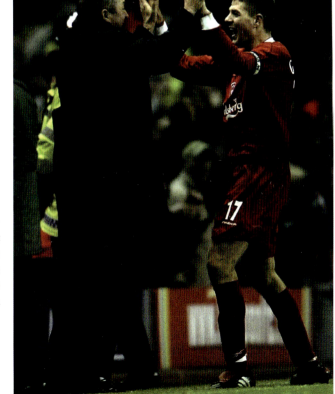

Gérard Houllier-Arsène Wenger, à l'occasion de Liverpool-Arsenal :
petits « meurtres » dans un jardin anglais.

Le Kop de Liverpool drapé des couleurs françaises :
GH au cœur des supporters.

Jean-Michel Aulas-
Gérard Houllier :
une union sans faille,
un sacre sans histoire.

Le Roi Lyon emmené
par tous ses lionceaux :
c'est l'heure
de la récolte
pour Gérard Houllier.

Le jeune Rémi Garde
à sa droite, Patrice
Bergues « l'ancien »
à sa gauche : un trio
déterminé pour
un Lyon qui rassemble
les générations.

Avec Rinus Michels, Fabio Capello, Alex Ferguson, Arsène Wenger, Roy Hodgson, Alberto Zaccaroni, Jacques Crevoisier, Andy Roxburgh et Jozef Venglos : le groupe des experts techniques de l'UEFA avant la finale de la Ligue des champions 1999.

Angleterre mon amour : après six ans à Liverpool, un dernier tour de piste avec Aston Villa, malheureusement inachevé.

Chapitre 19
TROIS H ET UN PUR ÉCOSSAIS

Réinstaurer un climat de travail, veiller à l'hygiène de vie, contrôler la récupération, surveiller la diététique, organiser les soins, donner des repères : j'ai assez vite compris que ma mission de manager de Liverpool ne consistait pas uniquement à remporter des matches, même s'il s'agissait de l'objectif prioritaire. La première condition pour bien figurer dans les différentes compétitions passait par une remise en cause profonde du mode de vie des Reds, qui laissait franchement à désirer. En un an, placé au cœur du système, j'en avais suffisamment vu et entendu pour mesurer l'étendue de ma tâche. Elle n'avait rien d'inabordable, encore fallait-il afficher une volonté sans faille, et obtenir de la direction du club qu'elle me manifeste une solidarité totale. Elle joua le jeu, et je dois reconnaître que son soutien fut déterminant dans notre redressement.

Il restait à consacrer mon énergie au « sel » de mon métier : bonifier l'équipe, la faire évoluer, et solidifier sa base défensive, qui manquait trop de consistance.

J'ai exposé mes doléances devant le Board réuni au grand complet pour évoquer avec lui les principales tendances de la saison 1999-2000. Une fois mon speech terminé, je ne fus pas décontenancé par la réponse qui tomba immédiatement de la bouche de Peter Robinson, comme une sentence non négociable.

« Gérard, nous sommes en phase avec votre projet, qui nous paraît approprié. Vous disposerez d'une enveloppe de 12 millions de livres pour le recrutement. Pas une livre de plus. Bien sûr, si vous parvenez à vendre un ou deux joueurs pour trois millions, vous aurez alors 15 millions à dépenser. »

Je crois m'être dit, sur l'instant : « Quelle générosité ! » On était loin de la manne dont disposaient Alex Ferguson, à Manchester United, ou Arsène Wenger, à Arsenal, pour négocier sur le marché des transferts et renforcer leurs effectifs.

Je voulais engager deux défenseurs centraux en priorité car, avec les seuls Phil Babb et Steve Staunton comme titulaires, l'axe n'était pas assez bien pourvu, selon moi. J'en avais un dans le viseur. Il se nommait Rio Ferdinand et, à 18 ans, il faisait déjà autorité dans son club de West Ham. Mais je n'étais pas le seul à flairer le bon coup. Son agent m'apprit que l'indemnité de transfert se chiffrait à 12,5 millions de livres. Notre discussion ne s'éternisa pas : c'était déjà au-delà de ce que j'avais hérité pour l'ensemble de mon opération recrutement. L'année suivante, Leeds s'acquitta de 18 millions de livres pour l'enrôler et, en 2002, Manchester United cassa sa tirelire en dépensant 32 millions de livres pour l'attirer dans ses rangs. Les prix avaient augmenté à une allure vertigineuse !

J'ai longtemps cherché, j'ai beaucoup voyagé, j'ai souvent observé, j'ai parfois sollicité des avis, je me suis creusé la tête, sans toutefois réussir à dénicher l'oiseau rare.

Un jour, Peter Robinson me donna un renseignement qui s'avérera très utile.

« J'ai un ami qui filme les matches de championnat pour la télévision hollandaise. Il m'a parlé d'un bon défenseur central qui joue à Willem II…

– À Willem II ? Mais Peter, si c'était un bon joueur, le PSV, Feyenoord ou l'Ajax l'auraient repéré, et il ne serait déjà plus à Willem II.

– À vous de juger, Gérard. Je vous ai informé, faites comme vous l'entendez. »

N'ayant toujours pas mis la main sur ma recrue, Peter me relança quelques jours plus tard.

« Mais pourquoi n'allez-vous pas superviser le défenseur de Willem II ? C'est un Finlandais, paraît-il… »

J'y suis finalement allé, presque contraint par la situation, et je n'ai pas eu à le regretter.

Arrière central, Sami Hyypiä joua ce soir-là dans une position inhabituelle, devant sa défense, un peu à la manière de Frank Rijkaard. Je n'avais pas entrepris le voyage pour rien : il pouvait manifestement faire l'affaire. C'était évident. Le club exigeait 2 millions de livres pour le libérer : voilà enfin un transfert dans nos cordes ! Le joueur accepta mes conditions et je promis de venir bientôt le revoir.

Soudainement hésitant, Peter Robinson voulut juger sur pièce et, en compagnie de Patrice Bergues, nous entreprîmes le déplacement jusqu'aux Pays-Bas. Au bout d'une dizaine de minutes de jeu, Hyypiä s'était planté sur deux actions et Peter se pencha alors vers moi pour m'interpeller : « C'est bien lui que vous voulez prendre, Gérard ? Vous ne vous êtes pas trompé de joueur ? Vous êtes sûr de vous ? » Heureusement, lors des 80 minutes suivantes, il se montra irréprochable et le transfert fut conclu dans la foulée, comme prévu. Qui pouvait se douter, à ce moment-là, que ce gaillard finlandais d'un mètre quatre-vingt-quinze disputerait 459 matches et marquerait 35 buts sous le maillot de Liverpool ? Personne, à vrai dire. Même pas moi.

Il me restait à lui trouver un joueur complémentaire pour figurer à ses côtés. Roy Hodgson me souffla le nom du Suisse Stéphane Henchoz qu'il avait eu sous sa responsabilité aux Blackburn Rovers. « Je te l'assure, crois-moi, il est très fort. Il te rendra les services que tu attends… » Une clause dans son contrat indiquait qu'il pouvait retrouver sa liberté pour 3,5 millions de livres. Ma cagnotte supportant cet achat, je ne me suis pas privé.

Comme je voulais constituer un triangle avec un milieu de terrain défensif, mon choix se porta enfin sur l'Allemand Dietmar Hamann, qui avait été installé à ce poste par Giovanni Trapattoni au Bayern Munich. Kenny Dalglish le recruta à Newcastle en 1998, avant d'être congédié du club en cours de route. Je l'ai interrogé afin de mieux connaître le tempérament du joueur. « Tu peux le prendre les yeux fermés », fut à peu près sa réponse. Ce que je ne manquais pas de faire, en signant un chèque de 6 millions de livres, tout de même…

Un Finlandais, un Suisse, un Allemand. Hyypiä, Henchoz, Hamann. Trois H dans le moteur de Liverpool, pour lui apporter plus de force et de puissance.

À ma grande satisfaction, j'ai pu constater en fin de saison que je ne m'étais pas trompé dans mes choix : l'équipe fut sacrée meilleure défense de la Premier League avec 30 buts encaissés seulement. Mieux : grâce à notre quatrième place, la qualification pour la Coupe de l'UEFA se présentait au bout du chemin, la réhabilitation aussi.

Quand un entraîneur peut compter sur de bons leaders dans son effectif, il se sent beaucoup plus tranquille : tout le monde profite alors d'une aspiration vers le haut, grâce à un exemple contagieux. Je pense, à ce sujet, que le recrutement de l'Écossais Gary McAllister, au cœur de l'été 2000, aura été déterminant dans notre réussite en 2001. Dans le vestiaire, son attitude fut communicative : il dégageait un professionnalisme irréprochable. Il inspirait le respect auprès de tous les joueurs. Ça me changeait de temps pas si lointains où la concentration sur le travail n'était pas la qualité la mieux partagée.

Il arrivait en provenance de Coventry, où je l'avais toujours trouvé très bon dans ses performances. Je n'ai jamais bien compris pourquoi il n'avait pas été remarqué par un club plus ambitieux avant de rejoindre Liverpool. Une sorte d'énigme.

Un jour, son agent, qui était aussi celui de Steven Gerrard et de Jamie Carragher, me questionna.

« Serais-tu prêt à prendre McAllister ?
– Quel âge a-t-il exactement ?
– 35 ans.
– 35 ans ? Tu ne connais peut-être pas ma position : je ne prends jamais un joueur qui a dépassé la trentaine.
– Mais tu pourrais faire une exception. Tu l'engages à un salaire bas, et tu le paies davantage s'il parvient à jouer 25 matches…
– Pourquoi pas ? C'est une possibilité… Je ne l'écarte pas. »

L'idée me trotta un moment dans la tête. Il fallait que j'arrive à convaincre le Board auquel j'avais « vendu » dès le départ ma stratégie de recrutement avec une limite d'âge, imposée pour toutes les transactions. Pas facile de m'en sortir : comme exercice dialectique, j'ai dû m'employer. J'ai tenu un langage direct à mes dirigeants. « Je vais sans doute être l'objet de vives critiques de la part de la presse : j'ai pris la décision de recruter un joueur à mon avis exceptionnel, mais en fin de carrière. Vous m'accompagnez ? »

Dès la deuxième journée de championnat, notre déplacement sur le terrain d'Arsenal assura les gros titres des journaux. La rencontre devait se dérouler le mercredi 23 août mais la chaîne de télévision Sky, qui voulait en faire son affiche du lundi soir, nous imposa de la disputer 48 heures plus tôt. Soit deux jours après la réception de Bradford à Anfield Road. Pour la première fois de sa carrière, Gary McAllister écopa d'un carton rouge, suite à une charge violente contre Patrick Vieira, qui sera d'ailleurs lui-même expulsé quelques minutes plus tard.

Le lendemain, il frappa à la porte de mon bureau et sollicita un entretien. Il me parla de son exclusion, tout en regrettant son geste et ses conséquences. Mais il souhaitait évoquer avec moi les problèmes personnels qui le minaient.

« Boss, ma femme est enceinte mais elle est malheureusement atteinte d'un cancer. Compte tenu de sa grossesse, il lui est impossible de se soumettre à des séances de chimiothérapie. Il faut attendre que le bébé vienne au monde. Me permettez-vous de rater quelques entraînements et de m'entraîner à Coventry, près de ma maison ?

– Ce que tu me dis là me touche beaucoup, Gary. Oublie Liverpool. La priorité, c'est ta femme, tu vas te consacrer exclusivement à elle, le reste je m'en charge. Je vais appeler Coventry pour leur demander officiellement que tu puisses t'entraîner avec eux. Tu viendras nous voir une fois par semaine, ça ira très bien comme ça. Lorsque ta femme accouchera et qu'elle pourra être soignée, tu nous rejoindras... »

Elle s'appelait Denise, une très jolie femme, qui lui avait déjà donné un enfant. Les médecins provoquèrent l'accouchement deux mois avant le terme, afin de la soigner plus tôt que prévu. Gary revint plus souvent auprès de nous, à Liverpool, et il réintégra l'équipe dans le courant du mois d'octobre. Entre le moment où il réapparut et la fin de la saison, c'est bien simple : nous avons tout gagné. Gary changea radicalement notre jeu par sa qualité technique et par sa valeur d'exemple. Pour les jeunes, c'était celui à suivre.

Il possédait une clause dans son contrat stipulant qu'il passerait automatiquement de 750 000 livres à un million de livres annuels s'il disputait 25 matches, au moins, dans la saison. Compte tenu de sa situation familiale particulière, j'ai demandé à son agent de venir me voir pour en discuter. « Je ne prendrai pas en considération cette clause. Il bénéficiera de son bonus, même s'il n'atteint pas le seuil des 25 matches… » Un de ses amis écossais, qui collabore à la sélection nationale d'Écosse, me glissa un jour : « Ce que tu as fait là pour lui, il te le rendra… »

Gary McAllister n'avait pas le statut de capitaine de Liverpool mais il en était le leader charismatique. Un leader de bonne conduite. Un vrai.

Sa femme, malheureusement, décédera un peu plus tard, laissant derrière elle deux petits garçons âgés de 2 et 8 ans. Je me souviens bien de l'aîné, Jake : il était présent à mes côtés sur le toit du bus lorsque nous avons organisé une parade dans les rues de Liverpool, en mai 2001, après la conquête de nos trois trophées.

Ce décès m'a beaucoup affecté lorsque je l'ai appris.

Gary se remaria quelque temps après.

Je l'ai interrogé, un jour, à Aston Villa, lorsqu'il me secondait comme adjoint de l'équipe.

« Pourquoi t'es-tu remarié si vite ?

– Comprenez-moi, boss : mon père avait perdu ma mère, j'avais une dizaine d'années. Il ne refit jamais sa vie. Avec mon frère, durant toute ma jeunesse, j'ai regretté de ne pas avoir eu de présence féminine à la maison. C'est comme une blessure, qui ne s'est jamais effacée. Je ne voulais pas imposer cette même situation à mes deux fils. »

Avec sa nouvelle épouse, Gary aura deux petites filles.

Je pense souvent à lui, aux épreuves qu'il a traversées, et à la place qu'il a occupée dans l'histoire du Liverpool 2001. Il fut notre meilleur joueur de la finale de la Coupe de l'UEFA remportée à Dortmund, et donna sa prime de victoire à une association pour la recherche contre le cancer.

Je suis pleinement heureux qu'il ait rejoint les Reds, récemment, comme premier assistant de Brendan Rodgers.

Chapitre 20
STEVEN « WONDER » GERRARD

Ancien ailier de Liverpool dans les années 70, bardé de titres et de trophées, Steve Heighway dirigeait l'Académie du Liverpool FC, qui rassemblait les meilleurs jeunes du club. Dans le courant de l'automne 1998, je lui ai fait part de mes besoins urgents pour améliorer l'équipe première : des joueurs capables d'animer le jeu sur les côtés, un peu à l'image de ce que Robert Jacques et Pierre Vermeulen réalisèrent au Paris S-G en 1986. Il pensait détenir un ou deux pensionnaires qui répondaient au profil recherché dans l'équipe des 19 ans, et il m'invita à venir m'en rendre compte de visu.

« Le prochain match contre Blackburn est l'occasion idéale, j'ai peut-être la solution à ton problème… » Il avait en tête le jeune Richie Partridge, sur lequel le club fondait beaucoup d'espoirs.

Au bout d'un quart d'heure d'observation, j'ai vite compris que le petit ailier ne serait pas l'oiseau rare dont j'avais besoin : à chaque contact avec son adversaire, il explosait physiquement et s'envolait dans les airs. Pour la Premier League, ça ne passerait pas, impossible. Mais, par pure politesse, je suis resté en place au bord du terrain pour continuer à regarder le match. Mon œil fut attiré par un freluquet au milieu de terrain, qui allait sans cesse d'une surface à l'autre et qui engueulait tout le monde. Il bougeait, il courait, il mettait la tête, il taclait, il aboyait, il n'arrêtait pas ! Un petit phénomène. J'ai cru voir un clone de Luis Fernandez, auquel il ressemblait par certaines de ses attitudes.

Je me suis retourné vers mon voisin.

« Qui est-ce, lui, ce gamin ?

– Un jeune, il n'a pas encore 18 ans. Il joue rarement car il est souvent blessé. Il s'entraîne peu mais, aujourd'hui, je voulais le voir à l'œuvre dans une catégorie supérieure. »

En deuxième mi-temps, il développa la même énergie et il ne baissa pas de pied. Une machine en mouvement permanent. Il commençait sérieusement à m'intéresser.

À la fin du match, j'ai demandé à ce qu'il vienne me voir pour qu'il se présente.

« Tu t'appelles comment ?

– Steven. Steven Gerrard.

– Steven, demain, tu viendras t'entraîner avec l'équipe professionnelle.

– Ah demain ? Désolé mais demain je ne peux pas.

– Tu ne peux pas ? Ah bon, tu ne peux pas ? Mais tu sais au moins qui est le boss ici ?

– C'est vous !

– Très bien, alors rendez-vous demain matin, à 10 h, pour ta première séance d'entraînement avec l'équipe professionnelle… »

C'est ainsi que je fis la connaissance de Steven Gerrard.

Comme me l'avait annoncé Steve Heighway, il ne s'entraînait pas beaucoup, effectivement, et s'il ne se ressaisissait pas rapidement, toute perspective de progression lui serait interdite. Il n'était pas très épais, et il se plaignait d'un mal chronique au dos, qui le contrariait et le faisait souffrir. Il fallut faire très attention à lui et Patrice Bergues, dont la formation de professeur de gymnastique nous fut utile, se chargea de lui concocter un programme de travail en salle pour renforcer sa musculature. En 2000, pourtant, ses blessures à répétition liées à sa constitution fragile menacèrent d'interrompre sa carrière. Personne ne trouvant la solution en Angleterre à ses problèmes récurrents au dos et aux adducteurs, je l'ai envoyé consulter une fois par semaine l'ostéopathe de la plupart des joueurs de l'équipe de France, Philippe Boixel, dans un hôtel de l'aéroport de Roissy. Son rétablissement, au bout du compte, sera spectaculaire. Mais rien n'était définitivement acquis avec lui : la veille du quart de finale retour de Coupe de l'UEFA contre Porto, en mars 2001, Steven partit en urgence en avion privé à Laval où Philippe Boixel, dans son cabinet de praticien, lui débloqua le dos. Sans cette intervention, il n'aurait pas été en mesure de jouer. Or, je voulais à tout prix qu'il soit présent sur le terrain. Le jour J, il évolua à son meilleur niveau et il contribua à la victoire de Liverpool (2-0) et à sa qualification pour les demi-finales.

Je ne voulais rien brusquer avec lui, car il devait franchir des paliers, « *step by step* », sans précipitation. Sinon, son corps aurait pu lâcher à tout moment.

Pour sa première saison, en 1998-1999, il ne disputa que 13 matches, plus quelques-uns avec l'équipe réserve. La deuxième saison, il participa à 31 rencontres et, en 2000-01, il joua 50 des 63 matches officiels de la saison. En lui assurant une progression régulière, je pense qu'on lui sauva sa carrière, et sa transformation physique témoigna de la valeur de la préparation méthodique à laquelle il fut soumis.

Je lui ai offert, fin novembre 1998, son premier baptême du feu en l'emmenant avec nous en Galice où

Liverpool affrontait le Celta Vigo en Coupe de l'UEFA. Je crois d'ailleurs qu'il s'agissait aussi de son baptême de l'air car il prenait l'avion pour la première fois de sa vie. Il demeura sur le banc de touche durant toute la partie, sans broncher, et il n'effectua ses grands débuts, en tant que titulaire, que dix jours plus tard, pour une rencontre de Premier League sur le terrain de Tottenham. La veille du match, à l'hôtel, à Londres, je lui ai annoncé qu'il évoluerait en position d'arrière droit, en charge du marquage de David Ginola, élu cette année-là meilleur joueur du Championnat d'Angleterre. « Ne crains rien ! Ne te laisse pas impressionner, empêche-le de faire ses grigris et joue ton jeu… », lui avais-je conseillé. À White Hart Lane, il n'eut pas vraiment la vie facile et il se montra dépité au coup de sifflet final. C'est le métier qui rentrait ! Et il rentra plus vite que prévu : je lui ai confié le brassard de capitaine à l'occasion de notre match de Coupe de l'UEFA contre Olimpija Ljubljana, le 15 octobre 2003. Il avait 23 ans.

Dès le début de son intégration à l'entraînement, j'ai vu les progrès techniques qu'il devait accomplir. Il cherchait toujours à exécuter la passe de 40 mètres de l'intérieur ou de l'extérieur du pied, en une touche de balle. Il visait juste pratiquement à chaque fois, en mettant le ballon dans la course de son partenaire. Combien de fois Michaël Owen en a-t-il profité ! Je me souviens en particulier d'un match contre Arsenal. On était menés 1-0, corner contre nous. Steven hérita du ballon devant notre surface, se retourna et adressa une longue transversale de l'extérieur qui arriva devant John Arne Riise, déjà monté, qui filait vers le but. C'était une passe aveugle. Ce fut une passe de but.

Sa force résidait dans sa capacité à voir le jeu avant les autres et à savoir convertir techniquement ce qu'il voulait faire. Son meilleur poste, c'était devant la défense, où la vue était dégagée. Un régal pour lui.

Mais je lui ai demandé de ne pas abuser de la transversale, car la passe de 14 mètres peut être aussi importante que celle de 40 mètres, comme la recherche du une-deux ou l'élimination de l'adversaire par un dribble. Au fil du temps, il ajouta ces différentes facettes à son jeu, qui s'étoffa et prit du volume. Il était comme une éponge : il absorbait tout ce qu'on lui disait. Et son attitude était constamment positive. Je l'ai fait jouer à plusieurs postes, notamment sur le côté droit du milieu et même parfois en position d'arrière droit, pour qu'il élargisse son registre et améliore son jeu offensif, notamment sa force de percussion et sa capacité d'élimination dans les duels.

Pour tout jeune qui débute, le carburant qui le fait avancer, c'est la confiance. L'entraîneur doit accepter ses erreurs, parfois inévitables, tout en le recadrant et en l'encourageant. Steven, par exemple, pouvait se jeter dans les jambes de ses adversaires et se lancer dans des tacles féroces. Il en payait souvent la note : le carton rouge auquel s'ajoutait une suspension pour plusieurs matches. Je me souviens que, lors de la saison 1999-2000, pour le derby contre Everton, il remplaça Robbie Fowler en seconde mi-temps, mais il écopa du premier carton rouge de sa carrière pour un tacle à retardement sur Kevin Campbell. Je lui ai dit : « Tout ça appartient à ton jeu, d'accord, mais tu dois être capable d'évoluer et de te débarrasser de toutes ces scories… » Je voulais qu'il sache que j'étais de son côté, même en cas de pépin. Qu'il s'adresse lui-même la remarque : « Le boss est avec moi… »

Lilian Thuram me raconta un jour une anecdote qui le marqua et qui me fut utile. Il commit deux grosses bourdes défensives à Metz qui coûtèrent à Monaco, où il jouait à l'époque, une défaite sèche 2-0. « À l'entraînement, le lendemain, je m'attendais à prendre une volée de bois vert de la part d'Arsène Wenger. Le lundi, rien. Le mardi, rien.

Le mercredi, rien. Le jeudi, je me suis enfin décidé à aller le voir dans son bureau pour m'expliquer. Et je lui ai dit : "Je suis vraiment désolé pour mes deux conneries… Elles ont coûté cher à l'équipe." Arsène leva la tête et haussa les épaules : "Demande aux anciens : ce sont des choses qui arrivent, c'est comme ça, il n'y a rien de grave…" Le fait qu'il m'ait répondu de cette façon, en minimisant ma contre-performance, m'a enlevé un énorme poids sur l'estomac… »

Il faut beaucoup d'indulgence et de patience avec les jeunes joueurs.

J'avais une relation très forte avec Steven, de même nature que celle qu'entretient un père avec un fils.

Un jour, au début de son incorporation dans le groupe des pros, il m'appela en pleurs, sur les coups de 7 h du matin, à mon domicile. Il voulait s'entretenir avec moi. Je lui ai donné rendez-vous une demi-heure plus tard au camp d'entraînement. Il m'annonça que ses parents allaient se séparer et que cette période était très difficile à vivre pour lui. Il pensait même que sa nouvelle renommée, à Liverpool, était l'une des causes de ce déchirement familial. Il m'informa qu'il avait l'intention d'acheter une maison à son père et une autre à sa mère, pour qu'ils soient heureux chacun de leur côté. Il m'apparut comme un gamin attachant, un peu ombrageux, doté d'un très grand cœur.

En novembre 2002, à Bâle, lors d'un match de Ligue des champions, Liverpool était mené 3-0 à la mi-temps. Une claque énorme. Je pris la décision de sortir Steven qui avait été décevant tout au long des 45 premières minutes. Au coup de sifflet final, le tableau d'affichage avait déjà une meilleure allure pour Liverpool : 3-3, avec des buts inscrits par Danny Murphy, Vladimir Smicer et Michaël Owen en deuxième mi-temps. Si la partie avait duré cinq minutes de plus, on l'aurait probablement emporté et on se serait qualifiés…

Steven relata cet épisode à sa façon dans son autobiographie parue en 2006. Voilà ce qu'il racontait : « "Salif, je veux que tu te positionnes au milieu de terrain, là où Steven évoluait", a dit Gérard Houllier à la mi-temps. Salif Diao ? Ce remplacement m'a fait presque honte. Même en jouant à 40 % de mes possibilités, je pouvais faire ce que Diao faisait sur un terrain ! »

C'était une façon de voir les choses. Elle n'avait pas du tout été la mienne, sur l'instant.

Le lendemain du match, tout le monde se posait de sérieuses questions au sujet de Steven qui semblait totalement à côté de ses pompes. Son père vint me voir au centre d'entraînement. Sa visite m'a permis de comprendre les problèmes personnels que Steven rencontrait depuis quelques temps.

« Vous ne pouvez pas savoir à quel point ce que vous me dites va me faciliter la tâche. Vous savez, pour que j'enlève votre fils à la mi-temps d'un match, il faut vraiment qu'il ne soit pas bien…

– Oui, je sais. J'ai vu sa première mi-temps. J'étais présent à Bâle. »

Dans l'après-midi, j'ai appelé Steven, pour lui parler franchement. Et ouvertement. Il était touchant d'humanité et de tendresse et, en même temps, il semblait porter tout le poids de la séparation de ses parents sur ses épaules.

Un entraîneur doit parfois entrer dans l'environnement intime du joueur pour mieux saisir ses réactions, mais aussi pour tenter de l'aider. Ne jamais oublier la dimension humaine du joueur, quel que soit son statut : c'est ce que je me suis toujours dit. Et plus encore après cet épisode avec Steven Gerrard.

Le soutenir, il m'est aussi arrivé de le faire devant la commission de discipline de la Premier League.

Un combat d'une autre nature. Au début de l'année 2003, contre Everton, il exécuta un tacle dangereux sur un adversaire en décollant les deux pieds du sol, sans que l'arbitre Graham Poll ne le voie. Mais, sur la foi des images TV accablantes, il dira plus tard qu'il aurait expulsé Steven sur-le-champ si la scène ne lui avait pas échappé. Le dossier fut instruit après coup et l'action était tellement violente qu'une sanction de l'ordre de six matches de suspension était envisageable. En raison d'abondantes chutes de neige, la réunion de la commission fut décentralisée et Bolton l'accueillit, en lieu et place de Londres. Je me suis démené pour défendre la cause de Steven, qui semblait a priori perdue. Si ses juges décidaient de lui infliger cinq matches, il ne pourrait pas participer à la finale de la Coupe de la League contre Manchester United. L'enjeu de sa défense n'était pas mince. Finalement, après échange d'arguments et délibération, la sentence tomba : quatre matches de suspension plus un avec sursis.

Dès le soir même, je pris mon téléphone pour avertir Steven : « Prépare tes bagages, tu prends ta fiancée par la main et tu vas passer une semaine de vacances avec elle à Dubaï… » Son agent m'avait dit qu'il souhaitait prendre un peu de champ, et j'ai trouvé après réflexion qu'il avait raison. Les polémiques enflaient tellement à son sujet, entretenues sciemment par la presse qui tenait là matière à scandale, que je ne voulais plus voir Steven dans les parages. Loin du tumulte, il devait se vider la tête, penser à autre chose et revenir plus fort que jamais.

Il joua la finale. Lui et Owen la gagnèrent à eux deux. Victoire 2-0 : un but de Steven, un but de Michaël. Deux phénomènes.

Dans les grands matches, Steven faisait toujours sentir sa présence : jamais décevant, il imprimait la marque du leader qu'il était, celui qui montre le chemin et qui ne se résigne jamais. Parti de presque rien, il est ainsi devenu l'un des joueurs les plus complets de son époque, l'une des plus grandes figures de l'histoire du Liverpool FC.

Né à Whiston, élevé à Huyton, deux quartiers de l'est de la ville, il est le meilleur symbole de la renaissance des années 2000. Du sang rouge coule dans ses veines depuis sa plus tendre enfance, et les fans ont toujours juré par lui car sa notoriété ne l'a jamais empêché de conserver la simplicité et la générosité du peuple des rives de la Mersey.

Quand tout semblait perdu, il était le premier à croire en lui et en l'équipe. Jamais Liverpool n'aurait pu renverser la vapeur de façon aussi spectaculaire en finale de la Ligue des champions contre Milan en 2005, un an après mon départ, sans son énergie et son refus obstiné de la défaite. Il eut un comportement identique en finale de la Cup contre West Ham en 2006.

Il a été mon capitaine idéal, et il a su jouer à merveille ce rôle de grand frère pour les jeunes qui débutaient ou les nouveaux joueurs qui arrivaient au club. Il était aussi un vrai joueur d'événement, qui ne m'a jamais lâché dans les grands rendez-vous : toujours présent, toujours au top.

Un vrai bon mec, marqué au fer rouge par le drame du stade de Hillsborough, à Sheffield, à l'occasion de la demi-finale de la Coupe d'Angleterre entre Liverpool et Nottingham Forest, le 15 avril 1989. À chaque fois qu'il apparaissait à Anfield, au volant de son véhicule, il s'arrêtait et se signait devant le mémorial à la mémoire des 96 victimes de la catastrophe, qui jouxte les grilles des Shankly Gates. Son regard se fixait toujours sur le même nom : Jon-Paul Gilhooley, dix ans, le plus jeune de tous ceux qui ne sont jamais revenus de Sheffield. Un supporter mort en suivant l'équipe qu'il vénérait. Un môme à qui on a injustement retiré la vie qui commençait à peine, écrasé et asphyxié par un mouvement de foule.

Il encourageait Liverpool avec la même fierté que celle avec laquelle Steven Gerrard enfilait, à l'occasion de chacun de ses matches, le maillot rouge.

Jon-Paul était son cousin, d'un an son aîné.

Chapitre 21
L'ENNEMI MANCHESTER, L'AMI FERGUSON

Un jour, Jean-François Domergue s'est offert une escapade à Liverpool pour venir assister à un match de Premier League. Quelques minutes après le coup de sifflet final, il vint me rejoindre dans mon bureau, au stade, et m'annonça, l'air mi-embarrassé, mi-accusateur : « Il faut que je te le dise, Gérard : lui, il n'est pas avec vous ! » Il me signalait avec discrétion Norman Gard, l'agent de liaison du club de Liverpool auprès des joueurs, qu'il me désignait comme un traître en puissance, ou presque. Une sorte d'ennemi de l'intérieur.

L'idée de son embauche m'était venue en repensant à une conversation très intéressante avec Dominique Cuperly lorsqu'il passa son examen pour l'obtention du DEPF, au centre de Clairefontaine. Je lui avais demandé qu'il me détaille le « système » Guy Roux, dont il était l'adjoint à Auxerre. Il me le décrivit : « Le cœur du sujet, chez lui, c'est le joueur. Il met tout en œuvre pour qu'il se sente bien et pour que le football demeure sa seule et unique préoccupation. Il le décharge de toutes les questions matérielles liées à sa vie quotidienne. En cas de panne de son réfrigérateur ou de sa machine à laver, il n'aura rien à faire : Guy prendra toutes les initiatives pour que tout soit réglé dans les plus brefs délais. »

Je m'étais inspiré de cet exemple pour réclamer à mon Board l'engagement d'une personne affectée au service des joueurs : trouver une maison aux nouveaux arrivés, une voiture, un téléphone, une banque, une école pour les enfants... Les débarrasser de toutes les tracasseries administratives. Norman Gard fut cet homme, en qui ma confiance était totale. Il remplissait parfaitement sa mission, et il se pourrait qu'il ait poussé son sens du devoir jusqu'à aller rechercher certains joueurs, au bout de la nuit, et dans le plus grand secret.

Un homme à tout faire. Et à tout très bien faire.

La remarque de Jean-François Domergue m'interpella.

« Comment ça, il n'est pas avec nous ?

– Je l'ai vu à l'œuvre tout à l'heure et je l'ai entendu parler à la fin du match : il se comporte comme un supporter d'Everton, pas comme un salarié de Liverpool, qui est pourtant le club qui l'emploie. Il vous trompe.

Je n'ai pu m'empêcher de prendre cette « accusation » à la légère, et d'en sourire.

– Tu ne m'apprends rien : je le sais depuis le premier jour de son engagement ! Mais je vais te révéler une chose que tu ignores : celui qui effectue le même boulot pour le compte d'Everton est lui-même un supporter de Liverpool ! »

Jean-François Domergue, en visiteur occasionnel, découvrait une réalité que j'avais intégrée depuis longtemps.

Sur les rives de la Mersey, il existe deux clubs rivaux, et deux stades qui se défient à vue d'œil. Enfant, Steven Gerrard, par exemple, fréquentait indifféremment Anfield et Goodison Park, le fief des Blues d'Everton, de l'autre côté de Stanley Park. Pratiquement toutes les familles de Liverpool sont coupées en deux, selon les allégeances de leurs membres, et celle de Steven ne faisait pas exception à la règle. Son oncle Leslie était un adepte d'Everton et il l'emmenait souvent à Goodison. Mais il n'a pas eu le choix car, pour son père, c'était le Liverpool FC ou la mort. Il n'y avait pas à transiger. Malgré tout, les résultats d'Everton l'ont toujours sensibilisé, et il n'est pas le seul dans ce cas. Ainsi, le père de Michaël Owen, un autre enfant de la région, joua chez les professionnels à Everton. Jamie Carragher est, lui aussi, un fan assumé de l'autre club de Liverpool, même s'il n'a jamais failli avec le maillot des Reds sur les épaules. Lors d'une fin de saison, à peine notre match était-il terminé qu'il sprinta vers Norman Gard pour l'interroger, le souffle court : « *Are we staying up?* » Il voulait savoir si Everton, en grand danger avant la dernière journée, venait de sauver sa tête en Premier League. C'était son unique obsession à cet instant-là.

Avec Everton, l'opposition est d'ordre géographique et sentimentale, une rivalité de clocher qui ne produit pas, entre les deux équipes, de combat outrancier.

Pour le Liverpool FC, l'ennemi juré ne se terre pas dans les murs de la ville. Il se situe ailleurs. À une soixantaine de kilomètres à l'est. Il porte un nom : Manchester United. Et la réciproque est vraie : Liverpool reste la cible à abattre.

Je garde en mémoire le souvenir d'une scène cocasse qui reflète ce climat si particulier entre les deux clubs. Quelques mois après mon intronisation comme responsable unique de l'équipe première, j'ai pris la décision d'organiser un stage au Touquet, dans le courant de mars 1999. Je n'avais pas obtenu un triomphe total auprès des joueurs, dont certains avaient plutôt imaginé rester en Angleterre afin d'y suivre le Cheltenham Festival et ses courses hippiques. Après notre élimination de la Cup et de la Coupe de la League, notre calendrier s'était tellement allégé que nous disposions d'un créneau d'une dizaine de jours pour nous régénérer, et il me sembla nécessaire d'en profiter. Dans le hall de l'aéroport de Manchester où nous embarquions à destination de la France, nous avions eu le malheur de tomber nez à nez avec un groupe de supporters de Manchester United qui prenaient l'avion, eux, pour rallier l'Italie. Leur équipe affrontait l'Inter Milan en quart de finale retour de la Ligue des champions.

Le face-à-face tourna à l'aigre quand ils reconnurent Phil Thompson, qu'ils apostrophèrent et qu'ils chambrèrent copieusement. Phil, à fleur de peau, bouillait. Il se tourna vers eux, l'air vindicatif, et décocha cette réplique savoureuse : « Hé, vous tous ! Écoutez-moi bien ! Vous devriez venir faire un petit tour chez moi. J'ai une très grande cheminée dans la pièce principale de ma maison, et vous savez ce que j'ai posé dessus ? Tous mes trophées remportés avec Liverpool. Je n'ai plus la moindre place de libre. Tout est complet. Vous n'arriverez jamais à en gagner ne serait-ce que la moitié, avec votre club… »

Les gars qui lui faisaient face étaient verts de rage. Deux ou trois le prirent avec humour, mais les autres n'avaient pas le cœur à rigoler !

Il n'empêche : eux partaient à destination de Milan, nous en direction du Touquet. À cette époque, les deux clubs ne fréquentaient pas le même monde.

Pour la petite histoire, Manchester United arracha un résultat nul à San Siro et se qualifia pour les demi-finales de la compétition. La vérité oblige à dire que, dans le même temps, Liverpool subissait la loi de Boulogne-sur-Mer (2-1), une équipe de quatrième division qui fêtait son centenaire au stade de la Libération ! Un autre monde, vraiment.

Durant toute la durée de mon contrat, je n'ai pas souvent été battu par Manchester United, un club cité comme un modèle incontournable par mon Board, qui enviait son développement spectaculaire. À l'occasion de mon centième match en Premier League, Liverpool a réussi l'exploit de mettre fin à une invincibilité de deux ans de Manchester dans son stade d'Old Trafford. 36 matches sans défaite, et Danny Murphy se fraya un chemin pour devenir le premier joueur anglais à marquer un but à Fabien Barthez en championnat. L'événement se déroula le 17 décembre 2000, à l'occasion de la 18ème journée, et certains en parlent encore aujourd'hui.

Le lendemain de cette victoire historique, une « party » était organisée dans l'immeuble dans lequel se trouvait mon appartement. La fête fut totale grâce… à notre performance de la veille. Elle n'était pas passée inaperçue. Je n'ai pas compté le nombre de personnes qui s'approchèrent de moi pour m'adresser une tape amicale dans le dos. « Je n'ai pas besoin de cadeau de Noël, vous me l'avez déjà déposé au pied de mon sapin… », « C'est bon, notre saison peut se terminer aujourd'hui, elle est réussie… », « C'est extraordinaire : vous nous avez redonné la fierté en nos couleurs… » : j'en ai tant entendu au cours d'une soirée de fin d'année où le temps semblait suspendre son vol…

Il n'a jamais existé la moindre animosité entre Alex Ferguson et moi alors que, sur le terrain, les joueurs des deux équipes ne se faisaient aucun cadeau et que les pires noms d'oiseaux s'échangeaient au-dessus des tribunes.

Mes premières relations avec Alex dataient de 1986 lorsqu'il dirigeait l'équipe nationale d'Écosse lors de la Coupe du monde au Mexique. Il avait été sollicité à la suite du décès de Jock Stein, survenu quelques mois plus tôt. J'étais alors l'entraîneur du Paris Saint-Germain, et j'avais suivi la compétition par simple intérêt personnel. Je me suis retrouvé par hasard dans le même hôtel que la délégation écossaise à Querétaro. Au bord de la piscine, je me suis présenté à lui, et nous avons engagé la conversation.

Une certaine sympathie se noua immédiatement entre nous. Ce sont des choses qui ne s'expliquent pas, mais qui se vivent. Je me souviens que Graeme Souness se relaxait un peu plus loin. Il fut une gloire de Liverpool, et sa carrière de joueur touchait à sa fin : il était proche de s'engager avec les Glasgow Rangers dont il allait devenir l'entraîneur.

Mais c'est à l'occasion du transfert d'Éric Cantona à Manchester que mes rapports avec Alex Ferguson prirent une toute autre dimension.

Je ne résiste pas à la tentation d'en raconter les circonstances.

Michel Platini, à l'époque sélectionneur de l'équipe de France, me demanda, fin décembre 1991, de trouver coûte que coûte un club susceptible d'accueillir Éric Cantona. « Fais jouer tes relations, j'ai trop besoin de lui pour la sélection… » Une nouvelle affaire mettait en effet « Éric le Terrible » au ban du football français : lors d'un match Nîmes-Saint-Étienne, il s'énerva contre l'arbitre, jeta le ballon sur lui puis rentra aux vestiaires sans même le regarder l'exclure. La Fédération le sanctionna de quatre matches de suspension et, en guise de réponse, il traita les membres de la commission de discipline d'« idiots », déclenchant un nouveau tollé général. Hors de lui, il décida de résilier son contrat avec Nîmes et annonça, le 12 décembre, qu'il renonçait au football.

À l'invitation de Michel, j'ai donc sollicité un agent en Angleterre, Dennis Roach, que je connaissais bien et qui s'occupait de la carrière de Glenn Hoddle. Je lui fis part de ma requête et, assez rapidement, il me proposa d'envoyer Éric à Sheffield Wednesday, dont l'entraîneur n'était autre que Trevor Francis, une gloire du football anglais qui s'était illustrée en marquant le but victorieux de Nottingham Forest en finale de la Coupe d'Europe des champions en 1979. Je pensais que l'affaire serait réglée en un rien de temps et c'est en toute décontraction que je suis parti avec l'équipe de France de la publicité à Saint-Barth pour une traditionnelle tournée de janvier.

Juste avant d'embarquer pour le vol retour à destination de Paris, j'ai appelé ma secrétaire, Francine Hilaire, à son poste de travail, à la Fédération, pour prendre connaissance des dernières nouvelles et de mes prochains rendez-vous. « Gérard, je suis contente de vous entendre. Il y a un certain monsieur Howard Wilkinson qui cherche à vous joindre depuis deux jours. Il veut à tout prix vous parler. Il m'a dit que c'était urgent. »

Le téléphone portable n'existait pas et il me fallut rassembler une bonne réserve de pièces de monnaie pour alimenter la machine de la cabine téléphonique de l'aéroport.

Je suis entré en contact avec Howard, l'entraîneur de Leeds, avec lequel j'avais déjà eu l'occasion de converser.

« Ah, Gérard, je vais t'expliquer le problème : Éric Cantona se trouve actuellement à Sheffield où Trevor Francis, qui ne le connaît pas très bien, lui demande de faire un essai à l'issue duquel il se déterminera pour lui proposer un contrat, ou pas. Cantona refuse d'effectuer cet essai et la situation semble bloquée entre eux deux. Moi, dans ce cas-là, je suis disposé à le prendre. Mais, avant, je veux avoir ton avis…

– Howard, c'est bien simple : tu fermes les yeux et tu le prends avec toi tout de suite à Leeds. Tu ne discutes même pas. C'est un très bon joueur. Écoute, je rentre à Paris et, demain, je dois avoir une réunion avec Michel Platini. Je vais l'avertir, et il t'appellera. »

La pratique des essais était courante chez les clubs anglais, d'autant que leur connaissance du football français, à l'époque, était assez limitée. Je me doutais qu'Éric Cantona ne s'y plierait jamais.

Le lendemain, Michel et Howard se téléphonèrent. Et quelques jours plus tard, le transfert fut conclu dans le cadre du mercato d'hiver, à la grande satisfaction de tous les protagonistes : en fin de saison, Leeds sera sacré champion d'Angleterre, et Éric participera à la phase finale de l'Euro 92 avec les Bleus.

Les premiers soubresauts de son aventure anglaise allaient intervenir au cours de l'automne suivant. Après un tour préliminaire perdu sur le terrain mais gagné sur tapis vert contre Stuttgart, Leeds hérita des Glasgow Rangers en Ligue des Champions, pour une « *Battle of Britain* » qui promettait. À l'aller, en Écosse, le champion d'Angleterre s'inclina 2-1. Le lendemain, Howard Wilkinson me passa un coup de fil. « Peux-tu te rendre disponible pour le match retour ? Viens me retrouver à l'hôtel après le déjeuner, s'il te plaît... » Le jour J, il m'invita dans sa chambre, glissa une cassette dans le magnétoscope et réclama toute mon attention. « Regarde ! » Les images révélaient un Éric Cantona sombre, sorti par son entraîneur à dix minutes de la fin du match aller contre les Écossais. Sans un regard, sans un mot, la tête bien haute et l'œil noir, il regagnait directement le vestiaire, sans même passer par la case du banc de touche, encore moins devant son entraîneur pour le saluer. « Tu vois, Gérard, ce comportement est inadmissible. C'est même très grave en Angleterre. Qu'en penses-tu ? » J'ai tenté de tempérer son jugement, en le prévenant que cette attitude, aussi choquante soit-elle, était monnaie courante en France, et qu'il n'y avait pas lieu de se formaliser. Cependant, je lui devais la vérité : une fois, Michel Platini l'avait remplacé par Luis Fernandez en fin de match, à Reykjavik, contre l'Islande. On avait bien perçu son mécontentement depuis notre banc de touche. Des hurlements dans le vestiaire, des éclats de voix, des bruits sourds : un sentiment très spécial nous avait envahis. Michel m'avouera plus tard qu'il ne le sortirait plus jamais de l'équipe.

Installé dans la tribune officielle d'Elland Road, à proximité d'Andy Roxburgh et d'Alex Ferguson, eux aussi observateurs attentifs, j'ai suivi le match retour Leeds-Rangers en fixant en permanence Éric, qui était l'objet de toutes les attentions. Il réalisa une performance individuelle remarquable, marqua un but, malheureusement insuffisant puisque les Écossais l'emportèrent à nouveau (1-2), mettant un terme à 18 mois et 31 matches d'invincibilité de Leeds à domicile. Au coup de sifflet final, son attitude de dépit ne présageait rien de bon. Je me suis fait la réflexion : « Oh là là, je sens qu'il va y avoir encore un problème… » Alex Ferguson, avec lequel j'avais échangé quelques mots sur l'analyse de la rencontre, partageait cet avis.

Le lendemain, alors que je venais tout juste de regagner mon bureau à Paris, Jean-Jacques Amorfini me contacta, l'air affolé. « Gérard, il faut que tu m'aides. Cantona ne veut plus entendre parler de Leeds pour lequel il ne jouera plus. Il me l'a dit. C'est fini, impossible de lui faire entendre raison. Il faut lui trouver une porte de sortie… »

Mon intuition ne m'avait donc pas trahi. Sa mine renfrognée de mercredi soir avait une signification particulière. Je m'en doutais. Je le savais. On allait au clash. Alex Ferguson m'ayant communiqué son nouveau numéro de téléphone, j'ai voulu le sonder.

Le vendredi 6 novembre, à 9 h du matin, 8 h en Angleterre, je l'ai appelé. Il conduisait sa voiture, en route vers le camp d'entraînement de Manchester.

« Alex, es-tu intéressé par Éric Cantona ?
– Pourquoi cette question ?
– Parce qu'il s'est mis en tête de quitter Leeds.
– C'est vrai ?
– Comme je te le dis.
– Bon, très bien, très bien. Ne bouge surtout pas, ne

préviens personne. Garde ça pour toi. Laisse-moi un peu de temps pour me retourner. Je vais essayer de leur refiler Denis Irwin et un peu d'argent pour récupérer Cantona, qui m'intéresse beaucoup. Je te rappelle… »

Finalement, il conserva son arrière gauche dont il n'avait pas réussi à se débarrasser mais il arriva à engager Éric Cantona pour 1,2 millions de livres. Alex se montra toujours reconnaissant envers moi pour l'avoir mis sur la piste d'un recrutement qui changea le cours de la vie sportive de Manchester United.

Un jour pourtant, il m'appela, presque affolé. « Gérard, peux-tu contacter Éric s'il te plaît ? Je l'ai sorti hier en cours de match. Il me fait la gueule. Je voulais le reposer pour la Ligue des champions mais il est buté. Explique-lui toi, peut-être t'écoutera-t-il ? » Je l'ai eu dans la journée, et j'ai trouvé un Éric décontracté, qui me rassura. « Non, non, j'étais certes en colère sur le coup mais là, ça va mieux. J'ai compris pourquoi il a cherché à me préserver. »

À partir de cette période, mes relations avec Alex Ferguson devinrent plus fréquentes. Il me disait parfois : « Entre les Français et les Écossais, c'est une longue histoire : c'est la Auld Alliance ! » Il faisait référence au pacte, conclu en 1165, qui réunissait la France, l'Écosse et la Norvège, et engageait chacun de ces pays à défendre les autres contre toute attaque anglaise.

Je me souviens qu'au cœur de l'été 1999, Liverpool allait jouer un match de préparation à Wolverhampton. Dans le bus qui nous y conduisait, mon portable sonna. « C'est Alex… Dis donc, c'est vrai que tu t'es débarrassé de Paul Ince ? Écoute, je vais te dire un truc : c'est la meilleure chose que tu puisses faire pour ton club… et pour toi. » On le prétendait impitoyable dans ses jugements, mais il connaissait très bien la nature humaine et il avait souvent raison dans ses choix. Il possédait le sens de l'anticipation et s'amusait d'être toujours en avance d'un coup sur les autres. Il savait aussi prendre des décisions difficiles au bon moment. Quand il sentait que l'ego d'un joueur posait un problème à l'équipe, au risque de casser l'harmonie collective de son groupe, il n'hésitait pas à trancher et à s'en séparer.

Au fil des années, nos destins se sont souvent croisés, dans des réunions d'entraîneurs, des séminaires, des groupes d'experts ou des conférences, sur les terrains, ou dans des cadres plus privés. Il est devenu un ami. En tout cas, il m'a épargné même si nos confrontations Manchester United-Liverpool ont toujours été d'une rare intensité. Mais je n'ai jamais voulu faire de Liverpool une machine de guerre visant à détruire son meilleur ennemi !

Il me racontera, une fois, une anecdote savoureuse qui mettait en scène Éric Cantona, au centre de l'antagonisme entre nos deux clubs. « Un jour, nous étions allés ensemble, toute l'équipe de Manchester, dans un hippodrome pour assister aux courses de chevaux. Nous étions installés à un balcon, tranquillement. Mais au-dessus de nous, sur un autre balcon, il y avait un autre groupe, composé de supporters de Liverpool. Et les types ont commencé à nous pisser dessus ! Cantona s'est propulsé d'un bond pour aller les attraper et il a commencé à faire le coup de poing ! Tout seul, contre les vingt types de Liverpool ! Toute l'équipe l'a rejoint ensuite, mais il était parti tout seul au feu… »

Une fois, alors que mon équipe avait été largement battue et que je me torturais les méninges pour imaginer son redressement, Alex me calma : « Ne perds pas ton temps ! Moi, quand je prends une raclée, je n'en parle même pas ! Les joueurs sont suffisamment vexés pour savoir ce qui a cloché. Dans ces cas-là, je me focalise sur le match suivant. C'est lui le plus important. » Ses quelques mots, dispensés avec chaleur et conviction, contribuèrent à m'éclairer sur la bonne attitude à adopter.

Avec lui, la problématique est simple comme bonjour : ou tu fais partie de son cercle rapproché, ou tu te situes en dehors. J'ai eu la chance de me retrouver du bon côté, raison pour laquelle jamais aucune querelle ne brouilla nos rapports. Je n'ai pas critiqué, par exemple, le « *Fergie time* » lorsqu'il exhibait sa montre à l'arbitre pour lui indiquer qu'il restait plusieurs minutes à jouer, même si ce n'était pas toujours exact. Or, combien de buts Manchester United a-t-il marqué dans les arrêts de jeu ? Ils sont si nombreux… Je n'ai pas voulu élever la voix, contrairement à certains de mes collègues, qui lui reprochaient de mettre une pression insoutenable sur le corps arbitral.

Chapitre 22
AUX BONS CONSEILS D'ARSÈNE

On peut retourner le problème dans tous les sens, on aboutira toujours à la même conclusion. Deux Français – pas un de moins, pas un de plus – ont permis à nos compatriotes de franchir le Channel tête haute, cœur léger, et d'entrer en Angleterre par la voie royale : Éric Cantona qui créa un formidable appel d'air pour les joueurs grâce à ses prouesses avec Manchester United, et Arsène Wenger dont l'action méthodique à la tête d'Arsenal crédibilisa le travail des techniciens de notre pays. Il serait malhonnête de ne pas souligner leur rôle fondamental, à l'un comme à l'autre, dans la grande transhumance qui, partie de la Ligue 1, n'a cessé d'investir la Premier League depuis les années 90.

C'est dans le sillage d'Éric et d'Arsène que des dizaines de footballeurs français s'engouffrèrent, année après année, pour devenir la colonie étrangère la plus représentée dans le championnat d'Angleterre.

Les clubs anglais se sont intéressés à moi l'année même où Arsenal a conquis son premier doublé Championnat-Coupe, en 1998, sous l'ère Arsène Wenger. Je vois plus qu'une coïncidence dans ce télescopage : je sais ce que je dois à la réussite des « *Frenchies* », qui ont marqué les esprits dans un football britannique jusque-là plutôt réfractaire au nôtre.

Je me souviens de la réaction dépitée de Jamie Redknapp à son retour à Liverpool, au lendemain de la rencontre amicale qu'il disputa avec l'Angleterre contre la France, à Wembley, en 1999. Nicolas Anelka, qui évoluait à l'époque à Arsenal, avait inscrit les deux buts français, et Jamie était encore sous le choc de sa soirée. « Coach, on n'a pas vu le jour, et très peu le ballon. Il n'y a rien de plus démotivant que d'affronter les Français… », me dira-t-il avant la séance de décrassage. La sélection anglaise, prise en main provisoirement par Howard Wilkinson à la suite de l'éviction de Glenn Hoddle, avait pris un sacré « bouillon » dans le temple du football et, indirectement, la performance des Bleus servit nos propres intérêts, ceux d'Arsène comme les miens. L'idée, sous-jacente dans tout le pays, nous attribuait beaucoup de vertus et nous conférait une sacrée responsabilité : les Français vont remettre notre sport numéro 1 dans le sens de la marche. C'est ce qui se disait.

Entre Arsène et moi, c'est une longue histoire qui s'étire sur de très nombreuses années. Elle a pris racine au temps où il entraînait l'AS Nancy-Lorraine, au cœur des années 80. Il fut à la fois un collègue apprécié et un adversaire redouté puisque, à cette époque, j'ai été l'entraîneur du RC Lens puis celui du Paris Saint-Germain. Depuis, on ne s'est jamais plus quittés, si je peux employer cette expression. Lorsqu'il a été promu à la tête de l'AS Monaco, je suis allé souvent lui rendre visite en Principauté et, en tant que membre de la Direction technique nationale, il nous arrivait de nous croiser dans les stages d'entraîneurs, en particulier à Vichy. En 1991, il est venu passer une semaine au Portugal pour assister en ma compagnie au Championnat du monde des moins de 20 ans.

Plus tard, lorsqu'il s'exila au Japon pour prendre la direction de l'équipe de Nagoya, le fil de nos relations ne fut jamais rompu. On se téléphonait fréquemment, pour prendre de nos nouvelles et s'échanger quelques informations. Sur le plan humain et « philosophique », dès le début, le courant est très bien passé entre nous, de telle sorte que je crois pouvoir affirmer qu'une véritable amitié nous lie.

Quand Liverpool m'a contacté, l'un de mes premiers réflexes me poussa à lui demander son avis, et son éclairage sur le football anglais qu'il avait rejoint deux ans plus tôt m'a permis d'apprendre beaucoup de choses. Il fut d'excellent conseil. Il me parla d'un contexte qui, de prime abord, le déconcerta, notamment ces instants qui précédaient un match. C'était assez déroutant. Il me cita en exemple son gardien de but, John Lukic, qu'il avait surpris en train de prendre un bain chaud dans la baignoire du vestiaire une demi-heure avant le coup d'envoi d'une rencontre importante. Il était éberlué. Il évoqua aussi cette musique diffusée à tue-tête qui rythmait la préparation physique et mentale de ses joueurs, et qui précédait leur entrée sur le terrain.

Je connaissais un peu cette approche originale pour avoir pu la constater de visu, une fois, lorsque Kevin Keegan jouait encore, dans les années 80. Pour un match programmé à 15 h, il débarqua à 14 h 15 dans le vestiaire, ôta son costume, s'habilla rapidement, mit ses chaussures, s'échauffa une petite dizaine de minutes, et au terme de cette course débridée, il s'est senti prêt à entrer dans l'arène ! Elle n'affecta en rien son rendement, ce jour-là : il avait été l'un des meilleurs joueurs de son équipe.

Je me souviens qu'à l'occasion d'un match de l'équipe de France à Glasgow, en mars 1989, nos adversaires écossais avaient été stoppés dans un embouteillage monstre. Ils n'arrivèrent au stade qu'une vingtaine de minutes avant le coup d'envoi. C'est tout juste s'ils ne se changèrent pas sur le terrain, comme les footballeurs du dimanche le font à Bagatelle ou à Pershing. À l'arrivée, ils nous marquèrent deux buts, sans qu'on puisse leur en rendre un seul, alors que nous étions fin prêts plus d'une heure avant le début de la rencontre.

C'est bien dans la culture des Britanniques : « Allez, les gars, on y va… *Come on!* » Ils battent le rappel des troupes et ils foncent sans se poser de questions.

Pour un Français qui a toujours baigné dans le sacro-saint silence de cathédrale du vestiaire, avant un match, l'évolution est pour le moins saisissante. Je m'en suis vite rendu compte à Liverpool : si les notes de musique n'avaient rien d'assourdissantes, contrairement à l'ambiance surchauffée du vestiaire d'Arsenal, j'ai collectionné une belle bande de chambreurs. Ils n'arrêtaient pas une seconde. Ça partait de tous les côtés. Aucun joueur n'était replié sur lui-même, perdu dans ses pensées, ou son regard plongé dans ses chaussures. Cinq minutes avant d'en découdre, ils ne se prenaient pas le chou, ils se « remontaient les pendules » les uns les autres, et ils se préparaient à aller à la guerre, presque le sourire aux lèvres. Patrice Bergues me glissa une fois, avec l'air malicieux qui le quittait rarement : « Ils vont faire quelques mouvements de bras pour se mettre en jambes. C'est tout ce qu'on peut espérer d'eux… » Pour l'ancien professeur de gymnastique, la scène bafouait les fondamentaux mais elle valait son pesant d'or. Pour les joueurs, seul le match revêtait une réelle importance. Pour le reste… Et encore : si le joueur britannique ne se montre pas hyper démonstratif dans la victoire, il n'est nullement abattu dans la défaite. Le match est perdu ? Allez, *next* ! Ils se tournent rapidement vers le prochain, qui est le seul qui compte. Lorsque l'Olympique de Marseille a obtenu un résultat nul contre Liverpool, en Coupe d'Europe, mes joueurs ont été sidérés d'entendre des cris de victoire dans le vestiaire marseillais. Pour eux, cette manifestation de joie paraissait intempestive et incongrue. À la limite, ils étaient même choqués.

Pendant un certain temps, j'ai éprouvé le besoin de m'entretenir régulièrement avec Arsène. Je n'avais plus dirigé une équipe de club depuis une dizaine d'années et, pour reprendre pied et afin de retrouver mes marques, son expérience me fut d'une grande utilité. Tous les quinze jours, je lui passais un coup de fil pour l'interroger, ou pour lui demander un conseil. Une fois, je l'ai questionné sur un sujet qui me minait : « J'ai de gros problèmes défensifs, pratiquement en permanence. Dans mon organisation classique, avec mes quatre défenseurs évoluant en zone, ils me paraissent insolubles. Tu crois que je peux changer de système et passer provisoirement dans une formule différente, en 3-5-2 ? » Il m'avait répondu qu'il ne fallait pas avoir peur d'évoluer, et que l'important, dans un premier temps, pour un entraîneur, était de limiter la casse. Il m'encouragea à apporter des modifications. Comme j'ai pas mal galéré, au début, j'ai tenu compte de son opinion, même si elle venait d'un concurrent. Lui aussi avait rencontré quelques tourments dans les premiers mois qui suivirent son arrivée à Arsenal, et il ressentait parfaitement ce que j'éprouvais.

Lorsque le calendrier offrait un Arsenal-Liverpool, chacun de nous restait concentré dans « son » match, sans chercher à mélanger le sport et les sentiments. Avant le coup d'envoi, toutes les pensées d'Arsène sont focalisées sur son objectif, et rien ne saurait le distraire du but qu'il poursuit. Après le coup de sifflet final, en revanche, il tourne vite la page car il a du recul sur son métier. « Comment va la vie ? », me lançait-il parfois, après une confrontation endiablée qui avait remué les foules et agité nos joueurs respectifs. S'ils avaient déterré la hache de guerre sur le terrain, rien n'aurait altéré notre amitié : on aurait même pu fumer le calumet de la paix dans le rond central, sous leurs yeux, pour calmer les esprits.

À ce sujet, une image assez symbolique, qui nous met en scène tous les deux, raconte ce que représentent le football et les émotions qu'il procure. Elle a été prise à l'occasion de la finale de la Cup 2001, après le deuxième but de Michaël Owen. Il faisait une chaleur de plomb au Millennium de Cardiff, et on me voit animé par une joie indescriptible, les manches de ma chemise retroussées, le corps presque tordu par le plaisir intégral qui m'envahissait sur l'instant. En arrière-plan, Arsène semblait stoïque, comme gagné par une profonde tristesse, rendue plus poignante par la foule très dense dans laquelle sa silhouette se dessinait. Il ne faut pas oublier que le succès des uns fait aussi le malheur des autres, et que ce qui est vrai un jour peut se retourner contre toi un autre. Cette idée ne m'a jamais quitté. Elle m'a permis de tout relativiser.

Mais notre complicité, entre Arsène et moi, dépassait largement le score inscrit en lettres lumineuses sur un tableau d'affichage.

Le public ne connaît pas bien Arsène, souvent présenté comme un personnage austère. Il y a une profonde méprise sur l'homme : il n'a rien d'un moine tibétain, et il n'est pas le dernier à plaisanter pour égayer une soirée ou pour animer un repas. Il possède une philosophie de vie qui correspond parfaitement à la mienne. C'est la raison pour laquelle, au-delà de nos confrontations épisodiques sur le terrain de jeu, notre amitié est sincère, durable et… partagée.

Chapitre 23
LES CINQ GLORIEUSES

À la fin de certaines séances d'entraînement, il m'arrivait d'organiser une série de tirs au but, histoire d'installer les joueurs dans les circonstances de la compétition. Je les réunissais tous autour du rond central, pour les répartir en plusieurs équipes de cinq tireurs. Et le « cérémonial » commençait : chacun devait, à tour de rôle, marcher en direction du but, se présenter face au gardien, prendre le ballon, le poser sur le point de penalty, effectuer quelques pas en arrière, s'élancer et tirer. L'exercice m'intéressait beaucoup car il me permettait de découvrir ceux qui savaient résister au stress, et ceux qui, subitement, semblaient gagnés par une forme d'appréhension. J'observais avec attention ceux qui maîtrisaient leurs nerfs et ceux qui flanchaient. Pour un entraîneur, il y a là matière à une source précieuse d'enseignements. Devant le regard de tous ses copains, un joueur fait parfois un peu moins le malin ! Chaque essai raté était passible d'une amende de 100 livres, qui alimentait la caisse des joueurs, vidée chaque fin de saison pour régler un repas collectif.

J'ai procédé de cette façon avant chaque finale, ou à la veille d'une rencontre de Coupe d'Europe qui pouvait se conclure par une séance de tirs au but.

Bien m'en a pris avant la finale de la Coupe de la League qui nous opposait, le dimanche 25 février 2001, à Birmingham City, une équipe de Division One, classée 4ème de son championnat, entraînée par Trevor Francis, l'ancien joueur de Nottingham Forest dont j'ai déjà eu l'occasion de parler. Elle n'avait certes ni le statut de Manchester United, ni la renommée d'Arsenal ou la réputation de Tottenham, et c'est ce qui m'inquiétait, au fond : la motivation est plus naturelle quand vous affrontez un adversaire célèbre. Après avoir éliminé Chelsea, Stoke City, Fulham et Crystal Palace de la compétition, personne n'imaginait que l'on puisse trébucher sur la dernière marche qui mène à la consécration, et que l'on prive le peuple de Liverpool d'un trophée après lequel il courait depuis 1995. On ne passa pourtant pas très loin de l'accident industriel. Si Robbie Fowler ouvrit le score en notre faveur aux alentours de la demi-heure, Birmingham égalisa à la 92ème minute, dans les arrêts de jeu, sur un penalty qui ne devait rien à personne. Le scénario paraissait cruel pour nos couleurs, mais il fallait l'accepter. Que pouvions-nous faire d'autre ? Mais j'ai craint que la prolongation ne provoque un retournement de situation, et que la confiance change de camp. Et la peur avec elle.

Et puis se présenta la séance de tirs au but à laquelle nous nous étions préparés, l'avant-veille, dans une sorte de répétition générale, comme nous en avions pris l'habitude. Jamais je n'aurais pu imaginer une seule seconde que Dietmar Hamann échouerait dans sa tentative : il possédait une frappe redoutable, il démontrait toujours une belle maîtrise de ses gestes et, mentalement, il était l'un des plus solides de mon groupe, qui ne manquait pas de caractère. Fut-il victime de l'ambiance du Millennium de Cardiff, des hurlements des 80 000 spectateurs ou de tout autre facteur, d'ordre émotionnel ? Je l'ignore, mais le fait est qu'il rata son tir. Son échec faillit nous être fatal. Heureusement, notre gardien de but, lui, assura comme jamais.

À la fin de ma première saison à Liverpool, j'avais indiqué la porte de sortie à David James, qui avait perdu la confiance des supporters, et la mienne par la même occasion. Il était surnommé « Calamity James » pour les bourdes monumentales dont il s'était rendu maintes fois coupable. Fait aggravant : il était un membre actif de la fameuse bande des « Spice Boys ». Or, je voulais en finir avec cet esprit délétère qui minait le collectif et sapait l'autorité de l'entraîneur. L'Américain Brad Friedel débarqua pour le remplacer numériquement, mais j'ai longtemps cherché un gardien supplémentaire pour occuper un poste qui ne m'apparaissait pas suffisamment bien pourvu.

Ma cible numéro 1 se nommait Edwin van der Sar, qui fut à deux doigts de signer en notre faveur. Je connaissais Rob Jansen, son agent, avec lequel j'entretenais d'excellentes relations, et j'ai réellement pensé que son protégé quitterait son club, l'Ajax Amsterdam, pour nous rejoindre. Il se déplaça à Liverpool pour visiter les installations, il discuta avec le président et il sembla intéressé à l'idée de faire partie d'un projet nouveau et emballant. Mais au dernier moment, il se rétracta et il préféra s'engager avec la Juventus Turin où il joua très peu, avant de se résoudre à quitter l'Italie et à évoluer en Angleterre, d'abord à Fulham puis à Manchester United.

Du coup, je me suis replié sur un autre gardien néerlandais, Sander Westerveld, recommandé par Frans Hoek, entraîneur des gardiens de l'Ajax et de la sélection des Pays-Bas, auteur de plusieurs ouvrages de référence sur les méthodes d'entraînement, que j'avais eu l'occasion d'inviter au centre de Clairefontaine pour différentes opérations.

Comme tous les Hollandais, Sander Westerveld ne se posait pas de questions et manifestait une certaine assurance en ses capacités. C'est lui qui, en détournant deux tirs au but face aux joueurs de Birmingham City, nous a offert la victoire dans une finale qui sembla un moment mal engagée.

Il s'agissait de ma première finale de Coupe avec un club, a fortiori de ma première victoire. Mais au-delà d'une joie toute personnelle, je pensais surtout à ce peuple rouge en liesse qui retrouvait, subitement, une part de sa fierté évaporée.

J'ai davantage compris ce que Rick Parry m'avait signifié dès mon arrivée : « J'attends de toi que tu développes une philosophie générale pour galvaniser l'équipe, que tu lui donnes un style de jeu et que, bien sûr, tu lui permettes de gagner des matches. Mais ce club a une tradition, Gérard, et je tiens à te la rappeler : celle de remporter des trophées. Ta première mission repose d'abord sur cet objectif... »

Ce succès apaisa l'atmosphère autour du club et provoqua une forme de délivrance, auprès de notre public comme dans nos propres rangs.

Liverpool étoffait son palmarès, enfin !

Loin de se contenter de la conquête d'un trophée longtemps espéré mais trop souvent insaisissable, la presse de Liverpool s'empressa de fixer d'autres perspectives. Elle traça un chemin : « Pourquoi ne pas remporter le triplé ? », écrivait-elle, en évoquant la Cup et la Coupe de l'UEFA pour lesquelles nous étions toujours en course. La formule me titilla mais, avec mon esprit « français », je me disais qu'un tel objectif relevait du miracle, et qu'il valait mieux ne pas y songer. Mais la presse insista, reprenant et développant cette idée et, à la longue, une petite musique souffla autour de nous. Au point de me dire : « Eh bien, oui : pourquoi tu te fixes des limites ? Pourquoi ne pas tout gagner ? »

En France, seul le Paris Saint-Germain a réalisé le doublé Coupe de France-Coupe de la Ligue, sans même parler du titre de champion, mais il est l'exception qui confirme la règle. En général, le club qui remporte la Coupe de la Ligue donne l'impression d'avoir rempli sa mission et laisse tomber la Coupe de France.

En Angleterre, l'approche de la compétition diffère totalement.

Alors que j'avais intégré l'éventualité d'un échec, en Cup et en Coupe de l'UEFA, mon environnement me fit changer d'optique. Grâce au moral constamment exprimé par mes joueurs et à la lecture des articles des journalistes anglais, je me suis mis dans la peau de l'entraîneur qui pouvait tout gagner. Mieux : qui devait tout gagner. Et pourquoi pas, après tout ?

Mon premier combat se focalisa sur le calendrier, beaucoup trop chargé. Entre le 5 et le 19 avril, c'est-à-dire entre les demi-finales aller et retour de la Coupe de l'UEFA contre le FC Barcelone, notre programme ne nous proposait pas deux, pas même trois, mais quatre matches de championnat et de Coupe d'Angleterre. J'estimais que cet enchaînement démentiel anéantirait nos chances dans toutes les compétitions. Je l'ai dit à mon staff : « Ils vont me ruiner tout espoir de remporter la Coupe d'Europe ! », qui demeurait mon objectif principal. Pour défendre la cause de Liverpool auprès des dirigeants de la Premier League, je me suis déplacé à plusieurs reprises à Londres afin d'obtenir le changement de date d'un ou de deux matches. Quand les joueurs eurent vent de mes démarches, un jour, l'un d'eux m'apostropha avant un entraînement.

« Mais boss, pourquoi allez-vous sans arrêt à Londres ? Vous perdez votre temps ! Les matches, de toute façon, il faudra les jouer…

– Mais ça fait quatre matches en dix jours ! Ipswich, Leeds, Everton et Wycombe ! À ce rythme-là, on ne tiendra pas.

– Ce n'est pas grave, boss ! Quatre matches, c'est quoi ? Ne vous inquiétez pas. On va les jouer ces matches, et on verra bien… »

J'étais sous l'influence de vieux réflexes « français », quand on se lamente contre un calendrier encombré. On se plaint avant même de ressentir la moindre fatigue. La mentalité britannique n'a rien à voir, et le fait que les joueurs aient insisté auprès de moi pour abandonner toute démarche administrative provoqua une sorte de déclic. D'un coup, j'étais remonté à bloc.

Je me suis dit : « Non seulement on va les jouer ces matches, mais on va les gagner ! »

Autant je me sentais tendu avant la finale de la Coupe de la League, autant j'étais d'une totale décontraction avant celle de la Cup, sans doute parce que ce premier trophée acquis dans la difficulté nous libéra. Il s'agissait de la 120ème finale de l'histoire et, pour la première fois depuis 1923, Wembley et ses tours jumelles ne l'accueillaient pas, en raison des travaux de rénovation du stade. La tradition fut néanmoins respectée au Millennium de Cardiff, avec la présence d'un membre de la famille royale, le *God Save The Queen* et le tapis rouge. Les joueurs attachaient une importance considérable à un événement qui les transcendait. La veille, dans notre hôtel, Michaël Owen me confia, l'air émerveillé : « Boss, ce que l'on vit est fantastique. Le rêve de tout enfant, c'est de pouvoir jouer, un jour, une finale de Cup. Et demain, pour moi, ce sera le grand jour. » Il ne croyait pas si bien dire.

Mon staff était à l'unisson et Patrice Bergues, lui aussi, paraissait tout émoustillé. J'ai cherché à combattre toute forme d'émotion, pour me déconnecter d'un environnement qui incitait davantage à l'exaltation qu'à la concentration. J'ose l'avouer : j'étais davantage motivé par la conquête de la Coupe d'Europe. À part Luis Fernandez, dont je suis fier d'avoir été l'entraîneur au Paris Saint-Germain en 1986, aucun autre entraîneur français ne l'avait remportée, et je tenais absolument à être le deuxième représentant de notre pays à figurer dans le grand livre des coupes européennes.

Je me rappelle d'une autre discussion avec Michaël Owen, en fin de saison, lorsque nous avions célébré notre triplé avec l'ensemble du personnel du club. Les trois Coupes étaient disposées les unes à côté des autres sur une table, et les joueurs défilaient devant elles, parfois avec leurs épouses, pour une photo souvenir.

« Michaël, laquelle préfères-tu des trois ?
– Celle-là, coach. Sans aucune réserve, celle-là : la Cup !
– Tu es sûr de toi ?
– Ah oui, sûr et certain ! Pour un joueur anglais, il n'y a pas mieux.

Il m'interrogea à son tour.
– Vous coach, c'est celle-là que vous préférez, j'en suis persuadé !
– La Coupe d'Europe ? Oui, c'est vrai. Mais comment le sais-tu ?
– Oh, pas très difficile. Avant chaque match de Coupe d'Europe, on vous sentait remonté comme une pendule. Vous utilisiez des mots différents dans la causerie, qui nous donnaient envie de tout casser une fois entrés sur le terrain… »

À la réflexion, il n'avait pas tort. Je devais être plus aigu, plus tonique, plus percutant, plus pointu dans les jours qui précédaient un match de Coupe d'Europe. Il y avait ce parfum qui m'enivrait…

Mais pas question, toutefois, de prendre la finale de la Cup par-dessus la jambe ! J'étais comblé à l'idée d'affronter une équipe de la valeur d'Arsenal, même si je savais qu'au coup de sifflet final, il resterait un être malheureux sur le carreau : Arsène Wenger ou moi, selon les aléas de la rencontre. Mais je savais que rien ne remettrait en cause notre amitié, et c'était bien là l'essentiel.

À 1-0 en faveur d'Arsenal à une vingtaine de minutes de la fin, je ne donnais plus très cher de notre peau, d'autant que nous concédions de nombreuses occasions de but. Le 2-0 semblait tout proche, il nous pendait au nez, et il nous aurait été fatal.

Mais Michaël Owen, jusque-là très discret, entra en mouvement, pour devenir le héros du match, en assénant deux coups de patte subtils. Il égalisa d'abord à sept minutes de la fin, puis il marqua le deuxième but libérateur, cinq minutes plus tard, sur une action qui mérite d'être contée.

Sur une attaque d'Arsenal, Patrik Berger récupéra un ballon dans notre camp, et d'une longue transversale alerta Michaël, qui fila à toute vitesse, en laissant sur place Lee Dixon puis Tony Adams. Décalé sur le côté gauche, il frappa du pied gauche au ras du poteau opposé, et il trompa David Seaman. Totalement survolté, il se dirigea vers le banc de touche et me cria : « Boss, boss, *left peg, left peg* !... », en me montrant son pied gauche.

Dans le feu de l'action, il n'avait rien oublié.

Quelques mois plus tôt, en février 1999, à l'occasion d'un déplacement à Highbury, sur le terrain d'Arsenal, Liverpool n'avait pas été à la fête. Les trois-quarts du temps, l'équipe resta acculée dans notre camp, comme une formation italienne qui ne pense qu'à cadenasser le jeu. Je crois qu'Arsène déclara avec dépit après le match, conclu par un 0-0 : « Liverpool a parqué son bus devant sa surface de réparation... » Il n'avait pas tort.

À dix minutes de la fin, pourtant, Liverpool fut tout près de réaliser un véritable hold-up. Patrik Berger – déjà lui – lança Michaël Owen sur le côté gauche. Michaël crocheta son adversaire pour se placer sur son pied droit et s'ouvrir l'angle de tir, mais le gardien d'Arsenal stoppa sa frappe, bien trop prévisible pour se laisser berner.

J'ai laissé passer quelques jours avant d'intercepter Michaël, pour qu'il vienne discuter deux minutes dans mon bureau.

« Michaël, tu vas te retrouver souvent dans cette position. Au lieu de revenir chercher ton pied droit pour frapper, pourquoi tu ne travaillerais pas plutôt ton pied gauche ?
– Non, coach. Mon droit est le meilleur des deux. Je le garde et je vais insister avec lui…
– Si je suis défenseur, alors je saurai comment te prendre. Mais si tu veux améliorer ton pied gauche, l'ensemble du staff est à ton service. À la fin de l'entraînement, tu peux rester dix-quinze minutes supplémentaires, et tu fais des séries de frappes…
– Non, j'ai confiance en mon pied droit, ça va, coach, ça va. »

Deux ou trois semaines plus tard, il est revenu me voir, presque enthousiaste : « Bon, c'est ok, coach, je vais répéter des frappes du pied gauche… »

C'était tout le sens de sa petite phrase qui claqua à mes oreilles, au Millennium de Cardiff, deux ans plus tard : « *Left peg, left peg* ». Michaël était hyper doué, il possédait un talent fou, il excellait dans les volées, les dribbles et les frappes. Mais il avait compris qu'il devait progresser, que son registre s'étofferait et qu'il n'aurait pas à le regretter.

Il n'y a que dans le dictionnaire que le mot succès arrive avant le mot travail. Il venait d'en prendre conscience.

Après la joie indescriptible qui s'empara de nous tous, après le but victorieux de Michaël Owen, j'ai demandé à Robbie Fowler, Sami Hyypiä et Jamie Redknapp d'aller récupérer la Cup dans la tribune d'honneur. Robbie avait été désigné capitaine mais il ne jouait pas régulièrement, et Sami le remplaçait alors dans la fonction. Un Anglais du cru et un étranger : je trouvais le duo intéressant, et représentatif de notre effectif. Mais Jamie se glissa parmi eux car il était mon vrai capitaine de vestiaire, il apporta beaucoup à l'équipe par son charisme et le seul regret que je puisse exprimer, à son sujet, c'est de ne pas l'avoir rencontré lorsqu'il était plus jeune.

Les voir si heureux tous les trois représenta un autre temps fort. La scène me procura un bonheur intense, mais il est vrai que le bonheur se lisait sur tous les visages.

Avant la finale, Phil Thompson me prit à part, pour m'alerter sur un sujet qui lui tenait à cœur.

« Boss, sache que samedi soir, les joueurs feront la fête, quel que soit le résultat.

— Oublions cette tradition. La finale de la Coupe de l'UEFA est dans trois jours, et on n'en jouera pas une chaque année. Alors il va falloir soigner sa préparation et rester concentrés. Depuis septembre, on s'est battus comme des chiens pour éliminer Rome, Barcelone et Porto, on ne lâchera pas prise au moment crucial !

— Mais ce n'est pas possible, c'est la tradition…

— Eh bien, si, c'est possible ! On retardera le temps des célébrations !

— Mais la Cup, c'est la Cup ! On ne peut pas ignorer la tradition anglaise. Le samedi soir, après une victoire, on fête l'événement… »

Le problème se posa de façon aiguë le samedi en fin d'après-midi, au terme de notre 61ème match officiel et du succès qui l'accompagnait.

Dans le bus, j'ai organisé une réunion impromptue au milieu des joueurs pour cadrer la suite de la journée.

« Deux cas de figure se présentent à vous. Ou vous faites l'effort de différer les festivités et vous refusez de boire jusqu'au bout de la nuit, auquel cas nos chances de victoire, mercredi, demeureront intactes. Ou vous n'en êtes pas capables et, plus tard, vous le regretterez. Pensez-y ! Je ne vous demande pas la lune : à 1 h du matin, tout le monde au lit ! Ce sera une marque de caractère que d'avoir le courage de quitter le bar et de monter dans vos chambres. En avez-vous ou pas ? À 1 h, je le saurai… »

Je n'ai pas été déçu par mes joueurs. Mon message était passé, et chacun en respecta sinon la lettre, tout au moins l'esprit.

J'ai pu mesurer, alors, le chemin parcouru en quelques mois.

J'ai bien senti que notre finale de la Coupe de l'UEFA contre Alavès mobilisait l'ensemble de notre effectif, y compris les joueurs britanniques. Quant à moi, remporter un titre européen représentait le challenge que je m'étais fixé dès le premier jour de mon arrivée à Liverpool. Je ne me voyais pas trébucher. J'ai soigné ma causerie, la veille, en utilisant certaines images suggestives, en invoquant le cœur et en évoquant le sentiment de fierté. J'avais mis la dose.

Il fallait parachever le travail entrepris depuis huit mois : éliminations du Rapid Bucarest, de Slovan Liberec, d'Olympiakos, de la Roma, de Porto et de Barcelone, dans un long chemin sinueux qui ressemblait à un parcours du combattant, digne de la Ligue des champions. En douze matches, nous ne nous étions inclinés qu'une seule fois, et notre défense ne concéda que cinq buts. Celui qui me causa le plus de tracas eut lieu au Nou Camp sur un terrain large, où il n'est jamais facile de défendre. Avant la demi-finale aller, la presse anglaise fabriqua avec le FC Barcelone ce que la presse lyonnaise créera, plus tard, avec le Milan AC : une sorte de monstre imaginaire. Elle avait tellement bien réussi dans son entreprise que les joueurs de Liverpool, d'habitude insensibles à ce type de présentation, avaient été tétanisés par l'enjeu pendant une bonne demi-heure. Je ne les reconnaissais pas. Mais ils se reprirent par la suite.

Dans l'animation d'un groupe, le leadership exercé par l'entraîneur représente un transfert d'émotions. S'il se montre anxieux, il transmettra de l'anxiété à ses joueurs. S'il se révèle positif et enthousiaste, son équipe exprimera les mêmes qualités. S'il affiche son arrogance, elle le sera elle aussi. Et s'il garde la foi en lui, son équipe manifestera la même croyance en elle.

Avant la finale, j'avais la conviction que la victoire nous tendrait les bras. Le doute n'embarrassait pas mon esprit. Même à la fin du temps réglementaire, quand le tableau d'affichage indiquait un 4-4 à peine imaginable : on avait encaissé presque autant de buts en 90 minutes que tout au long de notre saison européenne, soit 1080 minutes. Au bord de la touche, j'ai conforté mes joueurs, quitte à en rajouter : « Concentrez-vous sur la défense de notre but, ne commettez pas d'impair derrière, le reste viendra tout seul... » Dans son tempérament, Liverpool était programmé pour marquer et, à la 118ème minute, le sort me donna raison. 5-4 en notre faveur !

Tout le monde se leva d'un seul bond du banc de touche pour se précipiter sur le terrain où les Espagnols, effondrés, tombaient les uns après les autres à terre. Je revois encore Patrice Bergues tenter de nous retenir : « Mais vous êtes fous, vous êtes fous ! Restez là, ce n'est pas fini... » Il avait oublié que le principe du but en or s'appliquait à la finale, et qu'il mettait un terme brutal à son incroyable intensité.

Pour la première fois, un club anglais signait un triplé historique, et Liverpool retrouvait sa place sur la carte de l'Europe, abandonnée depuis sa dernière consécration en 1984.

Mission accomplie. J'avais atteint mon but : gagner une Coupe d'Europe.

Après les célébrations d'usage dans le vestiaire, et l'euphorie qui gagna nos rangs, j'ai repris mon rôle de rabat-joie, avec un discours désormais parfaitement rôdé.

« La saison prochaine, soit vous serez chez vous confortablement installés dans votre canapé pour regarder la Ligue des champions devant votre écran de télévision, soit vous serez présents sur le terrain, pour la disputer et tenter de la gagner. C'est à vous de choisir. Samedi, à Charlton, nous devons assurer notre troisième place, qui n'est pas encore acquise. Ne sortez pas ce soir ! Ne buvez pas trop ce soir ! Encore trois jours à tenir, trois jours seulement, et vous ferez tout ce que vous voudrez après... »

Le seul à déroger à cette recommandation fut Dietmar Hamann. Vers 4 h du matin, alors que je discutais avec des membres de mon staff, je l'ai vu traverser le hall de notre hôtel. Il me la fit « à l'anglaise », sans chercher à se cacher. Il passa fièrement devant nous, et nous adressa un « *Good night* ! », entre ses lèvres...

Il est toujours difficile de se remobiliser après un exploit – et la conquête de trois Coupes en était un, qu'on ne mesure pas assez. À la mi-temps de notre dernier match de championnat sur le terrain de Charlton, j'ai haussé le ton comme jamais. À 0-0, on avait l'air malins ! Il s'agissait un peu de notre quatrième finale, et on passait à travers, en donnant le sentiment de lâcher prise. Mais quelques minutes après la reprise, Robbie Fowler délivra un geste de classe dont lui seul était capable. Sur un corner, il hérita du ballon, dos au but, en dehors de la surface, et il exécuta une reprise en demi-volée du droit qui se logea dans la lucarne. Un pur chef-d'œuvre. Après la rencontre, finalement remportée 4-0, je l'ai pris par les épaules.

« Mais comment as-tu fait pour marquer un but pareil, Robbie ?

– Boss, s'il y a une chose que je sais, c'est bien où se situe le but… »

Je l'aimais beaucoup, Robbie, même s'il m'en a fait voir de toutes les couleurs.

À Liverpool, des esprits malveillants le surnommaient le « *coke-head* », le type qui consomme de la cocaïne. Pour leur répliquer, il se livra à une scène provocatrice qui suscita un énorme scandale. Pour célébrer un but inscrit à Goodison Park, sur le terrain d'Everton, il se mit à quatre pattes et commença à sniffer la ligne des dix-huit mètres, imité par Rigobert Song qui ne trouva rien de mieux à faire que de l'accompagner dans son attitude déroutante. À la fin du match, face à la presse qui m'interrogeait, j'ai tenté de noyer le poisson du mieux que je le pouvais : « Vous savez, en France, il y a plusieurs façons de fêter un but : à Metz, par exemple, ils font la chenille, à Saint-Étienne, ils se transforment en guépard… » En rentrant chez moi, j'ai constaté que mes explications ne passaient pas : les images de Robbie tournaient en boucle sur toutes les chaînes de télévision, et c'est tout juste si les commentateurs ne m'accusaient pas de cautionner son geste.

Sur un ton amical, Peter Robinson me donna par la suite un conseil avisé : « Dans ces cas-là, Gérard, c'est simple : vous affirmez que vous n'avez rien vu, que votre regard était occupé ailleurs. Prenez exemple sur votre copain Arsène Wenger. Lui, c'est un champion ! Quand il y a une contestation, une bagarre ou un incident, il fait le sourd et l'aveugle. Il répond aux journalistes qu'il reverra tout ça plus tard à la télévision, et il gagne 24 ou 48 heures, parfois plus, pour donner son opinion. Faites comme lui la prochaine fois… »

La commission de discipline n'accorda aucune excuse à Robbie : il écopa de six matches de suspension, l'une des sanctions les plus lourdes jamais prononcées.

Il m'en a donné du fil à retordre !

Pour affronter notre « meilleur ennemi » Manchester United, dans le Charity Shield, je l'ai laissé dans les tribunes pour des raisons de comportement inacceptable. Un jour, il avait frappé en direction de Phil Thompson avec le ballon, avec une force et une violence intolérables.

Je l'avais pris entre quatre yeux.

« Tant que tu ne t'excuses pas, tu ne reviendras pas dans l'équipe…

— Ne comptez pas sur moi pour m'excuser !

— Tu sais à quoi tu t'exposes ?

— Pas de problème ! Prenez vos responsabilités, je prends les miennes. »

Deux semaines plus tard, Michaël Owen marquait deux buts fantastiques qui nous permettaient d'arracher la victoire contre West Ham, mais la presse anglaise concentrait encore ses commentaires sur l'éviction de Robbie Fowler de l'équipe. Les tabloïds en faisaient leurs choux gras.

Agacé, il finit par venir me voir.

« Là, boss, ce n'est plus possible. Michaël réalise des prodiges, et on ne parle que de moi dans les journaux. Ce n'est pas normal.

— Je ne te le fais pas dire. Tu en tires une conclusion ?

— Bon, c'est ok : je vais m'excuser auprès de Phil, et devant toute l'équipe… »

Robbie Fowler est à l'image des joueurs anglais, dont il est un symbole fort : ce ne sont pas des tricheurs. Quand ils dérapent, ils le reconnaissent et ils en assument toutes les conséquences. Vous pouvez les sanctionner, ils admettent que vous en avez le droit et ils respectent votre décision. Parfois, face à vous, ils sont même désarmants de gentillesse et d'esprit de contrition.

Pour la petite histoire, dans le bus qui nous ramena à Liverpool après notre succès sur le terrain de Charlton et le gain de la troisième place au classement de la Premier League, derrière Manchester United et Arsenal, qui assurait notre qualification pour la Ligue des champions, l'ambiance fut indescriptible. La bière avait coulé à flots pendant plusieurs heures. Ils l'avaient bien mérité.

En homme expérimenté, Bill Shankly avait coutume de dire au terme de chaque saison : « Une saison se réussit, ou pas, au lendemain de votre dernier match. Vous réunissez alors votre staff autour de vous, et vous prenez une feuille de papier. Vous écrivez les contours de l'équipe avec laquelle vous voudrez repartir après les vacances. »

Une méthode qui fit ses preuves, que je devais mettre en œuvre, à mon tour.

Mais la nouvelle saison débuta sur les chapeaux de roue par une troisième visite consécutive au Millennium Stadium de Cardiff pour y affronter Manchester United dans le cadre du Charity Shield qui lance traditionnellement la saison anglaise, et quinze jours plus tard à Monaco, par un rendez-vous prestigieux en Supercoupe d'Europe pour défier le Bayern Munich.

Je voulais que Liverpool se montre à la hauteur des deux événements. En s'imposant dans les deux finales, le club porta à cinq le nombre de ses trophées acquis pour la seule année 2001.

L'année de tous les records.

Une année inoubliable, à plus d'un titre.

Chapitre 24
MIRACULÉ

Je peux retourner le problème dans tous les sens, reprendre le cours de l'histoire à son début et la dérouler une nouvelle fois, j'en reviens toujours au même constat : une étoile bienveillante et protectrice, placée au-dessus de ma tête, m'a permis de rester en vie à l'automne 2001.

J'ai frôlé de si près la Grande Faucheuse, j'ai tellement vu ma dernière heure arriver, que je mesure, depuis le 13 octobre 2001, combien mon existence n'a tenu qu'à un fil.

Un fil ténu qui a tenu, je me demande encore comment.

Je suis un miraculé.

La réception de Leeds, à l'occasion de la 9ème journée, ne m'avait pas spécialement stressé. Certes, le leader du championnat comptait déjà cinq points d'avance sur Liverpool au classement, mais il n'y avait pas de quoi crier au feu, ni même déclarer la patrie des Reds en danger. Une saison de football ressemble à un marathon, qui nécessite une très grande constance et un sang-froid à toute épreuve : ce n'est pas au kilomètre 9 que la flamme rouge s'annonce. On était loin du but final : j'étais même persuadé que cette confrontation survenait à point nommé pour affirmer nos prétentions.

Harry Kewell avait ouvert le score dans la première demi-heure en faveur de Leeds et, à la pause, notre handicap d'un but nous plaçait certes dans une situation inconfortable, mais rien n'était perdu. En m'engageant dans le tunnel pour accéder aux vestiaires, j'ai réfléchi aux quelques mots qui pourraient remobiliser les joueurs. Mes interventions, à la mi-temps, se décomposent toujours selon le même tempo : une première phase d'observation, une deuxième d'explication générale, une troisième de discussions individuelles.

Avant même d'arriver devant la porte du vestiaire, j'ai ressenti une vive douleur au niveau de la poitrine. Un mal comparable à celui que j'avais enduré quelques jours plus tôt, après un match de football disputé avec l'équipe de France de la pub. J'ai aussitôt pensé à une grosse angine. Rapidement, la douleur, plus insistante, se diffusa au fond de ma gorge. Étrange sensation : j'étais « vidé », sans aucun ressort. Je commençais même à grelotter.

En revenant du Japon et de la Corée du Sud où s'était déroulée la Coupe des Confédérations, j'avais déjà accusé le coup, après avoir accumulé des nuits sans sommeil en raison du décalage horaire. Depuis le début de la saison, je payais la note et, parfois, j'avais plus l'impression de me traîner que d'entraîner. J'avais aussi recruté deux jeunes du Havre et un nouveau gardien de but, veillé à la préparation du tour préliminaire de la Ligue des champions, du Charity Shield et de la Supercoupe d'Europe. J'étais sur la brèche en permanence, sans aucun temps mort. On me trouvait pâle, fatigué, sans punch.

Dans ce vestiaire d'Anfield, où le moindre recoin m'était familier, mon corps ne répondait plus. C'est comme s'il brûlait de l'intérieur. Il ne m'appartenait plus. Il me lâchait. Je pris vite conscience que, sans une aide extérieure, je ne reviendrais jamais m'asseoir sur le banc de touche.

Pendant que les joueurs sortaient les uns derrière les autres en direction du terrain, j'ai attrapé Mark Waller, notre docteur, par la manche.

« Mark, je ne vais pas très fort. Donne-moi un cachet, une vitamine C ou fais-moi une piqûre...

Il me regarda fixement.

– Installe-toi là, je vais d'abord prendre ta tension.

– Inutile, je sais de quoi je souffre : un mal tenace à la gorge qui me poursuit depuis plusieurs jours et qui ne me quitte pas. C'est peut-être dû à la climatisation.

– Ne discute pas ! Allonge-toi sur la table...

J'ai pris la place d'Emile Heskey qui se faisait soigner une cheville et, vêtu de mon costume, je me suis retrouvé à l'horizontale. Le docteur me passa le tensiomètre autour du bras et, tout en reprenant sa respiration, il le rangea ensuite méticuleusement dans sa trousse.

– Gérard, on va aller tout de suite à l'hôpital.

– Non, Mark, tu n'y penses pas ! Le match va reprendre dans quelques instants...

Je me suis levé d'un bond pour me diriger vers la porte de sortie quand il se posta devant moi comme s'il voulait me fermer le passage.

– Gérard, écoute-moi bien : peut-être que tu n'as rien de grave mais on va tout de même se rendre dans les plus brefs délais à l'hôpital pour le vérifier. »

Il ne montrait aucun signe de panique mais l'intonation de sa voix ne laissait place à aucune alternative. C'était un ordre, je n'avais pas d'autre choix que celui d'obtempérer.

J'ai cru, sur le moment, qu'il était influencé par le destin douloureux de deux autres entraîneurs de Liverpool, et qu'il préférait jouer la « sécurité » pour éviter une troisième déconvenue. En 1991, Kenny Dalglish, saisi de vives douleurs à la poitrine, avait décidé de se retirer de la scène. La pression provoquée par la direction d'une équipe comme les Reds avait été redoublée par le choc du désastre de Hillsborough qu'il avait vécu dans sa chair comme dans son âme. Trois ans plus tard, Graeme Souness était passé, lui, sur la table d'opération pour y subir un triple pontage coronarien. Ils présentaient tous les deux des images de « durs », d'hommes solides que rien n'ébranlait. Peut-être ne laissèrent-ils jamais s'exprimer cette part de faiblesse à laquelle tout être humain a droit, sauf dans l'environnement implacable du football de haut niveau. Là, il faut montrer sa vigueur et sa puissance, constamment.

Jamais deux sans trois : et si, par malheur, j'étais le prochain sur la liste ?

L'ambulance ne mit pas longtemps à se garer devant l'entrée du stade, pour m'emmener à l'hôpital. J'entendais les clameurs du public, qui soutenait notre équipe avec ferveur afin qu'elle revienne au score. Moi, j'entrais dans l'univers du silence, allongé sur un brancard, avec Isabelle mon épouse à mes côtés, pour m'apaiser. Elle était présente au match, en compagnie de notre fils Pierre et du fils d'Alain Cayzac, et avait été alertée avant la reprise de la deuxième mi-temps.

Dans la salle des urgences, au Royal Hospital, atteint une dizaine de minutes plus tard, je me suis cru projeté dans une cour des miracles. De nombreux malades attendaient leur tour dans une salle trop petite pour accueillir autant de monde. Il y avait des accidentés de la route, des blessés allongés sur des brancards, qui semblaient attendre depuis un certain temps. Au bout d'une vingtaine de minutes, alors que je prenais mon mal en patience, perdu dans mes pensées, un membre du personnel hospitalier m'apostropha.

« Vous êtes Gérard Houllier, n'est-ce pas ?
– C'est bien moi.
– Passez derrière le rideau qui se trouve un peu plus loin, sur le côté, je vais vous examiner. »

Une demi-heure s'écoula, et les premières conclusions ne laissaient planer aucun doute. Les examens révélaient qu'un problème cardiaque était à l'origine de mon état fébrile. Mon chemin de croix ne s'arrêterait donc pas là, dans ce service d'urgences surpeuplé qui se remplissait au fil des minutes. « Je demande votre transfert immédiat à l'unité cardiologique du Broadgreen Hospital », m'annonça l'infirmier de garde.

Dans l'épreuve que je traversais, j'avais une chance incroyable dont je mesurerais toute l'importance ultérieurement : il n'existe que trois centres cardio-thoraciques en Angleterre, dont un situé à Liverpool, tout proche de Melwood, le terrain d'entraînement du club. Si une pareille mésaventure s'était présentée lors du match retour Leeds-Liverpool, par exemple, je n'appartiendrais plus au monde des vivants. C'est une certitude.

Après avoir pratiqué une échocardiographie, le cardiologue, très formel, ne tourna pas autour du pot : « Si vous n'êtes pas opéré dans les prochaines heures, vous mourrez ! » J'ai été abasourdi par ce langage direct. Et plus encore par ce qui allait suivre : « Mais je dois vous prévenir : vous n'avez que 25 % de chances de survivre à l'opération. » J'ai encaissé l'uppercut, comme un boxeur qui cherche à accompagner le coup. Mais j'étais plus énervé qu'abattu ou angoissé. Je me souviens lui avoir répondu : « Vous savez, j'ai toujours pris des risques dans ma vie, ça va marcher. »

Mon frère Serge, lui-même radiologue en Corse, me supplia, par téléphone : « Dis-leur de t'opérer le plus vite possible, de rentrer tout de suite en salle d'opération ! » Il avait compris ce que j'ignorais, à cet instant-là : j'étais victime d'une dissection de l'aorte. Le sang se répandait dans ma cage thoracique et autour du cœur, au point de provoquer un phénomène de tamponnade : je risquais de mourir d'étouffement. J'avais une poignée d'heures devant moi. Pas plus.

Quand je me définis comme un miraculé, ce n'est pas pour utiliser une clause de style, ni pour qu'on s'apitoie sur mon sort. La suite de ma journée du 13 octobre 2001 le démontrera, s'il en était besoin.

La chirurgienne de garde du Broadgreen Hospital souhaitait intervenir immédiatement mais le cardiologue de service suggéra plutôt d'entrer en contact avec Abbas Rashid, un chirurgien d'origine perse, considéré comme une sommité pour ce type d'opération. Habituellement, le samedi, il reconduit sa fille à l'université de Leeds mais, fatigué par une longue opération pratiquée la veille sur une petite fille de douze ans, il avait préféré rester chez lui pour se reposer. Il avait regardé la première mi-temps de Liverpool-Leeds à la télévision, avant de partir flâner en ville pour se changer les idées. Il était injoignable.

À son retour au domicile familial, son fils l'avertit aussitôt.

« Papa, il faut que tu appelles à l'hôpital. C'est urgent. On te cherche partout.

– Que me veut-on ?

– On m'a dit que tu étais attendu pour une opération.

– Une opération ? Aujourd'hui ? Je ne suis pas de garde. Qu'ils me laissent donc tranquille !

– Non, non, papa, ils m'ont demandé que tu les joignes dès ton retour à la maison. Fais-le, pendant ce temps-là, je vais préparer le thé. »

Écoutant son fils, Abbas Rashid s'empara de son téléphone et composa le numéro de l'hôpital.

« Mais pourquoi faites-vous appel à moi ? Je ne suis pas de service aujourd'hui, demandez au médecin de garde de s'en occuper !

– Non, non, il faut que ce soit toi qui opères. Il s'agit d'une personnalité importante…

– Qui est-ce ?
– Gérard Houllier.
– Gérard Houllier ? Mais vous plaisantez, c'est impossible ! Je l'ai vu sur le banc de touche, tout à l'heure, en suivant le match à la TV… »

Après avoir obtenu davantage d'explications, il accepta de renoncer à son jour de congé. Sans le savoir, en insistant auprès de son père pour qu'il rappelle l'hôpital, son fils Karveh a contribué à me sauver la vie.

L'opération débuta aux alentours de 19 h. Abbas Rashid fixa un cadre horaire pour préciser l'ampleur de l'intervention : « Je pense qu'elle durera entre cinq et six heures… », assura-t-il à Isabelle. Au bout de huit heures, un des chirurgiens sortit du bloc opératoire l'air sombre et s'adressa à ma femme, que mon frère Serge et mon ami Alain Cayzac, et son épouse Marinette, arrivés en provenance de Paris, venaient tout juste de rejoindre. « Allez vous reposer ! Je vous tiendrai au courant. Ce sera plus long que prévu. » Malgré la réparation de la valve aortique, le sang se répandait toujours dans la cage thoracique. En rentrant à notre domicile, vers 4 h du matin, Isabelle a pensé qu'il n'y avait plus d'espoir. C'est ce qu'elle m'avouera plus tard.

Alors que l'équipe médicale commençait à se décourager et à lâcher prise, Abbas Rashid se retira, seul, dans une pièce. Il avait besoin de faire le vide autour de lui, de se reconcentrer et de réfléchir. Au bout de quelques minutes, il rassembla tout le monde pour une remobilisation générale. Il fallait absolument trouver d'où provenait ce sang qui s'écoulait. Et ils finirent par le découvrir, à force de ténacité : la dissection de l'aorte s'était prolongée jusqu'à la carotide, qui se fissurait.

C'est là qu'Abbas Rashid réalisa un miracle, qui me doit d'être encore en vie aujourd'hui.

Il a d'abord eu l'idée géniale de baisser la température de mon corps à quatorze degrés, puis d'établir rapidement une sorte de dérivation depuis l'artère fémorale vers mon cerveau qui devait continuer à être alimenté. Sans irrigation pendant plus de 20 minutes, c'en était terminé pour moi. Une intervention chirurgicale d'une complexité inouïe et d'une minutie prodigieuse. Pendant trois heures, toute son équipe travailla sans relâche pour un résultat qui s'avérera exceptionnel.

Le dimanche 14 octobre, vers 7 h du matin, une fois l'intervention réussie, on me plongea dans un coma artificiel afin de me laisser endormi pendant trois jours.

Dans la semaine qui suivit, j'interrogeai Abbas Rashid, qui aura été mon sauveur.

« Mais pourquoi y avez-vous cru jusqu'au bout ?

– Parfois, au cours d'une opération, on a comme une illumination. On sait qu'on va y arriver malgré toutes les difficultés rencontrées. Cela s'est produit deux ou trois fois dans ma vie professionnelle… »

Le mardi midi, je me souviens vaguement qu'il se présenta dans ma chambre, à pas feutrés, face à moi. Il y eut un moment émouvant. J'avais les yeux mi-clos, je cherchais ma respiration. Il chuchota : « Gérard, si vous me voyez et si vous m'entendez, pouvez-vous m'adresser un sourire ? » J'ai esquissé un léger mouvement des lèvres et, comprenant que je l'avais entendu, des larmes glissèrent sur ses joues. Ce simple geste signifiait que mon cerveau était intact, et que l'opération avait été couronnée de succès.

Quand je suis sorti du service de réanimation, j'ai été dirigé vers une chambre spéciale. L'infirmier qui me surveillait 24 heures sur 24 était une vraie armoire à glace, genre troisième ligne de rugby. Il s'appelait Robbie. Quand j'ai su, le samedi 20 octobre, en fin d'après-midi, que Liverpool venait de l'emporter sur le terrain de Leicester sur le score de 4-1 avec trois buts signés par Robbie Fowler, je lui ai dit en rigolant, avec ma voix faiblarde :

« Votre homonyme, chez les Reds, il a réussi un truc super cet après-midi. Avec son hat-trick, il a accéléré ma guérison !

Il me regarda, amusé par ma remarque, et il répliqua dans la foulée.

– Mais ce n'est pas grand-chose par rapport à ce que le chirurgien a fait pour vous ! Lui, ce n'est pas trois buts qu'il a marqués, mais quatre ! Vous m'entendez bien : quatre !

– Quatre ? »

Je ne savais absolument pas ce que sa réflexion pouvait bien signifier. Le lendemain, Abbas Rashid m'expliqua en détail les différentes étapes de l'opération et les nombreuses interrogations qu'elles suscitèrent chez lui. J'ai donc appris qu'il avait exécuté en une seule fois des actes chirurgicaux correspondant à quatre opérations déjà très délicates prises chacune séparément.

Quatre buts pour sauver une vie. La mienne.

Depuis ce samedi 13 octobre 2001, j'accueille chaque jour qui naît comme un cadeau du ciel.

Chapitre 25
LES 157 MARCHES

J'étais tellement ému que je crois bien que des larmes coulèrent le long de mes joues, pour s'écraser sur le col de ma chemise.

C'était incroyable, c'était beau, c'était magnifique.

Comment rester de marbre face à une telle manifestation de sympathie ?

Comment ne pas être touché par tant d'affection à mon égard ?

J'avais les yeux rivés sur mon écran de télévision, chez moi, en compagnie d'Alain Cayzac, et je goûtais chaque seconde de la retransmission télévisée comme un pur moment de bonheur.

Quelques instants avant le coup d'envoi de Liverpool-Manchester, le dimanche 4 novembre 2001, à 13 h 15, un tifo géant coloria la tribune où se massait autrefois le Kop, ce mur vertical de supporters qui contribua à assurer la légende des Reds. Il y avait des milliers de cartons colorés, tenus à bout de bras pour symboliser un immense drapeau bleu-blanc-rouge et, en son centre, les initiales « GH ». Puis, dans un tempo parfaitement réglé, des milliers de gorges rouges ont entonné le refrain « Gérard, Gérard

Hou-Houllier », sur l'air du *Go West* des Pet Shop Boys. C'était le tube du printemps, que les fans avaient joyeusement imposé à Cardiff pour nos victoires en Coupe de la League et en Cup, puis à Dortmund pour notre succès en finale de la Coupe de l'UEFA.

Une vague d'émotion me submergea. J'avais presque le souffle coupé. J'avais peine à le croire.

Tout ça pour moi ?

Dans la semaine qui précéda ce classique du championnat d'Angleterre, Alex Ferguson est venu me rendre visite pour prendre de mes nouvelles et discuter une heure avec moi. Une marque d'amitié qui me toucha en plein cœur, lequel avait bien besoin qu'on s'occupe de lui. Il ne fut pas le seul technicien de Premier League à se présenter à mon chevet : Arsène Wenger, David O'Leary, l'entraîneur de Leeds, et Walter Smith, celui d'Everton, passèrent aussi me voir, démontrant qu'au-delà de notre rivalité sportive des liens amicaux et respectueux nous unissaient. Sven Göran Ericksson, le sélectionneur de l'équipe d'Angleterre, se déplaça lui aussi. On peut se combattre sur le terrain et s'apprécier en dehors. C'est le côté pile et face de notre métier.

Plus les jours défilaient, plus les messages de soutien se sont accumulés au pied de mon lit. La plupart émanaient de personnes inconnues, souvent très attachées au club de Liverpool, qui m'adressaient leurs encouragements. Des enfants m'ont envoyé des peluches, et j'ai reçu tant de fleurs, dans les premiers jours qui ont suivi mon opération, qu'il a fallu les distribuer dans plusieurs chambres de l'hôpital. Un jour, un fleuriste déposa des orchidées blanches, un cadeau d'Elton John qui me souhaitait un prompt rétablissement. Je me souviens aussi que David et Victoria Beckham furent parmi les premiers à m'expédier un fax. Même Lionel Jospin, le Premier ministre de l'époque, se manifesta pour me souhaiter de reprendre au plus vite mes activités professionnelles.

Pendant longtemps, je suis resté hyper-sensible, presque à fleur de peau, et le moindre petit signe de réconfort m'insufflait une bonne dose d'énergie en vue de ma guérison.

Les médecins du Broadgreen Hospital ont vite compris que mon immobilisation forcée n'altérerait en rien ma passion pour le football. Portable sous l'oreiller, télévision câblée installée dans ma chambre, j'ai suivi les deux derniers matches de Liverpool en poules de la Ligue des champions, « marqué à la culotte » par deux infirmières chargées de contrôler ma tension artérielle. Quand Boavista égalisa à 1-1, lors du premier, le moniteur n'indiqua aucune variation. Une semaine plus tard, à la mi-temps de notre match décisif contre le Borussia Dortmund, j'ai tenté de joindre Phil Thompson à six reprises sur son portable. Mais j'avais moi-même édicté une règle de base à mon arrivée à Liverpool : interdiction formelle d'utiliser les téléphones dans le vestiaire. Après la victoire (2-0), il allumera son mobile, découvrira mes messages et m'appellera pour qu'on fasse ensemble le point de la situation.

Je vivais chaque événement avec une intensité démultipliée, probablement à cause de la distance. Parfois, j'allais au-delà des limites autorisées. Après notre défaite en Ligue des champions, à domicile, contre Barcelone (1-3), la première depuis que Phil Thompson avait repris en main l'équipe, je l'ai senti un peu perdu. Je me suis alors davantage impliqué car, le dimanche suivant, Liverpool recevait Sunderland avec l'espoir de conserver une première place au classement à laquelle tout le monde voulait s'accrocher. Je n'aurais pas dû me mêler d'une affaire qui m'a dévoré une énergie folle. Le samedi soir, après le dîner, une violente douleur traversa ma poitrine pendant plusieurs minutes.

Je croyais que j'allais m'écrouler définitivement. Je suffoquais. Le chirurgien diagnostiqua une inflammation, et il me ramena à la raison. Il fallait que je coupe avec le football. Facile à dire. Je lui ai fait comprendre qu'il était vain de chercher à m'en priver : « Le football, c'est ce qui me fait respirer. Je n'ai pas envie d'arrêter de respirer ! »

Il en profita pour m'alerter sur mon état de santé : tôt ou tard, il serait nécessaire, à son avis, d'opérer l'artère iliaque, qui permet l'apport de sang oxygéné. Une poche se formait et gonflait, au risque de provoquer des dégâts irréparables. Une intervention est programmée dès que la dilatation de l'artère atteint trois centimètres car le risque de rupture devient alors trop sérieux. Je me trouvais dans ce cas-là. Il craignait que je ne sois victime un jour d'un anévrisme.

Je ne pouvais pas reculer devant pareille évidence. Il fallait que je repasse sur le billard.

Il existait deux spécialistes, en France, pour ce type d'opération : l'un basé à Paris, l'autre à Marseille. J'ai préféré choisir le Centre Hospitalier de la Timone, le plus important de la région PACA, où mon inscription a été enregistrée sous le nom d'emprunt de « 8 février ». 8 février, comme le 8 février 2002, le jour de mon arrivée sur les bords de la Méditerranée. Je voulais éviter que l'information ne soit divulguée, notamment auprès des journalistes anglais qui ne m'auraient pas laissé un seul moment de répit. L'anonymat me préservait de leur curiosité. J'ai pu bénéficier d'une chambre à l'écart, mise spécialement à ma disposition, et le secret fut bien gardé. Débarqué d'Angleterre, Abbas Rashid logea pendant une semaine dans un hôtel situé près du Vieux-Port, pour s'assurer que ma prise en charge se déroulait convenablement. Je n'ai eu qu'à me réjouir de sa présence. Dans la nuit suivant mon opération, j'ai été victime d'une hémorragie interne, qui aurait pu être fatale. Je fléchissais à vue d'œil et je me sentais tellement faible que je ne distinguais plus rien autour de moi. De vagues formes, des couleurs pastel, l'entrée d'un tunnel. Puis un trou noir. Je divaguais. L'infirmière m'adressa plusieurs tapes sur le visage afin que je reprenne mes esprits, mais je restais à demi-conscient.

Réveillé en urgence en pleine nuit, Abbas Rashid accourut. Il fallait me réopérer d'urgence. Ça ne s'arrêterait donc jamais !

Personne n'a jamais rien su de ce nouvel épisode, que j'évoque ici pour la première fois.

Je me suis accroché chaque jour davantage et, le temps faisant son œuvre, j'ai repris peu à peu mon équilibre. Je n'avais qu'une idée en tête, comme une obsession : je tenais à effectuer le plus rapidement possible mon retour à Liverpool. Le terrain me manquait trop, la compétition aussi. Il fallait que je les retrouve.

Si je m'étais écouté, je serais revenu encore plus tôt, mais j'aurais joué avec le feu. Après notre résultat nul à Barcelone en Ligue des champions, un résultat qui nous laissait une chance de qualification pour les quarts de finale, j'ai souhaité réapparaître pour la réception de l'AS Roma de Fabio Capello, sur notre terrain d'Anfield. Une rencontre trop spéciale pour la suivre ailleurs qu'à ma place préférée : sur le banc de touche.

Dès le samedi, trois jours avant notre rendez-vous européen, j'ai évoqué cette hypothèse à Phil Thompson auquel j'ai réclamé la discrétion la plus absolue. Je ne voulais pas que la presse de Liverpool se focalise sur ma rentrée et que l'attention du public se détourne de l'équipe et du challenge qui s'offrait à elle. Il y avait une place à conquérir parmi les huit meilleurs clubs du continent. Une situation qui ne s'était plus présentée pour les Reds depuis 1985, l'année du drame du Heysel, à Bruxelles.

Vers 15 h, l'après-midi du match contre la Roma, je suis entré en contact avec David Moores et Rick Parry pour les aviser de mes intentions. Phil Thompson avait gardé la confidence pour lui et la direction du club exprima à la fois sa surprise et sa satisfaction. Deux heures plus tard, j'ai pénétré incognito dans l'enceinte de l'hôtel Marriott par la porte de derrière pour éviter de me faire remarquer et d'attirer l'attention. Direction le salon où le staff technique et l'ensemble des joueurs étaient regroupés, pour la collation et les dernières consignes. Ils marquèrent eux aussi leur étonnement lorsque j'ai pénétré dans les lieux et, passé ce moment de trouble, j'ai entamé ma première causerie depuis le match contre Leeds.

En ce mardi 19 mars 2002, 157 jours après mon opération, j'ai eu le vague sentiment que rien n'avait fondamentalement changé, et que tout revenait naturellement à la surface. Les images du 13 octobre 2001 rôdèrent quelques instants dans mon esprit, mais elles s'évaporèrent au fil des minutes.

J'ai eu l'immense plaisir de me retrouver face à Fabio Capello qui me serra dans ses bras pendant une minute, qui me parut une éternité. J'étais touché par tant d'affection.

Au fond, je me sentais hyper-contracté et, en même temps, tellement heureux de me replonger dans mon cadre de vie habituel. Le stade, les vestiaires, les maillots, le tunnel, le terrain, le banc de touche, les tribunes, les supporters : comme si je les avais tous quittés la veille. Comme si le puzzle rouge se reconstituait, morceau par morceau, sous mes yeux.

Liverpool l'emporta 2-0, face à une équipe italienne accrocheuse et généreuse, dans une ambiance extraordinaire. Et l'équipe termina la saison à la deuxième place de la Premier League, qualificative pour la Ligue des champions, derrière Arsenal mais devant Manchester United.

Je ne savais pas, en la bouclant, combien il me serait si difficile d'enchaîner sur la suivante.

Une heure d'opération nécessite, dit-on, un mois de récupération. J'en avais passé près de douze, allongé sur le billard, entre les mains du chirurgien. Il aurait été sage que je m'accorde une année complète de repos pour recouvrer l'intégralité de mes moyens physiques.

Pour ne pas m'être plié à cette règle fondamentale, j'ai refusé l'évidence, me croyant plus fort que je n'étais.

Et je l'ai payé.

Chapitre 26
THE END

Je n'ai pas suivi à la lettre tous les préceptes de Bill Shankly : je ne me suis pas accordé suffisamment de temps pour améliorer l'équipe lors de l'intersaison 2001-2002. Emporté par la tourmente des événements, affaibli par les séquelles de mon opération, je me suis égaré dans un recrutement qui n'a pas été à la hauteur des enjeux. Les joueurs engagés n'ont pas été en phase avec l'esprit de Liverpool, ni même avec son nouveau standing. Je reconnais mon erreur, qui eut pour conséquence de ralentir notre progression.

Ma première faute, peut-être, consista à ne pas conserver Nicolas Anelka dans un effectif où il commençait à trouver ses marques et où il était plutôt bien admis par ses partenaires.

Lorsque j'ai eu vent de ses relations conflictuelles avec Luis Fernandez au Paris Saint-Germain, au début de l'année 2002, je me suis dit qu'il y avait peut-être un coup à tenter, d'autant qu'un agent anglais m'adressa des appels pressants du pied. Je connaissais Nicolas pour l'avoir intégré dans ma sélection pour le Championnat du monde des moins de 20 ans en Malaisie, en 1997. Son comportement prêta alors à confusion, et je voulais m'assurer que son attitude avait changé avant de lui proposer quoi que ce soit. Inutile de repartir ensemble si nous n'étions pas sur la même longueur d'onde.

Je l'ai donc invité à me rejoindre en Corse pour une discussion franche et sans concession. Depuis plusieurs semaines, je me reposais sur l'Île de Beauté, où j'avais retrouvé, pendant les fêtes de Noël, un autre grand malade du football français : Guy Roux, opéré d'un double pontage coronarien en novembre 2001. Par un hasard le plus total, nous avions réservé chacun une chambre dans le même hôtel, « Le Maquis », pour accomplir notre convalescence dans les meilleures conditions. Une coïncidence qui donna quelques idées à la presse : *Paris Match* nous photographia face-à-face en train de nous livrer à une partie de baby-foot endiablée, et *Téléfoot* organisa un duplex, un dimanche matin, pour la réalisation d'un sujet de plusieurs minutes.

Pour plus de discrétion, j'avais donné rendez-vous à Nicolas Anelka au domicile de mon frère Serge, qui réside près d'Ajaccio. Durant notre conversation, il m'apparut calme et attentif, manifestement désireux de prendre un nouveau départ et de réintégrer l'Angleterre après son passage à Arsenal de 1997 à 1999, qu'il quitta pour le Real Madrid.

« Sous la condition de l'accord du PSG, qui reste à conclure, je suis disposé à te prendre pour un prêt de six mois...

– Ça me va.

– Au printemps, on fera le point ensemble, et on verra pour la suite, si tu restes avec nous ou pas.

– Pas de problème, je suis d'accord ! »

Robbie Fowler venait de quitter Liverpool pour Leeds, Emile Heskey connaissait quelques pépins et Michaël Owen éprouvait des problèmes physiques récurrents, qui contrariaient ses performances. J'avais besoin de renforcer mon secteur offensif avec une « pointure ». Nicolas s'imposa d'entrée avec un but inscrit dès son premier match, le 5 janvier contre Birmingham City en Cup, et il prouva très vite qu'il n'était pas qu'un sprinteur, ni même qu'un buteur. Il pouvait également évoluer dans un rôle plus reculé, et ce registre m'intéressait.

Tout semblait en place pour qu'il prolonge son bail avec les Reds lorsqu'une rumeur qui circulait en boucle dans le milieu du football anglais revint à mes oreilles et me contraria beaucoup. Ses deux frères entreprenaient, paraît-il, la tournée des clubs pour tenter de vendre Nicolas à celui qui mettrait le plus d'argent sur la table des négociations. Au moment même où je contribuais à la résurrection de sa carrière, ils entamaient une ronde pour l'aider à emprunter un autre chemin. Quelle ingratitude !

Dans le courant d'avril, alors que j'avais repris un service actif depuis quelques semaines, ils demandèrent à me rencontrer. Je n'allais pas laisser passer l'occasion de leur dire mes quatre vérités. Un rendez-vous fut conclu dans le salon d'un hôtel de la rue Saint-Honoré, à Paris. Ils cherchaient à savoir si Liverpool lèverait l'option d'achat qui avait été fixée à 13 M€ par le Paris Saint-Germain.

Rick Parry m'accompagnait, l'air entendu. Avec sa complicité active, je décidais d'attaquer d'emblée.

« Avant d'engager la discussion sur le fond, je tiens à vous dire une chose, les yeux dans les yeux, à vous deux : vous n'êtes ni loyaux, ni fiables ! »

Stupeur dans la pièce.

L'un des frères s'insurgea. Il paraissait énervé, ce que je comprenais vu le ton que j'avais employé.

« Qu'est-ce que vous nous dites là ? C'est quoi cette histoire ? Vous pouvez répéter ?

— Vous avez la mémoire courte, tous les deux : lorsque je lui ai tendu la main pour qu'il se relance chez nous,

Nicolas était au fond du trou. Je suis satisfait de son comportement et, depuis qu'il porte le maillot de Liverpool, il s'est réinstallé dans une dynamique positive. Et vous, que manigancez-vous dans mon dos, pendant ce temps-là ? Vous démarchez les clubs pour le proposer à droite ou à gauche…

– C'est faux ! C'est absolument faux ! Qu'est-ce que vous nous racontez là ?

– Ah bon, vous êtes sûrs de vous ?

– On n'a sondé personne, vous êtes mal renseigné.

– Heureux de vous l'entendre dire. Mais pour en avoir le cœur net, je vais appeler Arsène Wenger tout de suite, devant vous, et nous verrons bien qui dit la vérité. Il pourrait sans doute éclairer notre lanterne, la mienne comme la vôtre…

Une semaine auparavant, Arsène m'avait appelé : il voulait connaître les raisons pour lesquelles je ne souhaitais pas conserver Nicolas à Liverpool. Il venait de recevoir un appel de ses frères qui lui demandaient si le projet de le reprendre à Arsenal pouvait l'intéresser.

– Non, pas la peine de l'appeler !

– Mais si, mais si ! Il aura sans doute des éléments édifiants à nous révéler.

– Inutile. Il est exact qu'on a été en relation avec Arsène Wenger, mais c'est lui qui nous a contactés.

– De mieux en mieux. Eh bien, raison de plus pour le joindre immédiatement, pour savoir qui de vous ou de lui a fait le premier pas vers l'autre.

– Non, non, non ! »

Pour la première et la seule fois de ma vie, à cet instant-là, j'ai vu des Noirs rougir. Notre « négociation » partait sur des bases élevées. Mais après avoir haussé le ton pour signifier mon irritation, je suis resté sans voix lorsqu'ils me présentèrent les exigences salariales de Nicolas pour continuer à revêtir le maillot des Reds. Ils mettaient la barre à 400 000 € par mois, net d'impôts bien sûr. Ils consentaient éventuellement à descendre à 350 000 €, dans leur extrême générosité, mais pas en dessous de cette limite. La revendication était tellement exorbitante que ma réponse fusa, sans la moindre hésitation.

« Rigoureusement impossible. Vous rêvez : Liverpool ne peut donner une telle somme ! »

On en resta là, pour cette fois.

Soucieux de se débarrasser coûte que coûte de Nicolas Anelka, dont il ne voulait plus, Laurent Perpère, le président du PSG, me sollicita à de nombreuses reprises, croyant que je finirais par lâcher prise et par lever l'option d'achat. Il fut même à l'origine d'une légère fâcherie avec mon ami Alain Cayzac qui pensait, lui aussi, que je soulagerais les finances du club si cher à son cœur. Il y eut une forme d'incompréhension entre nous deux, qui ne prêta heureusement pas à conséquence pour la suite de nos relations. Liverpool refusait catégoriquement d'assumer le risque budgétaire d'une telle opération, et le club entendait se prémunir du danger de la division du vestiaire. Les disparités salariales conduisent si souvent à son explosion qu'il valait mieux éviter de tenter le diable.

Le dernier jour de la saison, Nicolas frappa à la porte de mon bureau. Il souhaitait me parler, histoire de me « tester ».

« Vous savez, je suis prêt à consentir des sacrifices financiers. Ce ne sont pas mes frères qui décident. C'est moi. J'aime ce club où je me sens bien…

– J'en ai conscience, Nicolas, mais il est trop tard pour revenir en arrière. La décision est irrévocable : tu ne resteras pas à Liverpool. C'est fini… ».

En prononçant ces mots, je savais que la conclusion d'un accord plus raisonnable aurait toujours pu se concevoir.

Nicolas serait rentré dans les clous, j'en suis persuadé, et chacun y aurait finalement trouvé son compte. Mais je m'étais déjà engagé auprès d'El-Hadji Diouf, et tout revirement de ma part était impensable.

Dommage : son recrutement n'a pas représenté l'opération la plus judicieuse de ma carrière. C'est le moins que je puisse dire.

Dans ma stratégie de recomposition de l'équipe, j'avais enrôlé Salif Diao pour tenir le poste de milieu défensif, de telle sorte que Steven Gerrard puisse se positionner plus haut sur le terrain où son art de la passe juste nous serait profitable. Et, pour renforcer l'attaque où Jari Litmanen baissait de pied, j'avais donc fait appel à El-Hadji Diouf, qui s'était illustré sous les couleurs du RC Lens, qui avait terminé deuxième du championnat derrière Lyon. Sur le papier, mon dispositif tactique tenait la route. Mais entre les inscriptions sur le tableau noir et l'animation sur le rectangle vert, il y a de la marge. Elle est même parfois considérable.

Je pourrais invoquer des circonstances atténuantes, liées à ma situation personnelle, mais il serait vain de rechercher des excuses. Je me suis planté dans mes choix, je l'assume, et ils furent en partie à l'origine de la détérioration du climat au sein du groupe.

Le talent de Diouf n'est nullement en cause. Mais son état d'esprit ne correspondait pas à la culture du club, et les excentricités qu'il multipliait à l'envi agaçaient à peu près tout le monde. Il était « faux » dans son comportement et, entre ce qu'il affirmait et ce qu'il montrait, il existait un gouffre tellement important qu'il mettait les gens mal à l'aise. On le sentait davantage préoccupé par son image que par le souci de servir le collectif. À Liverpool plus que dans n'importe quel autre club, le défaut est rédhibitoire.

Et puis, fait aggravant, il crachait ! Oui, il crachait ! Il ne cessait de cracher sur ses adversaires ou sur les spectateurs, et cette manie épouvantable créa une crispation générale à son endroit. On le comprend.

Il dépassa les bornes le 13 mars 2003 lors du quart de finale aller de la Coupe de l'UEFA sur le terrain du Celtic Glasgow. L'ambiance dans le stade, comme à l'habitude, était absolument géniale. Les 80 000 spectateurs écossais hurlaient leurs encouragements comme jamais, dans un climat certes électrique mais tout à fait pacifique. J'en avais la chair de poule, tellement les clameurs fendaient l'atmosphère. Sur une action en toute fin de match, Diouf se laissa emporter par son élan et il termina sa course dans le public, au milieu des supporters du Celtic. L'un d'eux eut le malheur de lui donner une petite tape sur la nuque au moment de la remise en touche et, se retournant brusquement, Diouf lui expédia un mollard en plein visage. Le gamin avait sept ou huit ans, et son père, furieux, était hors de lui. Il faillit descendre sur le terrain pour faire le coup de poing. Il n'y a pas pire offense, au Royaume-Uni, que de cracher sur quelqu'un. La conduite inacceptable de Diouf lui valut une sanction financière correspondant à deux semaines de salaire, décidée par la direction de Liverpool, et une suspension de la part de l'UEFA. La police écossaise, saisie de l'enquête, avait même transmis son dossier au procureur. Ou comment transformer une fête du football en un piteux fait divers. Voire en une affaire d'État.

Autant je me suis entouré de toutes les garanties, les années précédentes, sur la mentalité des joueurs, autant à partir de 2002, j'ai trop laissé flotter les rubans. J'ai manqué de volonté et d'opiniâtreté, amoindri physiquement et psychologiquement par une opération dont j'ai eu du mal à me remettre.

Dans cette période, un agent à la réputation trouble m'embarqua dans un projet dont la cohérence semblait a priori se tenir. D'un côté, il mettait tout en œuvre pour expédier Nicolas Anelka à Manchester City, de l'autre, il m'indiquait la piste de Frédéric Kanouté, l'ancien avant-centre franco-malien de Lyon, dont les qualités techniques étaient indiscutables. J'ai appelé une première fois le joueur pour m'entendre dire : « Impossible de le déranger, il fait sa prière. » Une heure plus tard, j'ai tenté à nouveau ma chance, espérant enfin pouvoir lui parler. « Désolé, mais sa prière dure trois heures, il ne sera pas libre avant. » J'ai préféré abandonner d'autant qu'Harry Redknapp, l'entraîneur de West Ham, se montrait particulièrement gourmand dans la transaction.

Tout ne fut pas noir, toutefois, à cette époque. Notre victoire en finale de la Coupe de la League 2003 face à Manchester United (2-0) porta à six le nombre de trophées gagnés depuis mon arrivée à Liverpool. Cinquième en 2003, Liverpool terminait à la quatrième place de la Premier League en 2004, assurant du même coup sa présence au tour préliminaire de la Ligue des champions. Il n'y avait pas de quoi crier au génie mais aucune raison, non plus, de se lamenter. J'ai pourtant senti un décalage entre ce que l'équipe était capable de proposer et ce que le public attendait d'elle. La pression placée sur mes épaules devenait d'autant plus forte qu'une trentaine d'anciens joueurs ou entraîneurs de Liverpool collaboraient régulièrement avec les médias écrits et audiovisuels, régionaux ou nationaux, et ils n'étaient pas tous tendres dans leurs jugements. Certains se faisaient même un malin plaisir d'enfoncer le fer rouge. Bobby Robson, l'entraîneur de Newcastle, m'a confié un jour : « Tu as la malchance d'avoir sur le dos des gens que, par bonheur, je n'ai pas à subir. » J'avoue que les critiques incessantes étaient parfois lourdes à supporter, d'autant que le Board ne me témoignait plus le même soutien indéfectible.

Dans le courant d'avril, David Moores nous invita dans sa superbe propriété du Lake District, le plus grand parc national d'Angleterre, situé au nord-ouest du pays. Sa magie exalta le sentiment de la nature chez toute une génération de poètes romantiques, et pendant un week-end prolongé, en compagnie de Phil Thompson et de son épouse, nous avons vécu, Isabelle et moi, des heures délicieuses. Au contact de ce territoire sauvage, j'ai eu l'impression de me ressourcer. Presque de renaître. Un vrai bol d'oxygène.

Le lundi, le conseil d'administration du club tenait sa séance hebdomadaire, et une projection sur la saison suivante figurait à l'ordre du jour de nos discussions. Mon contrat, qui avait été réaménagé en 2002, comportait une option d'une année supplémentaire que les administrateurs, m'ont-ils appris ce jour-là, ne souhaitaient pas lever. Première nouvelle, plutôt désagréable.

Je me suis aussitôt tourné vers David Moores, pour lui signifier mon étonnement.

« Vous auriez pu me l'annoncer hier !

– Je ne voulais pas gâcher notre week-end.

– Donc, si je comprends bien, toute cette mise en scène, ce n'était que du cinéma... »

J'ai tenu à afficher mon désappointement pour la forme car j'aurais préféré davantage de transparence. Mais, sur le fond, je ne pouvais que m'incliner devant leur décision. J'avais puisé dans mes réserves physiques et mentales pour renouer avec mes activités en mars 2002, et l'énergie me manquait pour poursuivre mon chemin. Je tirais la langue. J'étais au bout du rouleau. Jusqu'à l'âge de 54 ans, je me croyais indestructible, imperméable à tous les aléas de la vie, mais mon corps m'a peu à peu ramené aux dures réalités. Je devais l'admettre, sans me raconter d'histoire.

J'ai souhaité rester positif et rien, d'ailleurs, ne m'exhortait à la mélancolie ou à la nostalgie. En signant à Liverpool en 1998, j'avais reçu la mission d'installer le club dans le XXIème siècle, et il me semblait l'avoir menée à bien. Je m'étais occupé de l'ensemble du programme de construction du nouveau Melwood, le centre d'entraînement qui permettait aux Reds de posséder un outil de travail performant. Avec la conquête de six trophées, dont une Coupe de l'UEFA et une SuperCoupe d'Europe, j'avais le sentiment du devoir accompli, même si je ressens encore aujourd'hui la frustration d'être passé à côté du titre de champion d'Angleterre. Le seul, finalement, qui manque à mon palmarès anglais.

Après six ans de présence à Liverpool, la direction de 307 matches toutes compétitions confondues, dont 216 de Premier League et 52 de Coupe d'Europe, j'ai tourné la page avec un pincement au cœur, forcément.

Mais lorsque Rick Parry m'a glissé à l'oreille, en me saluant une dernière fois : « Grâce à toi, Liverpool a retrouvé sa place sur l'échiquier européen », j'ai éprouvé une vraie fierté.

J'avais réellement conscience, en quittant les lieux et le peuple de Liverpool, que je ne marcherais plus seul. Plus jamais seul.

Chapitre 27
AULAS, CŒUR DE LYON

Depuis mes ennuis de santé, et ma reprise précipitée au printemps 2002, j'ai lutté de toutes mes forces pour boucler chaque fin de saison. À l'approche du mois de mars 2004, je me disais : vivement qu'elle se termine, que je puisse me reposer. Pour un entraîneur, le *money time* représente pourtant une période passionnante, mais je n'arrivais plus à m'enthousiasmer. J'étais vidé, sans ressource physique, comme si mon corps m'abandonnait. Je dormais mal, je ressentais une fatigue chronique, je récupérais moins bien des déplacements qu'occasionne la gestion d'une équipe de football.

Alors, si mon départ de Liverpool m'attristait sur le fond, il signait aussi une forme de soulagement.

J'étais cuit.

Mon année « sabbatique » m'a fait le plus grand bien. Ne plus courir, ne plus animer des séances d'entraînement, ne plus composer d'équipe, ne plus participer aux réunions du Board, ne plus... Souffler, enfin ! Je ne demandais que ça.

Mais je ne suis pas resté en retrait, seul dans mon coin, prostré et inactif, en attendant que le temps défile.

TPS qui, à l'époque, retransmettait en direct le championnat d'Angleterre, me proposa de devenir son consultant pour la Premier League. Cette main tendue, je l'ai immédiatement saisie et je suis passé, sans transition, d'une position debout devant le banc de touche à la position assise en tribune de presse, en compagnie de Grégory Nowak, avec lequel je formais le duo de commentateurs. En prenant de la hauteur et en élargissant mon périmètre de vue, j'ai observé le jeu avec un regard différent, et je dois admettre que cette période me fut utile et agréable. Je suis resté en contact avec le monde du football anglais, et sa fréquentation, loin de me frustrer, m'apporta beaucoup par la réflexion qu'elle suscita en moi. J'ai apprécié cette aubaine offerte par Nicolas Rotkoff, patron de la chaîne, et cette année de « coupure » fonctionna comme une excellente thérapie.

Au bout de quelques mois, pourtant, l'envie de revenir dans le feu de l'action me démangea. Elle devenait même trop vive pour que je puisse y résister longtemps.

Le Paris Saint-Germain se renseigna sur mon compte, et l'idée de refaire un bout de chemin ensemble effleura les esprits, sans suite. Mais lorsque Paul Le Guen annonça, à la surprise générale, qu'il ne prolongerait pas son contrat avec Lyon, après la conquête de trois titres de champion de France, je me suis douté que mon nom circulerait pour prendre sa succession.

Un lundi soir, après notre entraînement hebdomadaire avec l'équipe de France Pub, j'ai annoncé à Alain Cayzac, en forme de pari : « Je suis persuadé que Jean-Michel Aulas va m'appeler ! » J'avais un pressentiment. Il recherchait un entraîneur expérimenté, capable de mener une équipe de vedettes. Je répondais au profil. J'étais loin d'être le seul, car Claude Puel, Guy Lacombe, Raynald Denoueix, Didier Deschamps et Carlo Ancelotti semblaient eux aussi dans le viseur du président de l'OL, à en juger par les rumeurs publiées dans la presse. Je me trouvais probablement dans cette liste, qui n'avait rien d'officielle.

En rentrant chez moi, vers minuit, j'ai allumé mon téléphone portable pour écouter mes messages. J'en avais plusieurs dont un de Jean-Michel Aulas qui, en termes choisis et directs, sollicitait une rencontre. À l'entendre, il fallait que l'on se parle rapidement. Je n'ai pas été désarçonné par son initiative, sauf par le ton employé : il me vouvoyait. Siégeant ensemble, pendant un temps, au conseil d'administration de la Ligue, on avait pris l'habitude de se tutoyer. Manifestement, on changeait de registre : pendant toute la durée de nos « négociations », on ne cessa de se vouvoyer, en marquant une certaine distance. « Gérard, vous… », « Jean-Michel, vous… » Nos échanges prenaient parfois un tour étrange, mais j'ai respecté ce protocole à la lettre, puisqu'il m'y avait invité d'emblée. Une fois mon contrat signé et mon embauche entérinée, on se tutoya à nouveau, presque naturellement, comme si la très courte période du vouvoiement n'avait jamais existé.

Deux jours après son appel téléphonique, il est venu me rendre visite, seul, chez moi, pour une discussion en tête-à-tête. Il voulait connaître mon mode de fonctionnement et mesurer mon degré d'appétence pour une reprise d'activité. Il cherchait aussi à vérifier si nos personnalités étaient compatibles ou pas. Jean-Michel Aulas est un homme très « pointu » dans son approche relationnelle. Il entretient des rapports étroits et quotidiens avec son entraîneur, et il est clair que le courant ne saurait être alternatif. C'est du « continu », pratiquement 24 heures sur 24 : il ne conçoit aucun temps mort – je l'apprendrai plus tard dans l'exercice de mes fonctions.

Pour s'assurer que mon état de santé ne posait plus aucun problème, il me pria de passer des tests cardiologiques auprès du professeur Franck-Thomas Pelissier à Lyon. Sa requête était légitime compte tenu des contrariétés qui m'accablèrent en 2001. Il devait être sûr que je ne flancherais pas. Il enregistra avec satisfaction les conclusions médicales : j'avais recouvré l'ensemble de mes facultés, à nouveau prêt au combat.

Sa proposition de rejoindre l'Olympique Lyonnais venait à point nommé, à un moment où l'idée de rebondir m'excitait. Je n'ai pas hésité une seule seconde. Mais je devais encore passer une étape : rencontrer une autre personnalité clé au sein du club, pour lui démontrer que j'étais bien l'homme de la situation.

Lorsque j'ai évoqué, avec lui, un héritage difficile à assumer, Jean-Michel Aulas acquiesça. Je lui fis remarquer : « Vous me proposez le poste d'entraîneur, c'est formidable, et j'en suis ravi. Mais si l'équipe termine à la deuxième place, vous la vivrez comme une contre-performance. » Il ne l'imaginait pas, et il m'invita à voir sans tarder Jérôme Seydoux pour envisager la suite de ma carrière.

Jean-Michel Aulas l'informait et le consultait sur chaque dossier majeur – j'aurai l'occasion de m'en apercevoir. Après avoir beaucoup œuvré dans le monde de l'entreprise, Jérôme Seydoux présidait le groupe Pathé. Deux ans plus tôt, il était devenu le deuxième actionnaire de l'OL en investissant 15,8 M€ dans le club à l'occasion d'une augmentation de capital, et il avait été à l'origine du recrutement spectaculaire de Sonny Anderson, qui marqua un profond changement de cap. Un homme formidable, incontournable au sein du club, à la fois respecté et respectable.

J'ai reçu Jérôme Seydoux à mon domicile, et dès notre premier contact, il m'impressionna par son charisme et la précision presque chirurgicale de ses questions.

Après les présentations, il circula dans la pièce principale de mon appartement, s'arrêta quelques instants devant deux ou trois tableaux accrochés aux murs, et revint sur ses pas pour m'interroger : « Je ne comprends pas très bien, monsieur Houllier : pourquoi voulez-vous aller à Lyon ? » Il se doutait que, matériellement, je n'avais pas besoin de m'occuper à nouveau d'une équipe de football. « Êtes-vous sûr de vous ? Lyon représente un club important dans le football français et européen. Il est possible que vous soyez remis en cause et, chaque année, vous aurez de nouveaux objectifs à satisfaire… Avez-vous vraiment envie de replonger dans la marmite ? » Il voulait le vérifier, et ma réponse, qui ne souffrait d'aucune hésitation, le rassura. Elle sembla le conforter dans sa décision, et j'ai compris qu'il donnerait une indication favorable à mon engagement.

Nous avons conversé longuement dans le salon, car il souhaitait aller au fond des questions. Il n'en n'éluda aucune.

« Avez-vous réfléchi à votre relation avec Jean-Michel Aulas ?

– Je le connais depuis longtemps. Je ne pense pas qu'il puisse exister un quelconque problème entre lui et moi. Si j'en juge par notre premier rendez-vous, nous sommes en phase. »

Sur toutes les opérations stratégiques comme la nomination d'un entraîneur ou le recrutement de joueurs importants, Jérôme Seydoux a son mot à dire. Et même un peu plus qu'un mot. C'est lui qui ouvre la porte d'entrée de l'Olympique Lyonnais, ou pas.

Dans mon entourage, beaucoup de personnes me dissuadèrent de lier mon sort à celui de Lyon, considérant le challenge coriace, après les quatre titres de champion de France consécutifs, et la personnalité de Jean-Michel Aulas, trop difficile.

Elles m'offraient, sans le savoir, deux bonnes raisons de les décevoir.

Paul Le Guen, dont j'avais sollicité l'avis, m'éclaira en toute objectivité : « Il est spécial, je ne te le cache pas, mais c'est un bon président. Contrairement à ce que les gens pensent, il n'interfère jamais sur le territoire de l'entraîneur, qui reste maître à bord. » À l'entendre, il ne se mêlait pas du secteur technique et, s'il exigeait de connaître la composition de l'équipe la veille ou le matin du match, avant les autres, il n'exerçait aucune pression pour obtenir la titularisation d'untel ou d'untel. Je le vérifierai pendant les deux années de notre collaboration.

Jean-Michel Aulas n'est pas l'homme qu'on imagine, au point qu'on est en droit de s'interroger sur le sens de son comportement public. Un jour, Patrice Bergues, qui était mon adjoint, lui demanda, intrigué : « Mais pourquoi vous forcez-vous à entretenir votre image impopulaire ? À quoi bon ? Que recherchez-vous exactement ? » Il lui répliqua, presque amusé : « Vous savez, dans la vie, si vous restez dans la norme, si vous ne vous aventurez pas de temps en temps près de la ligne blanche, si vous ne provoquez pas les gens qui vous entourent, alors aucune avancée n'est possible. Il faut parfois repousser les frontières et exprimer des propos durs et francs, pour inciter les gens à cogiter et à se remuer. Je secoue parfois le cocotier pour les forcer à se poser des questions et à se remettre en cause. »

Quand je découvre certaines de ses déclarations, aujourd'hui encore, j'imagine ce qu'elles cachent, compte tenu de notre expérience commune. Car, derrière ses mots, une opération ciblée apparaît toujours. Il sait où il veut aller..

Hyper travailleur, il est très généreux, et mieux vaut connaître son mode opératoire pour l'accompagner. Première chose à intégrer quand on collabore avec lui :

il est le patron, et aucune information ne doit lui échapper. Il veut tout contrôler. Dès les premiers jours, il me mit en garde. « Gérard, je te préviens, je peux t'appeler à minuit, si besoin. Tu dois être disponible en permanence pour me répondre. » « Aucun problème, Jean-Michel ! » Il m'est souvent arrivé de l'appeler entre 23 h et 1 h du matin.

Un jour, alors qu'un problème de blessure s'était déclaré avec notre Brésilien Claudio Caçapa, on décida de recruter Patrick Müller sur la foi d'images vidéo. Il hésitait car, selon lui, l'équipe avait encore besoin d'un autre joueur pour renforcer le secteur défensif. Mais il prit sa décision sans rechigner. Sa stratégie ne fluctue jamais : il cherche à donner à son entraîneur les moyens de la réussite et il veut le responsabiliser. Une manœuvre subtile : il vous aide et, en même temps, il vous laisse la liberté de décider. Ce *modus videndi* me convenait.

En y réfléchissant, au lieu d'accorder les pleins pouvoirs à Claude Puel, après mon départ, il aurait mieux fait de me les confier quand j'étais en poste. Je regrette qu'il ne m'ait pas laissé la possibilité de tenir la barre. Quand je dirigeais Liverpool, j'étais le responsable de l'écurie et le pilote de la Formule 1. À Lyon, je ne pilotais que la Formule 1. Mais il m'avait averti d'entrée des limites de mon champ d'action. Je l'avais accepté, je n'ai rien à lui reprocher.

Une seule fois, un clash nous opposa, au point de provoquer une sévère secousse, dont les conséquences auraient pu être fâcheuses. En septembre 2005, je devais assumer une intervention au siège de l'UEFA, dans le cadre d'une conférence, à destination de 45 arbitres. Elle se déroula pendant la semaine internationale, lorsque plus de la moitié de l'effectif de l'OL avait rejoint les sélections nationales. J'avais pris trois jours. Jean-Michel Aulas ne savait pas où je me trouvais, et s'en formalisa. En ouvrant *L'Équipe*, le jour de mon speech à Nyon, j'ai failli m'étrangler à la lecture d'un article qui me concernait : « Notre entraîneur n'est pas présent en ce moment à Lyon, il doit vite comprendre qu'il n'est pas question, pour lui, d'agir en France comme il le faisait en Angleterre… » Mon sang ne fit qu'un tour. Je l'ai appelé. « Jean-Michel, il faut qu'on se voie sans tarder. Je travaille bien si on m'accorde une confiance totale. Si elle n'existe pas, il n'est pas possible de continuer ensemble. Expliquons-nous à mon retour et si nous ne tombons pas d'accord, il vaudra mieux se quitter. »

Il a été surpris par ma réaction qui n'avait rien de diplomatique, mais qui était fondée. À mon retour de Suisse, après s'être expliqués, tout s'arrangea entre nous, pour le bien commun.

Après lui avoir donné mon accord pour entraîner l'OL, le mercredi 25 mai 2005, jour de la finale de la Ligue des champions entre Liverpool et Milan AC, à Istanbul, où je m'étais rendu, j'ai donné ma première conférence de presse, quatre jours plus tard, au siège du club.

À mon arrivée, c'est Bernard Lacombe qui m'a accueilli. Je n'avais pas eu l'occasion de le voir avant, pour recadrer deux ou trois choses. Je gardais en mémoire un souvenir qui me choqua, et que j'ai eu l'occasion d'évoquer précédemment. Il estime, au fond de lui, que ceux qui n'ont pas accompli une carrière de joueur professionnel n'ont pas de légitimité pour devenir entraîneur d'une équipe de football.

Je me suis globalement bien entendu avec lui, sauf en fin de parcours où il était devenu évident que nos routes devaient se séparer.

Chapitre 28
ENTRETENIR LE PATRIMOINE

« Tout sauf Gérard Houllier… »

J'ignore pourquoi Sylvain Wiltord a tenu ces propos belliqueux, mais ils suscitèrent de nombreuses réactions le jour de l'officialisation de mon contrat avec l'Olympique Lyonnais. Comme déclaration de guerre, on ne pouvait guère trouver mieux. Sylvain s'était répandu dans la presse alors que l'effectif lyonnais était regroupé à Saint-Tropez comme chaque année, à l'invitation de Jean-Michel Aulas.

Je ne le connaissais que par le biais des combats acharnés que Liverpool et Arsenal se livrèrent dans les règles de l'art en Premier League. Il se montra souvent sous son meilleur jour, et la seule image que je gardais de lui était celle d'un joueur entreprenant, rapide, bien intégré dans le collectif d'Arsène Wenger, et dangereux pour l'adversaire. Rien de nature à faire naître un contentieux entre lui et moi.

Pourquoi tant d'animosité ?

Je ne me suis pas formalisé, et j'ai repoussé l'idée saugrenue selon laquelle il voulait manifester sa solidarité avec son ami El-Hadji Diouf dont je n'avais pas apprécié l'attitude à Liverpool. C'était d'une telle puérilité que j'ai préféré ne pas accorder d'importance à son attaque intempestive. Mieux : j'ai surfé sur la vague de l'humour pour me débarrasser d'un problème qui, en vérité, n'existait pas.

Lors de la conférence de presse de présentation, le dimanche 29 mai, au siège de l'OL, le sujet est venu sur le tapis. Les journalistes espéraient trouver matière à polémique.

« N'êtes-vous pas inquiet à la perspective de devoir vous confronter avec Wiltord ?

– J'ai entendu cinquante fois la remarque de Sylvain disant : "Tout sauf Houllier !" Eh bien, je dis au président Aulas : "Tout le monde peut partir mais, surtout, gardons Sylvain Wiltord !" Je tiens à le conserver dans l'effectif de Lyon. Tout le monde a le droit d'émettre une opinion. Mais comme je n'ai jamais eu Sylvain dans mon groupe, on peut penser qu'il s'agit d'un a priori. À moi de le lever… »

Assis à côté de moi, Jean-Michel Aulas esquissa un léger sourire.

J'ai attendu l'entraînement de reprise, le lundi 27 juin, pour provoquer une franche explication avec Sylvain Wiltord. Elle ne dura que quelques secondes. Je n'ai pas été confronté à un opposant farouche, décidé à me mettre des bâtons dans les roues.

« Sylvain, je vais passer au-dessus de tout ça. L'écume de Saint-Tropez, c'est terminé. Maintenant, on est là, et on va avancer ensemble pour réaliser une bonne saison… » Il m'a simplement répondu : « Je m'excuse, je n'aurais pas dû… », et l'affaire fut réglée entre nous. Sylvain n'a pas eu à le regretter. Avec Paul Le Guen, il n'avait marqué que trois buts la saison précédente, en occupant le septième rang des buteurs de l'OL. Pierre-Alain Frau, Florent Malouda, Bryan Bergougnoux et Michael Essien s'étaient tous montrés plus efficaces que lui. C'est dire si son niveau de performance devant le but frisait l'indigence. Au terme de notre première saison commune, achevée par un 8-1 à domicile contre Le Mans, il marqua 12 buts, moins que Fred mais plus que Juninho. Il fut d'ailleurs l'auteur de « mon » premier but officiel avec Lyon lors de la première journée sur le terrain du Mans.

Le « Tout sauf Houllier » paraissait loin, comme s'il n'avait été que le fruit d'une imagination vagabonde. Mon souci se situait ailleurs : imposer un discours fédérateur pour unir nos forces vives, et entretenir le patrimoine du club.

Sylvain intégra mon groupe de leaders avec Grégory Coupet, Claudio Caçapa, Juninho et Sidney Govou. Toutes les trois ou quatre semaines, après le repas, on prenait un café et on réfléchissait ensemble dans le but d'améliorer certains détails de la vie collective. Il se comportait comme un super-pro. Dans une équipe, vous disposez de leaders charismatiques et de leaders techniques, lui incarnait plutôt le leader d'entraînement et d'effort, toujours en tête pendant les séances, par ailleurs très intelligent au plan tactique.

Pour la première journée de Ligue des champions, c'était la fête à Gerland avec la réception du Real Madrid. Je n'ai pas eu besoin d'insister sur la préparation du match : Sylvain comprit tout de suite ce que j'attendais de lui. Arrière gauche porté vers l'attaque, Roberto Carlos représentait un danger mais, au lieu de chercher à le contrer, j'avais prévenu les joueurs. « Surtout, laissez-le monter ! Il se créera un espace libre dans son dos et dès qu'on récupérera le ballon, on pourra s'y engouffrer. » J'avais demandé à Tiago de le contenir à partir du milieu de terrain. « Sylvain, ce sera alors à toi d'y aller ! » Notre troisième but, le seul marqué sur une action de jeu, fut un modèle du genre. Une attaque placée en sept passes et quinze secondes. Un chef-d'œuvre conclu par Wiltord.

J'ai souhaité changer le style de jeu de l'équipe car elle jouait long et trop vite, au risque de connaître de nombreux déchets. Les joueurs possédaient assez de technicité pour construire posément à partir de derrière, sans sauter la moindre étape. J'ai mis l'accent sur la qualité de la première passe, sur la recherche de la profondeur et de la verticalité. Sur les replacements rapides aussi. Mais, comme tout changement, il fallait un temps d'adaptation pour que chacun l'intègre et y adhère.

Un jour, Joël Bats et Robert Duverne me mirent en garde.

« Fais attention, Gérard, on a réussi à devenir champion en jouant d'une certaine manière. Il ne faut rien brusquer…

– Bien sûr, je vous comprends, mais il est aussi possible d'être champion en jouant tout autrement. »

Je devais les convaincre, un à un, mon staff technique comme mes joueurs, qu'une autre approche était concevable. Les premiers matches ne me donnèrent pas raison. On l'emportait à l'arrachée et contre Nancy, par exemple, lors de la 4ème journée, Claudio Caçapa nous sauva dans les arrêts de jeu. On passait ric-rac, et je sentais des réticences, parfois même des résistances. La suite m'apporta davantage de satisfactions.

Pour mon retour dans le championnat de France, une chose me frappa : l'extrême difficulté à gérer les joueurs, qui étalaient leurs états d'âme dans le vestiaire, ou sur la place publique, dans les colonnes des journaux. Les egos s'extériorisaient. Le management en Angleterre était beaucoup plus simple. En Premier League, tout était « carré », et les joueurs connaissaient les limites à ne pas franchir.

Un exemple : Fred, du jour au lendemain, décida de traîner les pieds car il estimait ne pas être assez rémunéré par rapport à ses partenaires. Pour exprimer son mécontentement, il arrivait en retard à l'entraînement, où il se présenta, une fois, déguisé en cow-boy, avec un chapeau sur la tête. Je suis sorti de mes gonds, ce jour-là : « Ce n'est pas le Far West ici, quitte le terrain et rentre immédiatement chez toi ! »

Il fallait rester sur le qui-vive et prêter attention à tout.

Je me souviens avoir appelé Sidney Govou d'Allemagne où je m'étais rendu pour suivre la Coupe des Confédérations. J'ai dû insister pour qu'il reste à Lyon, avec l'appui de Bernard Lacombe. Il est très désagréable de parlementer ainsi pendant des heures.

J'ai essuyé un échec avec lui, en n'arrivant pas à le convaincre d'être plus sérieux. Le joueur pouvait être fantastique, capable de se hisser au niveau international, mais l'homme n'atteignait pas toujours la même hauteur de vue. Il aimait le football mais il n'y consacrait pas son énergie.

Ce n'était pas l'affaire de sa vie.

« Je suis comme ça, coach, vous ne me changerez pas. J'assume ce que je suis et ce que je fais. Mais je comprends que vous puissiez prendre des sanctions contre moi…

– Tu ne dureras pas longtemps dans le métier alors que tu aimes le football. C'est dommage. Tu connaîtras des problèmes d'articulations et de tendons qui te gâcheront ta fin de carrière.

– Je veux vivre pleinement ma vie, et j'entends la croquer à pleines dents. »

Il était honnête, finalement, et il avait d'ailleurs un côté anglais dans son comportement. Il n'inventait pas des histoires à dormir debout. Il assumait. Il n'avait pas le profil d'un conspirateur, mais celui d'un gars plongé dans son monde, presque dans sa bulle, parfois « ailleurs ». À Liverpool, j'avais réussi à changer Jamie Carragher mais, avec Sidney, je reconnais avoir prêché dans le vide. Au départ, il jouait sur un côté, il dribblait, il centrait, il frappait au but. Et il recommençait, sans renâcler, en cas d'échec. Mais, peu à peu, son dribble devint inexistant. Comme il était intelligent, il donnait le change en décrochant, en revenant au milieu, et en combinant. Mais dans la zone de vérité, il abandonna toute prise de risques.

Il ne rechignait jamais devant l'effort et, compte tenu du handicap qu'il s'infligeait, j'ai une admiration pour ce qu'il a réussi à accomplir. Il n'a pas vécu pour son métier, il s'est servi de lui pour vivre. Ce n'est pas pareil, et la différence est même fondamentale. Il était d'une légèreté déconcertante. Pourquoi Thierry Henry a-t-il accompli une carrière majestueuse jusqu'à l'âge de 37 ans ? Il avait une hygiène de vie irréprochable, lui.

Un autre joueur m'affirma d'emblée son vague à l'âme : Juninho. Lui aussi manifestait des velléités de départ pour découvrir de nouveaux horizons. Il me confia le fond de sa pensée : « Dans ce club, j'ai atteint mon sommet. Il faut que je parte maintenant. Après, il sera trop tard. » J'ai tout de suite compris son « moteur », ou plutôt son frein : l'anxiété, l'angoisse, le stress. Il avait peur de ne pas être à la hauteur de la situation, et il ne supportait pas de rendre une copie seulement moyenne. J'ai cherché à le rassurer.

« Voilà mon plan, Juni. En position de numéro 10, tu es moins performant derrière un seul attaquant mais plus à l'aise dans un 4-3-3, face au jeu. C'est le système que l'on adoptera. Tu vas t'éclater. Je vais demander au président qu'il prolonge ton contrat d'un an ou deux pour te prouver que je compte sur toi. »

Trois mois après, il apposait sa signature sur un nouveau contrat. Je l'ai vu à l'occasion de la Coupe des Confédérations que le Brésil remporta. Je l'ai titillé, histoire de le mettre à l'épreuve.

« Bon, la reprise de l'entraînement est programmée dans dix jours, mais toi, tu pourras revenir dans quinze jours…

Il devint blême.

– Non, je plaisante : profite bien de tes vacances, repose-toi en famille et reviens à Lyon en pleine forme dans trois semaines ou un mois. »

Jean-Michel Aulas n'avait pas apprécié qu'il bénéficie d'un repos à rallonge car il comptait sur sa présence pour la Peace Cup en Corée du Sud. Mais il fallait opérer un choix, et le sportif l'emporta sur l'équation économique.

La saison suivante, ce fut au tour d'Éric Abidal d'entrer dans la danse des partants. Il réclamait son bon de sortie, une expression qu'on entend souvent dans le football français. Lors de notre stage de préparation à Châteauroux, avant d'aller disputer notre premier match de championnat à Nantes, il sollicita un rendez-vous dans mon bureau.

« Gérard, je vais m'en aller. Le Real Madrid s'intéresse à moi.

– Tu ferais une grave erreur. Tu n'es pas encore prêt pour jouer dans un club de cette dimension. Pour l'instant, c'est prématuré.

– Mais non, coach, non ! Ce n'est pas possible. J'ai une opportunité extraordinaire, je ne peux pas la rater.

– Essaie de comprendre : il y a un palier que tu n'as pas encore franchi. Reste une année supplémentaire, et l'horizon se dégagera naturellement. Tu verras, fais-moi confiance… »

Finalement, il accepta ma suggestion. Il termina très fort la saison et c'est le FC Barcelone qui le recruta, en s'acquittant d'un chèque de 22 M€.

Il avait eu raison de prendre son mal en patience. Il était prêt à sauter le pas.

Avec Karim Benzema, la tentation de la fuite précipitée se dessina elle aussi à l'horizon. Il débuta en championnat avec Paul Le Guen, mais il effectua sous ma direction son premier match de Ligue des champions, contre Rosenborg, à Gerland, au cœur de l'hiver 2005. Il marqua même un but, une semaine avant de fêter son 18ème anniversaire. Il se signala rapidement à l'attention des clubs étrangers, et Tottenham se manifesta très tôt pour l'engager. Je l'en ai dissuadé : « Tu n'as pas encore fini ta période de formation ! Partir maintenant, ce serait pour toi largement prématuré. » Son père, qui « tenait » bien la boutique, écouta mes arguments : « Steven Gerrard est monté progressivement en puissance : 13 matches la première saison, puis 31 matches, puis 50 matches… La saison prochaine, votre fils jouera davantage, et il progressera, soyez-en certain. »

Karim possédait une qualité fondamentale : il écoutait ce qu'on lui disait. Une éponge. Il absorbait tout, il enregistrait et il bossait. Évidemment, il ne manquait pas de talent mais il travaillait dur pour l'entretenir. Il comprenait aussi comment il devait s'adapter tactiquement. « Fred étant avant-centre, je vais te placer à la gauche de l'attaque. Cette position t'aidera dans tes déplacements, tu rentreras vers l'intérieur, comme le fait Thierry Henry. Tu vas enrichir la culture générale de ton jeu, et tu n'auras pas à le regretter… » Il intégra ce changement, sans en prendre ombrage.

Plutôt introverti et d'un naturel timide, il se livrait peu au milieu du groupe. Il avait besoin de son environnement familial pour s'épanouir. Se retrouver tout seul le soir dans une chambre à Londres, à cet âge-là, ce n'était pas pour lui. Il l'a compris, comme son agent, Karim Djaziri, qui fut de bon conseil et qui a bien fait de repousser l'offre de Tottenham. Il n'est pas sûr qu'il aurait réalisé une aussi belle carrière que celle qu'il accomplit au Real Madrid.

Hatem Ben Arfa affichait le même talent que lui, dans un registre différent, mais, partout où il est passé, il n'a rencontré que des problèmes et il s'est heurté à chaque fois à un mur d'incompréhension. Quel énorme gâchis !

Toutes ces péripéties, ces remises en cause, ces boursouflures égotiques, il fallait les régler dans le sens de l'intérêt général. Car je n'avais qu'un seul but en venant à Lyon : remporter le titre de champion de France.

En cas de sacre en 2006, on portait à cinq le nombre de titres consécutifs, effaçant ainsi des tablettes le record détenu par l'AS Saint-Étienne et l'Olympique de Marseille.

Avec un sixième titre, on repousserait les limites en établissant le record des équipes appartenant au top 5 des championnats européens.

Mon challenge était tout tracé.

À Liverpool, j'avais dû reconstruire.

À Lyon, je devais entretenir le patrimoine.

Je l'avais certifié à Jean-Michel Aulas : « Je suis prêt ! »

Chapitre 29
LES DESSOUS D'UN TRANSFERT

Juste le temps de me poser et de défaire mes bagages, à peine le loisir de reprendre mes esprits et de souffler, que l'avertissement présidentiel claqua comme une évidence : « Michael Essien veut partir. » Ce n'était pas négociable, même si j'ai opposé un refus poli. « Partir ? Il n'en est pas question. Je débarque et je devrais me résoudre à perdre Essien ? Je veux garder tous les bons joueurs de l'effectif, et il en fait partie. Il doit rester. » Partir, rester : le footballeur est souvent confronté à cette alternative.

Jean-Michel Aulas comptait visiblement sur moi pour le convaincre d'accomplir une année supplémentaire à l'OL, en faisant preuve d'un zeste de diplomatie et de beaucoup de force de persuasion. Sacrée tâche !

En me plongeant dans le dossier, Fabien Piveteau, l'agent d'Essien, me donna une version de la situation qui ne m'avait pas été présentée. Lyon avait signé un document stipulant qu'un acheteur à hauteur de 20 M€ pouvait récupérer le joueur. C'était le tarif fixé pour le bon de sortie, et ce n'était pas la même chanson : la porte était entrouverte pour un départ.

J'ai proposé mes services à Jean-Michel Aulas : « Acceptez que j'enlève un moment ma tenue d'entraîneur pour endosser provisoirement la veste de manager. Pour Essien, laissez-moi faire ! » Il savait que je pouvais lui être d'une aide précieuse : je parlais anglais et je connaissais les dirigeants des clubs de Premier League, où Michael Essien rêvait de jouer. Il n'ignorait pas davantage que j'avais appris le « métier » de manager dans l'ombre de Peter Robinson, le secrétaire général de Liverpool, considéré comme un maître dans l'art de la négociation.

Sur le cas Essien, la direction de Chelsea était aux abois depuis quelques jours, et ma tactique consista à la laisser venir à nous, sans donner le moindre signe de précipitation ou d'affolement. Elle venait de proposer 35 millions de livres (42 M€) à Liverpool pour acquérir Steven Gerrard. Si elle était prête à offrir une telle somme pour l'icône des Reds, il ne fallait pas plier, encore moins brader Essien, en le « lâchant » pour un montant deux fois inférieur.

Sa fuite vers l'Angleterre s'effectua finalement en trois temps.

Jean-Michel Aulas contraignit Michael Essien à effectuer le voyage en Corée du Sud afin de participer en juillet à la Peace Cup à laquelle le président de l'OL tenait pour des raisons économiques. Tendu comme un arc et trop agressif, bougon et renfermé sur lui-même, Michael fut expulsé dès le premier match face aux Colombiens de Once Caldas. Suspendu pour la rencontre suivante, il récolta un carton jaune face au PSV Eindhoven, puis un autre contre Tottenham, en finale. Quatre avertissements en trois matches amicaux, il fallait le faire ! Son « manège » ne trompait personne : il voulait se rendre indésirable, et son comportement témoignait d'une volonté d'en finir. Portable constamment vissé à l'oreille, il traînait toute la peine du monde sur ses épaules. Il avait laissé son sourire légendaire en France. Une vraie plaie pour la vie de groupe.

Un jour, à Séoul, la lecture des journaux anglais attisa mon attention. Dans un quotidien londonien, José Mourinho « faisait » du José Mourinho, dans une interview où il « balayait » ses préoccupations du moment : « Essien n'a pas encore rejoint Chelsea mais je ne suis pas inquiet. Plus les jours passent, plus je suis confiant. L'important, de toute façon, c'est qu'il soit présent parmi nous pour la reprise du championnat. Et il le sera. » Toujours cette assurance dont l'entraîneur de Chelsea ne se départit jamais, dès qu'il a un objectif en point de mire. J'ai glissé l'article sous les yeux de Jean-Michel Aulas, qui « apprécia », en connaisseur, la rhétorique de « maître » Mourinho.

Le soir même, j'ai eu une discussion approfondie avec Michael, pour tenter de le dérider et de le ramener à la raison. Sa réplique fusa.

« Mais coach, ce n'est tout de même pas vous, Gérard Houllier, ancien manager de Liverpool, qui allez m'empêcher d'aller jouer en Angleterre ! Ce serait un comble. »

Je l'écoutais, sans trop broncher.

Et il enchaîna.

« Vous m'aviez fait venir à Liverpool pour visiter les installations. Vous m'aviez montré des maisons où je pouvais loger, emmené au stade pour que je le découvre et présenté un contrat dans le but que je le signe : vous ne vous en souvenez plus ou quoi ? »

Là, franchement, je n'étais pas très à l'aise.

Il est exact qu'en 2003, lorsqu'il évoluait à Bastia, j'étais allé le superviser sur le conseil d'un ami. Il m'avait tapé dans l'œil, et j'ai immédiatement vu que le football anglais lui conviendrait. Je m'étais mis d'accord avec les dirigeants corses sur le montant du transfert, et rien ne s'opposait à son départ pour Liverpool. Rien, sauf un « détail », dont l'importance ne pouvait pas m'échapper : Michael refusait toute sélection avec l'équipe nationale du Ghana, dont il était originaire. Or, en Angleterre, on accorde un permis de travail à un joueur non-européen à la condition expresse qu'il ait participé à 75 % des matches officiels de sa sélection dans les deux années précédant la signature de son contrat. Conclusion : il était hors-jeu pour la Premier League !

J'ai appris, ensuite, qu'il avait changé d'avis depuis notre rendez-vous à Liverpool et qu'il acceptait de porter le maillot du Ghana dont il devint un titulaire attitré. Une information qui me mit la puce à l'oreille sur ses projets.

« Coach, je veux partir !

– Reste une année supplémentaire avec nous !

– Non, je veux partir ! Ce n'est pas négociable, ce n'est pas possible. Chelsea ne se refuse pas, vous le savez aussi bien que moi… »

Je manquais d'arguments persuasifs pour le convaincre du contraire. En traversant la Manche, il allait quadrupler son salaire. Au moins.

À notre retour de Corée du Sud, Rick Parry, le directeur général de Liverpool, me téléphona. Il venait à la pêche aux renseignements.

« Alors, c'est fait : vous avez vendu Essien à Chelsea ?

– Non, absolument pas.

– Ah bon ? Vous m'étonnez !

– Pourquoi ?

– Je suis allé à Londres pour obtenir un « *work permit* » pour l'un de nos joueurs et, dans les bureaux, j'ai vu Essien, et j'ai pu faire sa connaissance. Il ne se trouvait pas là par hasard.

– Franchement, vous me l'apprenez ! Des contacts existent avec Chelsea, je ne vous le cache pas, mais aucun contrat n'a été signé. »

Cette semaine-là, le Ghana disputait un match amical contre le Sénégal sur le terrain de Fulham. Pour qu'Essien puisse se rendre en Angleterre afin d'y participer, il lui fallait un visa. Albine Chambon, la secrétaire de l'OL, appela les autorités compétentes pour le demander. Au téléphone, un gars l'insulta.

« Mais que me réclamez-vous encore ? Vous, les gens du football, c'est vraiment n'importe quoi…

– Comment, ça ? Pourquoi me parlez-vous ainsi ?

– Mais Essien a déjà son permis de travail pour l'Angleterre ! Pourquoi voulez-vous que je lui accorde un visa ? »

Stupéfaite, elle se précipita dans mon bureau pour m'avertir. Ma discussion avec Rick Parry prenait donc tout son sens : pour posséder un permis de travail, en Angleterre, il faut disposer d'un contrat. CQFD. La belle affaire…

J'ai alerté Jean-Michel Aulas pour lui apprendre une nouvelle dont nous devions tirer parti. Réglementairement, Michael Essien était passible d'une suspension de six mois, et Chelsea d'une interdiction de recrutement d'un an. « Président, il n'y a aucun doute : ils ont dû prendre les devants, ils lui ont fait signer son contrat et ils ont obtenu son permis de travail avant même la conclusion de son transfert officiel. »

Pour en avoir le cœur net, j'ai interrogé Michael.

« Tu es allé à Londres pour le *work permit* ?

– Euh, oui, comment le savez-vous ?

– Quelqu'un t'a vu là-bas. Il me l'a signalé. Ok, Michael, on en reparlera… »

Son « dossier » devenait tout à coup plus fragile. Ou plutôt : il renforçait la position de Lyon, qui jouait sur du velours dans le cadre de négociations qui s'annonçaient tendues.

Troisième temps de ce départ programmé pour l'Angleterre : l'entrée en scène de Jorge Mendes, l'agent de José Mourinho, qui me cherchait partout. Ayant entendu dire que je souhaitais recruter un attaquant, il me proposait l'avant-centre de Porto dont il défendait les intérêts. Mais je n'ai pas décelé, dans sa voix, une vraie conviction pour me persuader de l'engager.

« Jorge, s'il te plaît, ne joue pas à ça avec moi ! On se connaît depuis trop longtemps. Tu ne vas pas me la faire à l'envers. Tu ne me téléphones pas pour me vanter les mérites de ton attaquant. Tu m'appelles pour me sonder sur un autre dossier…

– C'est vrai, tu as raison, Gérard. José m'a demandé de te passer un coup de fil. C'est ce que je fais.

– Tu veux me parler d'Essien, naturellement ?

– Tu sais parfaitement que le gamin veut venir à Chelsea.

– C'est revenu à mes oreilles, en effet. Mais il m'étonnerait beaucoup que votre prix soit le bon.

– 25 M€, ce n'est pas rien !

– Tu as raison, Jorge. Mais ce n'est pas assez. »

Quand il a su que Chelsea était prêt à offrir autant d'argent pour ce transfert qui alimentait toutes les conversations, Jérôme Seydoux a voulu s'entretenir avec moi : « Gérard, vous savez, 25 M€, c'est une grosse somme ! Il serait rageant de ne pas l'encaisser, d'autant plus que le joueur veut partir… » Nous avions fixé la barre à 40 M€. « Faites-moi confiance, on obtiendra davantage… » Jérôme Seydoux paraissait sceptique en raccrochant.

Jorge Mendes m'interrogea.

« Accepteriez-vous que Peter Kenyon vienne à Lyon pour s'entretenir avec Aulas et toi ?

– Oui, pas de problème, Jorge. J'en parle au président. »

J'entretenais d'excellentes relations avec Peter, que j'avais fréquenté à plusieurs reprises lorsqu'il exerçait des fonctions importantes à Manchester United.

J'ai été heureux de le revoir à Lyon, pour une discussion très animée qui traita le dossier Essien sur le fond.

Au bout d'un moment, après avoir tourné autour du pot, je l'ai averti.

« Le prix du transfert ne bougera pas : c'est 40 M€. 40 M€ maintenant, ou 25 M€ dans un an.

– Comment cela ?

– Dis-toi bien qu'on vendra Essien, c'est sûr. On ne le retiendra pas contre son gré, personne n'y a intérêt. Mais si nous le gardons un an de plus, nous aurons plus de chances de terminer premier de notre championnat. Et en finissant premier, Lyon gagnera 40 M€, avec les droits TV, plus les primes. Si vous voulez le réserver au tarif de 25 M€ pour la saison prochaine, le jeu est ouvert. Mais sinon, on le proposera à d'autres clubs anglais, Arsenal, Manchester United ou Manchester City. Et on jugera alors leurs réactions sur pièces. À mon avis, ils seront intéressés. »

La discussion s'acheva sur cette mise en demeure qui ressemblait à une menace. On alla ensuite dîner tous les deux en tête-à-tête, avec un impératif. « On peut parler de tout, Peter, sauf d'Essien, je te préviens ! » Il était d'accord. On se rappela les Manchester United-Liverpool endiablés que nous avions vécus en rivaux. L'atmosphère du restaurant était très agréable, et le repas succulent. On avait passé une bonne soirée, qui s'acheva dans un grand éclat de rire. Je l'ai raccompagné ensuite au Sofitel où il avait réservé sa chambre. Il me salua et il s'engagea en direction du hall d'entrée. Puis il s'arrêta, il se retourna et il me testa, une dernière fois.

« Bon, je résume, si j'ai bien compris Gérard : Essien, c'est 40 M€ aujourd'hui, 25 M€ demain ?

– Tu as parfaitement saisi Peter. Mais je te le répète : si vous n'en voulez pas, ce n'est pas un problème. Je trouverai un autre acquéreur. Les candidats ne manquent pas.

– Tu me permets de passer un coup de fil ?

– Je t'en prie. »

Il s'éloigna de quelques mètres. Il composa un numéro sur son portable et parla plusieurs minutes à voix basse. Il cachait sa bouche avec sa main, collée au portable.

À qui téléphonait-il ? Je l'ignorais. À Roman Abramovitch ou bien à José Mourinho ? À l'un des deux, certainement. La conversation terminée, il revint sur ses pas.

« Je crois qu'il n'est pas question, pour Chelsea, de perdre Essien. On veut le sécuriser.

– Très bien Peter. À vous de savoir si vous le voulez tout de suite ou dans un an. »

Sa visite déclencha l'opération finale. Un premier rendez-vous fut organisé à Saint-Tropez, où Jean-Michel Aulas passait quelques jours de vacances. Mais seuls Peter Kenyon et Jorge Mendes se présentèrent, ce qui eut le don d'agacer le président de l'OL qui voulait traiter avec Roman Abramovitch, et personne d'autre. Compte tenu de l'enjeu financier, lui seul était capable de débloquer la situation. Le vendredi 12 août, un hélicoptère se posa aux abords de la plage de Saint-Tropez pour récupérer Jean-Michel Aulas, direction le yacht d'Abramovitch qui était amarré plus loin, au large. Cette fois, le propriétaire de Chelsea sortait le grand jeu. J'avais exposé mes dernières recommandations à mon président : « Surtout, ne cède pas en dessous de 35 M€ ! Je te rappelle que Chelsea comptait mettre 42 M€ pour recruter Steven Gerrard. J'ai évoqué le chiffre de 40 M€ avec Peter Kenyon mais à 35 M€, ce serait déjà une belle victoire ! »

Finalement, le président Aulas a réussi une négociation parfaite puisque Michael Essien fit l'objet d'un transfert de 38 M€, le plus important, au plan financier, de l'histoire du championnat de France. Cinq millions d'euros de plus que la vente de Didier Drogba, la saison précédente, passé de l'Olympique de Marseille à Chelsea.

C'était une grande satisfaction pour nous tous.

J'avais été enchanté de retrouver un rôle de manager occupé autrefois à Liverpool, mais qui n'entrait pas dans mes fonctions à Lyon.

Une deuxième fois, j'ai dû utiliser le même costume, lorsque Fabio Capello, alors entraîneur du Real Madrid, voulait récupérer Mahamadou Diarra, contre notre gré. Le joueur ne m'épargna pas le pataquès habituel : « J'arrête le football ! », m'annonça-t-il en guise de menace. Le Real Madrid, auquel il manquait un milieu de terrain de ce calibre depuis le départ de Claude Makelele, se manifestait tard : la Ligue 1 avait redémarré et j'étais pris de cours, sans possibilité de me retourner. La négociation s'engagea néanmoins sur la base d'un montant de 20 M€. Elle fut conclue à hauteur de 28 M€. 25 M€, en réalité, plus les bonus. Encore une excellente affaire pour la trésorerie de l'Olympique Lyonnais.

Compte tenu des sommes en jeu, il faut rester sur ses gardes car on ne sait jamais où ces transactions peuvent vous mener. En Belgique, par exemple, une tradition « locale » veut qu'un manager de club touche une commission s'il accepte de laisser partir un de ses joueurs. Un jour, un agent m'indiqua la marche à suivre, en me laissant entendre qu'il m'accorderait des récompenses « intelligentes », si je me montrais conciliant. En guise de réponse, je me suis levé et j'ai quitté la pièce. Je n'ai jamais touché un seul centime sur un quelconque transfert, et si certains managers ne font pas la fine bouche devant l'appât du gain, moi, je ne mange pas de ce pain-là.

Dans ma carrière, je n'ai reçu qu'un seul cadeau de la part d'un agent : un magnum de Petrus, considéré comme le plus grand vin de Bordeaux. Il m'a été offert par Fabrice Poullain, au moment du transfert de Jean-Michel Ferri à Liverpool, en 1998. Lorsque je l'ai reçu, je ne savais même pas ce que la caisse en bois contenait.

J'ai préféré ce liquide-là à celui que certains agents m'agitèrent sous le nez.

Chapitre 30
LE MESSAGE QUI REFROIDIT

Ma première saison lyonnaise s'acheva par un large sourire et une petite grimace, histoire de mêler les genres et d'éviter la monotonie.

Avant notre voyage au Parc des Princes pour la 34ème journée de Ligue 1, le titre de champion de France nous était déjà acquis, en raison de la défaite de notre principal concurrent, les Girondins de Bordeaux, la veille, contre Lille. Un cinquième sacre consécutif pour l'OL, qui entrait de plain-pied dans la grande histoire du championnat de France : Saint-Étienne et l'OM étaient effacés des tablettes, avec leurs quatre couronnes d'affilée. Dans la presse, on évoqua l'appétit du « Roi Lyon », pour illustrer une performance hors du commun. Elle l'était, vraiment.

Il s'agissait de mon deuxième succès national sur un plan personnel. Mon premier datait de 1986 à la tête du Paris Saint-Germain version Francis Borelli, dont j'ai exposé la trajectoire généreuse et le caractère excentrique. Or, vingt ans plus tard, c'est sur le terrain du PSG que l'OL fêtait son nouveau triomphe, le jour même où il l'emportait dans ce stade pour la première fois depuis sept ans, grâce à un but de Fred. J'ai eu un pincement au cœur en souvenir de mon aventure parisienne, et la compagnie de Joël Bats, présent à mes côtés à la fin de la rencontre, ne fit que conforter mon émotion. 1986-2006 : vingt ans déjà, et que de chemin parcouru ! Je me souviens avoir trinqué avec Joël devant le banc de touche, nous rappelant l'un et l'autre, une coupe de champagne à la main, combien ce succès commun, avec le PSG, nous avait rendus heureux à l'époque. Je crois avoir écrasé une larme ou deux, dans la tiédeur d'une soirée exquise.

Quinze jours passèrent et l'ambiance euphorique baissa d'un ton. En football, on passe vite de la joie à l'infortune.

Mon gardien (Grégory Coupet), ma charnière centrale (Cris, Claudio Caçapa), mon milieu de terrain au complet (Mahamadou Diarra, Juninho, Tiago) ne figuraient pas sur la feuille de match pour notre dernier déplacement de la saison, à Lille. J'avais averti mon staff : « Je vais faire tourner l'effectif et composer une équipe différente. Je veux que tout le monde se sente concerné et mobilisé jusqu'au bout. Ce titre de champion appartient à tout le monde... » En dépit de ces absences, l'équipe conservait une fière allure avec des joueurs de la valeur de Rémy Vercoutre, Anthony Réveillère, Éric Abidal, Florent Malouda, Sidney Govou ou Fred. Parmi eux se trouvaient de nombreux internationaux sélectionnés pour la phase finale de la Coupe du monde en Allemagne. C'est dire si je n'avais pas l'intention d'organiser une grande braderie à Lille.

À peine le temps de déposer mes bagages dans ma chambre de l'hôtel Mercure qu'un coup de téléphone de Jérôme Seydoux, qui ne m'appelait pratiquement jamais, me plongea dans une perplexité totale.

J'ai fait mine de cacher ma surprise, au départ de notre conversation.

« Bonjour Gérard, qu'avez-vous prévu pour demain ?
– C'est-à-dire ?

– Quelle équipe allez-vous nous proposer au coup d'envoi ?
– Six titulaires habituels laisseront leur place. Je tiens à ce que le vestiaire ne lâche pas.
– Ah bon ? Six titulaires absents ? Mais vous êtes conscient que nous jouons contre Lille ?
– Bien sûr ! Lille, c'est le Nord, je suis un peu chez moi, on va y faire bonne figure, ne vous inquiétez pas. Il y a d'autres excellents joueurs à Lyon.
– Si vous le dites… »

Et il raccrocha. Il me sembla inquiet et j'ai senti un brin d'irritation dans le timbre de sa voix. Si on lui avait demandé de composer l'équipe, il n'aurait pas bâti la même que la mienne.

Le lendemain, au cours d'une soirée calamiteuse dont je n'étais pas fier, Lyon a bu un bouillon terrible. Sur une action lilloise, Rémy Vercoutre se « troua », sur une autre, Éric Abidal se plaça mal, et le reste de l'équipe se mit au diapason de nos deux « étourdis ». Lille l'emporta 4-0 et Jean II Makoun, qui n'a rien d'un géant, jaillit au milieu de notre défense et faillit marquer de la tête un cinquième but qui aurait achevé une fin de match amère !

Jean-Michel Aulas profita du feu d'artifice tiré au-dessus de Villeneuve-d'Ascq, sitôt le coup de sifflet final, pour s'éclipser de la tribune présidentielle. Il était fou furieux. D'une humeur massacrante, il vint nous rejoindre dans le vestiaire et il se lâcha comme jamais : « Je ne paierai pas les primes, s'il le faut ! »

Il s'adressa à moi.

« Mais pourquoi avoir procédé à tant de changements d'un seul coup ?
– Parce que je l'avais décidé. Mais je ne pense pas avoir aligné une équipe au rabais. »

Plus discret, Jérôme Seydoux m'indiqua qu'il valait mieux ne plus jamais répéter ce type de contre-performance contre Lille. Il n'avait pas du tout aimé.

« Mais monsieur Seydoux, vous auriez dû me dire qu'un des objectifs essentiels de la saison consistait à vaincre deux fois Lille, à l'aller et au retour… »

Michel, président de Lille, avait « écrasé » son frère Jérôme : j'avais commis une énorme bêtise en négligeant cet aspect si particulier de la rivalité entre les deux clubs. En l'emportant face à nous, Lille monta d'un cran et se qualifia pour la Coupe d'Europe : il y avait au moins un Seydoux aux anges, ce soir-là. Mais ce n'était pas le bon, vu de ma « paroisse ».

La plupart de mes anciens élèves de l'ESC Lille garnissaient les tribunes du stade, et nous avions prévu de dîner ensemble après le match. Ils se déclarèrent tous enchantés, car le LOSC était le club de leur cœur. Je n'ai pas cherché à la « ramener », un peu perdu dans mes pensées. J'avais aussi un poids sur l'estomac, je le reconnais volontiers.

La saison suivante, Lyon s'imposa deux fois contre Lille. J'avais retenu la leçon.

Il est difficile d'exiger d'une équipe qu'elle aille jusqu'au bout d'elle-même quand les joueurs ont le sentiment d'avoir rempli leur contrat. Notre titre de champion de France ayant été acquis depuis plusieurs jours, avec une quinzaine de points d'avance sur Bordeaux, une décompression enveloppa le vestiaire d'une sorte de ouate.

Il n'empêche : l'OL fêta son titre à Gerland à l'occasion du derby de feu contre Saint-Étienne, en lui infligeant une correction (4-0), avec des joueurs qui s'étaient peint les cheveux aux couleurs du club. Et lors de la dernière journée, Lyon fit exploser Le Mans, sur le score de 8-1. Avec un total de 84 points, le club établissait le record dans un championnat de France avec la victoire à trois points. Pas de quoi se prendre la tête pour un ou deux faux-pas qui ne prêtaient guère à conséquence.

Mais je nourrissais un énorme regret avec notre élimination en Ligue des champions. Notre affrontement en quart de finale contre le Milan AC aurait dû nous permettre de figurer dans le dernier carré, tant notre qualité technique était supérieure. À l'aller, à Gerland, nos joueurs ont perdu une bonne vingtaine de minutes en regardant jouer les Italiens. Autour de nous, on avait construit une sorte d'épouvantail, qui nous figea dans notre plan de jeu. Juninho était suspendu ce soir-là et, au match retour, ce fut au tour de Tiago d'être absent à la suite d'un avertissement récolté lors de notre première confrontation contre les Milanais. À tout prendre, j'aurais préféré l'inverse : Juninho présent à l'aller, et Tiago sur le terrain au retour. Aurait-on franchi le cap des quarts de finale, pour la première fois dans l'histoire du club ? Je le crois. Lyon possédait les armes pour atteindre la finale et la remporter. Je suis ressorti de San Siro fier de notre production d'ensemble et frustré par le résultat car tout s'écroula à deux minutes de la fin à la suite d'une erreur individuelle d'un de nos défenseurs.

Il s'agissait de notre troisième défaite en 47 matches.

C'était peu. Mais il aurait fallu l'éviter.

Ma deuxième saison lyonnaise s'engagea sur les mêmes bases, et notre première défaite en Ligue 1 n'était intervenue qu'à la 12ème journée sur le terrain de Rennes, où Juninho fut expulsé. Elle nous priva de la possibilité d'égaler le record de dix victoires de suite en championnat de France, codétenu par Saint-Étienne, les Girondins de Bordeaux et le Stade de Reims. Elle ne nous empêcha pas, toutefois, de mener grand train dans une compétition dominée de la tête et des épaules. Au terme du cycle aller, Lyon avait battu le record de la meilleure entame avec seize victoires, deux nuls pour une seule défaite. Avec 50 points sur 57 possibles, on reléguait le deuxième à quinze points. Un seul point pris par match lors de la phase retour pouvait nous assurer une position européenne.

Une équipe plus intraitable dans le championnat, cela n'avait pas dû exister souvent.

Qualifié pour les huitièmes de finale de la Ligue des champions avec 16 points sur 18 (avec au passage un 2-2 sur le terrain du Real Madrid), en course pour les demi-finales de la Coupe de la Ligue et pour les seizièmes de finale de la Coupe de France : sans être idyllique, le tableau de fin d'année de Lyon présentait bien. Pourtant, il se détériora.

L'ambiance se dégrada dans les coulisses du club, en partie par ma propre faute, même si telle n'était pas ma volonté. Dans un article paru dans le courant du mois de janvier 2007, j'avais déploré mon manque d'autonomie. Que n'avais-je pas dit ? Mais où voulais-je fourrer mon nez ? J'aurais mieux fait de tourner sept fois ma langue dans ma bouche avant de parler.

Bernard Lacombe a vécu cette remarque comme un affront, voire une attaque personnelle. Il me laissa un message d'une agressivité inouïe sur mon portable, avec des menaces à peine déguisées. J'étais « sonné » par ses propos outranciers.

J'ai demandé à voir Jean-Michel Aulas qui m'écouta avec la plus grande attention, de même que le message de Bernard Lacombe. Puis il fixa son regard droit dans le mien, avec un large sourire, qui traduisait son amusement. « Il est comme ça, Bernard, ne t'inquiète pas ! Ce n'est pas bien grave. Oublie, ça n'a pas l'importance que tu veux lui accorder ! »

Le président m'avait écouté mais il ne m'avait pas entendu. En refermant la porte derrière moi, j'ai pris la décision de partir. La complicité entre les deux hommes était trop profonde pour que je puisse espérer quoi que ce soit. Je termincrais la saison en mettant tout en œuvre pour décrocher de nouveaux titres, mais il ne sera pas question d'en accomplir une troisième.

Quand j'ai découvert que Jean-Michel Aulas avait accordé les pleins pouvoirs à Claude Puel, j'ai été sidéré. Pourquoi un tel changement de stratégie ? Comment le justifier ? Quelles intentions ont prévalu à cette nomination ? Je ne me la suis jamais expliqué. Je me doutais que la position de Claude serait intenable, car si le président n'interfère pas dans le domaine technique, il s'appuie sur un conseiller omniprésent. Le bail de Claude se termina finalement dans la douleur et la tension, avec phrases assassines à l'appui, et devant les tribunaux.

Pourtant, je suis le premier à reconnaître que la personnalité de Bernard Lacombe est attachante, et qu'une franche explication entre nous deux aurait pu dissiper notre conflit. Mais je n'ai pas voulu la provoquer car, au fond, je ne la souhaitais pas.

J'ai renoncé à ma dernière année de contrat à Lyon, d'un commun accord avec Jean-Michel Aulas, sans recevoir le moindre euro d'indemnité. J'ai pensé que le club avait besoin d'un dynamisme et d'un souffle nouveaux, et qu'il valait mieux qu'un autre entraîneur prenne mon relais. Personne, ainsi, ne perdait la face.

Les désillusions de l'OL en Ligue des champions (élimination en huitièmes de finale contre l'AS Roma) et en finale de la Coupe de la Ligue (défaite contre Bordeaux) laissèrent presque au second plan la conquête de notre sixième titre de champion de France d'affilée, qui constituait un record au sein des cinq championnats européens majeurs.

Au final, avec 17 points d'avance sur l'Olympique de Marseille, Lyon assuma son statut d'intouchable et, avec 165 points récoltés en deux saisons, je n'avais pas dilapidé l'héritage. L'équipe pratiquait un football attractif et réaliste, et personne ne contestait que le patrimoine ait été convenablement entretenu.

Il m'est arrivé de regretter de ne pas avoir poursuivi une saison supplémentaire. Mais cette idée éphémère ne me traversa l'esprit que le temps de quelques secondes.

Quand l'opportunité de revenir à la DTN se présenta, je n'ai pas mis plus d'une minute à me remobiliser et à repartir au front.

Un nouveau projet s'offrait à moi.

J'en ignorais, à l'époque, tous les contours.

Je n'allais pas être déçu par ce nouveau voyage dans la maison France.

Chapitre 31
À L'ATTAQUE !

C'est Jean-Pierre Escalettes qui me suggéra de réintégrer les rangs de la Fédération pour y retrouver le poste de directeur technique national que j'avais quitté en 1998. Ni la volonté de Jean-Pierre Morlans de poursuivre son activité à sa tête, après une période d'intérim de neuf mois, ni le forcing de Raymond Domenech pour cumuler les fonctions de sélectionneur et de DTN, ne lui convenaient. Il préférait faire appel à un troisième homme pour reprendre le flambeau abandonné en décembre 2006 par Aimé Jacquet, qui avait fait valoir ses droits à la retraite. Contrarié par l'ambiance lourde qui régnait au sein de la DTN, il déplorait l'existence de conflits incessants, et il me fixa, dans un premier temps, une mission pacificatrice : apaiser les tensions qui la minaient, pour la rendre plus sereine et plus efficace. La tâche n'était pas mince – j'en pris vite conscience.

Un pacte tacite nous liait, tous les deux, depuis quelque temps. Lorsqu'il présidait le football amateur, il m'avait assuré qu'il aimerait travailler un jour avec moi. Je partageais ce désir. Je m'étais bien entendu avec lui dans le règlement de plusieurs dossiers. Cette complicité représenta la base de notre relation de travail future.

Dès avril 2007, lorsque je me suis interrogé sur mon avenir, il me conseilla de me tenir prêt, au cas où.

Ma nomination, lors d'une réunion du conseil fédéral, le 14 septembre, prolongea et amplifia notre collaboration, mais elle donna lieu à un débat animé. En soutenant au dernier moment Jean-Pierre Morlans plutôt que le cumul de fonctions pour lequel il militait et qui l'intéressait au premier chef, Raymond Domenech tenta une ultime manœuvre sur un terrain habituellement réservé au président, pour tenter de me fermer la porte au nez. Mais sa recommandation sonna comme un aveu d'impuissance : le président de la Fédération ne céda pas.

Autant un sélectionneur est animé par une unique obsession : la préparation du prochain match et des échéances immédiates, autant le DTN a pour mission de développer une vision pour les dix ans à venir. Il doit être en prise directe avec l'évolution du haut niveau et déterminer le chemin à emprunter pour grandir. Il y a, dans son cahier des charges, une partie qui relève de la recherche fondamentale. Où va-t-on ? Où est le sommet international ? Comment y arriver ? Avec quels moyens ? La tâche est passionnante, mais elle est aussi exigeante.

Avant d'être nommé, j'ai défini un plan d'action, soumis à l'approbation de Jean-Pierre Escalettes et de Jacques Lambert, le directeur de la FFF. Dans une démarche cartésienne, le football français avait promu des entraîneurs qui maîtrisaient les paramètres défensifs. La France avait d'ailleurs été sacrée championne du monde avec une organisation défensive rigoureuse. Mais elle avait aussi remporté le titre de champion d'Europe, deux ans plus tard, avec de grands attaquants, en déployant un jeu transformé. Le moment me semblait venu de franchir une nouvelle étape, en inspirant un esprit plus offensif, et en faisant évoluer la formation des techniciens.

Mon idée de base était claire : réorienter les exercices sur un mode plus ludique et encourager les jeunes à prendre plus de risques et d'initiatives, tout en restant des joueurs d'équipe. Dans la tranche des huit-douze ans, notre retard devenait conséquent par rapport aux Allemands et aux Espagnols qui nous avaient dépassés. Ils nous avaient « emprunté » nos bonnes idées, tout en les adaptant à leurs caractéristiques, en mettant l'accent sur le jeu collectif. Pour schématiser, pendant qu'on créait des Hatem Ben Arfa, eux engendraient des Philipp Lahm et des Andrés Iniesta. On mesure toute la différence.

Pour mettre en œuvre cette stratégie nouvelle, il fallait pouvoir se reposer sur des hommes acquis à l'idée de changement et capables de se remettre en question. Ce ne fut pas le plus facile.

J'ai dû me séparer d'André Merelle. L'Institut national du football, dont il était le directeur, avait la responsabilité de la préformation, mais son enseignement, trop traditionnel, n'était pas en phase avec les exigences du jeu moderne. Avec Erick Mombaerts, j'ai donc développé un projet alternatif qui impliquait des modifications profondes dans la formation des entraîneurs et des formateurs. Et dans son contenu même, avec l'introduction du programme des trois P : Progrès, Plaisir, Performance. Sans copier le modèle proposé par Barcelone, car notre culture diffère, l'enjeu consistait à s'engager dans la voie d'un football plus ambitieux.

Je m'étais donné trois mois pour repartir du bon pied. Mais la DTN restait figée, sans le moindre esprit d'équipe, et chacun vivait dans son coin en gérant son pré carré comme un fonctionnaire jaloux de ses prérogatives. On m'avait certes prévenu, mais j'ai été surpris par l'immobilisme ambiant et le quotidien pesant. Et lorsque je parvenais à régler un problème au prix d'intenses efforts de persuasion, un autre surgissait. J'ai mis une année pour stabiliser un organisme gangréné par d'innombrables problèmes de personnes et par des philosophies contradictoires. Ce fut pénible à vivre. Mais je n'avais pas le choix, si je voulais avancer.

Le plus dur à supporter, au bout du compte, c'était le poids « politique » de chaque décision qui prenait le dessus sur les considérations sportives : il fallait ménager tout le monde, de peur d'accentuer les divisions internes. Chaque jour, je sentais la jalousie, les regards en coin, les inimitiés, les rancœurs : certaines personnes ne s'adressaient pas la parole depuis des semaines.

Excédé, j'ai réuni un jour la DTN au grand complet pour tenter de la « débloquer », car elle compromettait toute marche en avant. Mon message ne visait pas à caresser ses membres dans le sens du poil mais à placer chacun devant ses responsabilités. « Vous savez, Jean-Pierre Morlans ne m'appréciait pas et je peux avouer, devant vous, que la réciproque était vraie. Cela aussi, vous le savez sans doute. Mais, dans la vie, on ne travaille pas toujours avec des collègues avec lesquels on entretient de bonnes relations. À l'inverse, travailler avec des amis n'est pas une garantie de succès. Oublions tout ça, et concentrons-nous sur ce que nous avons à faire ! Pendant dix ans, malgré nos différends, nous avons œuvré ensemble, avec Jean-Pierre, pour le bien du football français. Je vous demande de faire fi de vos ressentiments personnels pour vous consacrer à l'essentiel : le développement de notre football, et son rayonnement. »

Une fois chassées les mauvaises habitudes et grâce à l'introduction de mesures significatives, les premiers résultats ont suivi, comme par hasard. L'élite du futur se révéla peu à peu avec l'éclosion des Raphaël Varane, des Paul Pogba, ou autres Antoine Griezmann, et une excellente génération poussa derrière ces têtes d'affiche.

C'était un premier pas, plutôt réussi.
D'autres ont-ils suivi ? Je n'en suis pas certain.
Aujourd'hui, j'ai même le désagréable sentiment que la DTN n'a plus le même poids, ni la même influence.

Chapitre 32
ATTENTION :
ZONE DE TURBULENCES !

Raymond Domenech ne relevait pas de ma responsabilité, sauf quand il venait chasser sur les terres de la DTN, dont il était toutefois membre.

Nos rapports se limitaient à un banal « bonjour-au revoir ». On s'en tenait à cette base minimum dans l'échange des civilités, et chacun s'en contentait.

Un jour du printemps 2008, il entra dans mon bureau pour m'exposer une requête d'un genre particulier.

« Gérard, je vais te mettre en difficulté, mais ce n'est pas bien grave, tu te débrouilleras. Je voudrais qu'Erick Mombaerts devienne l'entraîneur des Espoirs.

– Entraîneur des Espoirs ? Non, tu n'y penses pas, c'est absolument impossible : tout le monde va croire que je nomme mon copain, ce sera très mal interprété. Ça me retombera dessus, et ça ne lui rendra pas service…

– Si, si, j'y tiens. Je ne m'entends pas avec René Girard, sors-le de là, donne-lui une autre sélection et laisse les Espoirs à Erick. Je préfère collaborer avec lui. »

Pour une fois qu'il engageait la conversation avec moi, j'étais servi : un vrai cadeau.

Je suis allé voir Jean-Pierre Escalettes pour l'informer et pour lui exprimer le fond de ma pensée, après un rapide tour d'horizon. « Président, son souhait ne m'arrange pas du tout mais, comme Raymond est le patron des A et qu'il doit coopérer avec l'entraîneur des Espoirs, s'il le veut vraiment, je ne vois pas comment lui refuser cette requête… »

Par correction, j'ai tenu à avertir Erick, responsable de l'équipe de France des moins de 18 ans, en le prévenant que je ferais tout mon possible pour qu'il ne s'occupe pas des Espoirs. Sinon, il me placerait dans une position délicate. Il devait le comprendre. Ma gêne n'était pas feinte.

Quelques jours plus tard, alors que j'espérais que l'affaire était reléguée aux oubliettes, Raymond revint à la charge. Dans une négociation de la dernière chance, j'ai tenté de le persuader de patienter jusqu'à la fin de la campagne de qualification des Espoirs, ce qui nous amenait en juin. Mais il refusa net. « Non, il faut prendre la mesure immédiatement… »

Il avait entrepris un pressing soutenu auprès de Jean-Pierre Escalettes afin d'obtenir satisfaction. Il possédait une grande influence sur lui.

En tant que patron de la DTN, je n'avais pas le choix : l'annonce de la mauvaise nouvelle à René Girard, en poste depuis 2004, me revenait. Le sale boulot, en quelque sorte. Je lui ai donné rendez-vous un vendredi après-midi, mais son agenda ne lui permettait pas de se libérer.

« Non, je ne peux pas. Je suis invité à un mariage, impossible de me décommander.

– Bon, on se voit lundi alors ?

– Je suis pris aussi…

– Il n'y a plus qu'une solution : mardi matin, dans mon bureau. »

Ce jour-là, j'avais prévu de présenter le nouvel organigramme des entraîneurs nationaux lors d'une réunion de la DTN, au siège de la Fédération. Le prévenir deux heures avant du sort que je lui réservais me contrariait, mais comment procéder autrement ? Je n'avais pas le choix. Non seulement je me voyais contraint d'assumer une décision que je ne désirais pas, mais je devais aussi avertir l'intéressé au dernier moment. Je n'étais pas à l'aise dans mes pompes.

Lorsqu'il apprit de ma bouche la redistribution des cartes à la tête de la sélection des Espoirs, René Girard devint vert de rage. Il ne l'admettait pas et, dans un mouvement d'humeur, il la rejeta. Et puis, au bout de quelques minutes de discussion enflammée, il déposa les armes à terre. « Eh bien, tant pis, puisque c'est ce que vous voulez ! » Et il quitta la pièce.

Ce furent des minutes éprouvantes. Pris en otage dans une opération que je n'avais pas initiée, j'étais conscient du mal que je lui faisais. Je sais qu'il m'en veut toujours car il pense que j'ai tout manigancé dans son dos pour placer mon copain et l'évincer de la DTN. Les apparences le laissent croire, mais c'est totalement faux. J'ai longtemps traîné cette affaire comme un boulet. Mais que pouvais-je faire d'autre ?

Entre 2006 et 2008, avant même que je revienne à la Fédération, Jean-Pierre Escalettes avait accordé les pleins pouvoirs à Raymond Domenech. Tout ce que Raymond voulait, il l'obtenait. Il n'avait même pas besoin d'argumenter, de se battre ou de négocier. Tout lui était acquis, comme un dû.

Un exemple, parmi tant d'autres : avec Pierre Repellini, il s'est rendu en Suisse pour visiter un centre complètement isolé, en rase campagne, susceptible d'accueillir l'équipe de France pendant la phase finale de l'Euro 2008. Budget de l'opération : un million d'euros pour la Fédération. Personne n'eut son mot à dire, pas même le droit de poser une question. Il fallait payer, et au prix fort. Les Italiens, installés à cinq kilomètres de là, bénéficièrent de conditions plus avantageuses. Ils acceptèrent de jouer un match de démonstration et de faire de la publicité pour la localité qui les recevait. Moyennant quoi, la facture avait fondu de quelques centaines de milliers d'euros. Un travail de professionnel, par opposition à l'amateurisme confondant de la délégation française. Quand je pense qu'ils disaient pis que pendre, l'un comme l'autre, d'Henri Émile ! Organisateur hors-pair, il avait, lui, un sens aigu de l'intérêt général.

L'équipe de France vivait déjà repliée sur elle-même, à l'intérieur de sa propre bulle, et ils décidèrent de la couper encore davantage du monde extérieur. On se demande bien pourquoi une telle paranoïa inspirait la direction des Bleus. On en mesurera, plus tard, tous les dégâts.

Éliminée de la compétition dès le premier tour, après trois matches insipides, l'équipe de France ne donna jamais l'impression de savoir ce qu'elle devait faire sur le terrain. Les supporters étaient désabusés, certains s'effondrèrent en larmes à la fin du match contre l'Italie. Alors que toute la France se lamentait, Raymond Domenech adressa une demande publique de mariage à sa compagne, en direct, par le canal de la télévision, à la stupéfaction générale ! N'importe quel technicien se serait expliqué sur le parcours de son équipe. Il aurait trouvé des explications à l'échec, il aurait même pu reconnaître que le jeu produit avait été défaillant, il aurait tracé une voie nouvelle pour l'avenir proche, il aurait appelé à la remobilisation. Il aurait « fait le métier », dans une communication maîtrisée. Rien de tout ça !

Cet Euro raté ne servit pourtant pas de leçon. Jean-Pierre Escalettes voulait le maintenir à son poste coûte que coûte, et rien ne pouvait être de nature à réviser son jugement. Il me demanda de l'aider dans l'opération sauvetage qu'il avait décidé d'engager. Il avait également convaincu Michel Platini d'en faire autant. Michel s'exécuta en accordant une interview sans ambiguïté dans L'Équipe. Il me semble qu'elle était titrée : « Domenech est le mieux placé ».

Ma position relevait d'un constat élémentaire : ou j'acceptais les options stratégiques de mon président, ou je prenais le contre-pied de sa politique, et je démissionnais. J'ai préféré demeurer à mon poste de DTN et éviter d'ajouter la crise à la crise, y compris en trouvant des arguments pour abonder dans le sens de Jean-Pierre Escalettes. En 1994, le sélectionneur allemand Berti Vogts avait été placé sous la menace d'un licenciement après la Coupe du monde aux États-Unis. Deux ans plus tard, il devenait champion d'Europe, en battant la République tchèque, en finale à Wembley. La France pouvait rêver d'un destin semblable pour 2010. Je me forçais à le croire. Je me suis trompé.

La Fédération Française de Football est une vieille institution respectable et le vent de la révolution n'a jamais soufflé dans les couloirs de la grande maison. Refuser de faire corps avec le président et militer pour le remplacement de Raymond Domenech aurait conduit à ouvrir une crise et deux successions.

Je n'aime pas les révolutions, je préfère les réformes.

Je reconnais avoir tenu un rôle non négligeable dans le maintien du statu quo à la tête de l'équipe de France. Je ne sais pas si c'est ce que j'ai fait de mieux dans ma vie professionnelle, mais il n'est jamais venu à l'idée du sélectionneur de me remercier pour cet appui. J'ai accompagné mon soutien d'un message sans ambiguïté à son égard : « Raymond, fais extrêmement attention à la suite des événements. La période qui se présente sera compliquée car tu navigues à contre-courant de tout : la presse, les supporters, l'environnement du football, les anciens joueurs, et une bonne partie de la Fédération.

Tu fais l'unanimité contre toi. Change de comportement, pour ton bien et pour celui de l'équipe de France, que tu mets en danger… »

Une mise en garde « amicale » qui resta lettre morte.

Car on n'impose rien à Raymond Domenech.

La campagne de qualification pour la phase finale de la Coupe du monde 2010 n'aura été qu'un long chemin de croix. Elle débuta en Autriche par une défaite qu'il justifia par l'absence d'escabeau pour contrer la grande taille des attaquants autrichiens – étrange aveu de faiblesse de la part d'un technicien. Et une provocation supplémentaire à porter à sa colonne débit. La veille du match suivant, contre la Serbie, il commença son point presse en faisant mine de s'étonner du nombre de journalistes présents dans la salle. « Ah oui, l'odeur du sang vous intéresse ! », s'exclama-t-il, avant d'enchaîner par une digression sur les lois d'exception et la guillotine. Il se demanda, ouvertement, s'il ne bénéficierait pas plus facilement de circonstances atténuantes s'il avait tué quelqu'un ! Provoquer pour motiver ou pour progresser, il n'y a rien de gênant, au contraire. Mais la provocation qui ne suscite que la polémique et n'occasionne que des règlements de compte n'a aucun sens. Il ne s'arrêtait jamais. Il devait y trouver un plaisir que lui seul partageait.

À l'automne 2009, la pression monta d'un cran au siège de la Fédération, avant un déplacement de l'équipe de France en Serbie. Jean-Pierre Escalettes me confia, sous le sceau du secret : « Si on perd, il va falloir tenter quelque chose… » Le changement sera nécessaire, c'est ce qu'il voulait m'indiquer.

« Préparez-vous, Gérard, vous allez peut-être devoir occuper la place…

– Non, président, en aucun cas. Je ne veux pas reprendre l'équipe de France. Vous m'entendez : en aucun cas.

Je vous le dis de façon ferme et définitive. Je ne suis pas revenu à la Fédération pour consacrer mon temps à la sélection nationale, mais à la DTN. Si vous voulez changer de sélectionneur, on trouvera un entraîneur pour terminer le cycle de la qualification. Mais je ne prendrai pas l'équipe, ôtez-vous ça de la tête, je suis formel. »

Il cherchait à me forcer la main.

Par chance, le match ne provoqua aucun chambardement.

Avec l'épisode des barrages contre l'Eire, la Fédération est ensuite entrée dans une nouvelle période de soubresauts. La victoire à Dublin aurait dû annoncer un match retour relativement serein mais, au Stade de France, l'ambiance fut accablante. La fameuse main de Thierry Henry amena l'égalisation française, assura notre qualification et déclencha une tempête. Que dis-je : une affaire nationale. Deux jours après, j'ai eu Thierry au téléphone pendant une bonne demi-heure, pour le réconforter. Je me trouvais à Strasbourg pour animer une réunion de l'amicale des éducateurs. Thierry ne me cacha pas sa colère face à tous les commentaires qu'il avait lus et entendus. Mais au-delà de son irritation, j'ai perçu son abattement et sa solitude. Il se sentait abandonné et lâché en rase campagne par la direction de la Fédération, qui n'avait entrepris aucune démarche pour l'aider. Ni publiquement, ni personnellement. Cette histoire le marquera plus qu'on ne le pense. Elle aura même des conséquences, plus tard, en Afrique du Sud.

Ce barrage retour, catastrophique en termes d'image, laissa des traces profondes dans les esprits, et la qualification fut presque rejetée au second plan dans une France déboussolée. La polémique ne cessa d'enfler et elle contribua à entretenir un climat délétère. C'est à ce moment-là, à mon avis, que Jean-Pierre Escalettes aurait dû prendre la décision de se séparer de Raymond Domenech. Autant il aurait peut-être été imprudent de l'écarter en pleine phase éliminatoire, autant, cette fois, une occasion presque idéale se présentait. Raymond avait honoré sa mission et une page pouvait être tournée avec dignité. J'ai l'intime conviction qu'il se serait lui-même senti soulagé par son éviction.

Mais Jean-Pierre Escalettes ne se trouvait pas dans cet état d'esprit. Il organisa une réunion avec quelques membres du conseil fédéral et précisa son intention d'entrée, histoire de refroidir les ardeurs : « Si vous voulez changer de sélectionneur, alors il faudra aussi trouver un autre président de Fédération... » Il mit tout son poids dans la balance et personne ne souhaitant provoquer une crise, personne ne bougea. Pour calmer l'assistance, il ajouta : « Vous savez qu'on ne renouvellera pas le contrat de Domenech après la Coupe du monde, et qu'on s'engagera dans une autre voie. Il n'est pas utile de précipiter le mouvement. Tout se fera naturellement. » Des contacts avaient déjà été noués avec Laurent Blanc, alors entraîneur des Girondins de Bordeaux. Sur le principe, il avait accepté de prendre la succession, à laquelle il se préparait.

Le maintien de Raymond Domenech à son poste se posa une fois encore après le match amical perdu contre l'Espagne, au Stade de France, en mars 2010. Je me souviens d'une nouvelle discussion tendue dans le bureau de Jean-Pierre Escalettes, en présence de Fernand Duchaussoy, d'Henri Monteil et de Bernard Desumer.

Le président sollicita mon avis, que je lui donnai sans détour.

« Je pense que Raymond a perdu le vestiaire. Il n'y a plus d'unité. Je l'ai constaté de visu, l'autre soir, au Stade de France. Ce sont des choses qui arrivent, c'est arrivé à Arsène Wenger à Monaco, ça m'est aussi arrivé par le passé... Il faut changer, président, ça ne peut plus durer ! »

Je n'avais aucune idée particulière en tête. Mais lorsque le nom de Didier Deschamps, qui était libre de tout engagement, fut prononcé dans le cours de nos échanges,

Jean-Pierre Escalettes nous fit part de réticences en haut lieu. Plusieurs personnalités influentes du football français ne le souhaitant pas, le président de la Fédération écarta cette hypothèse. Dommage.

À deux mois de l'attribution du championnat d'Europe 2016, nous ne souhaitions pas troubler le jeu. Je partais souvent défendre la candidature française, en compagnie de Jean-Pierre Escalettes et de Jacques Lambert, et cet engagement officiel nous obligeait à la prudence et à une certaine pondération.

Le silence que je m'imposais relevait de ma conception de la responsabilité.

Une autre idée germa, un moment : que Gervais Martel et moi nous nous rapprochions de l'équipe de France, afin de l'aider et d'apaiser son climat. Je l'ai rejetée, en me justifiant auprès du président : « Un sélectionneur, ou vous le soutenez, ou vous le virez, ou vous avez confiance en lui, ou vous ne croyez plus en lui. Vous ne pouvez pas "l'entourer". C'est impossible, ça ne marche jamais. »

Fidèle à sa communication provocatrice, Raymond Domenech prouva plus tard, lors de l'annonce des joueurs retenus pour la Coupe du monde, qu'il n'en faisait qu'à sa tête. Il nous avait prévenus, le président et moi : « Je vais donner une liste de 23 joueurs, je ne veux pas en prendre 30 pour en laisser sept sur le carreau au terme du stage. Ce n'est pas une formule qui me convient. » Message reçu.

Je n'étais pas présent à Paris lorsqu'il leva le voile sur le nom des sélectionnés pour l'Afrique du Sud. Un journaliste m'appela pour connaître ma réaction.

« Vous connaissez la liste des joueurs choisis par Raymond Domenech ? »

– Non.

– Il en a désigné 30... »

Je suis resté sans voix.

À l'évidence, je n'étais pas dans la confidence, pas plus que le président de la Fédération ou le directeur général qui furent aussi surpris que moi par ce brusque changement de cap.

C'était tout Raymond Domenech, à la fois imprévisible et ingérable.

La suite des événements, malheureusement, se chargea de le confirmer.

Chapitre 33
TROP, C'EST TROP

Depuis plusieurs semaines, le message de Raymond Domenech ne trouvait plus aucun écho. Alors, comment imaginer qu'un mot, une phrase, une formule ou un effet de style, dans le bus de Knysna, le dimanche 20 juin 2010, auraient pu permettre de briser le mur dressé entre les joueurs et lui ? Quand le vestiaire ne veut plus rien entendre, qu'il se referme sur lui-même et qu'il refuse d'écouter le moindre conseil de son chef, le point de non-retour est atteint.

Mais que de maladresses le sélectionneur n'avait-il pas accumulées avant ce jour noir pour le football français !

À Lens, avant la rencontre amicale contre le Costa Rica qui précéda l'ouverture de la Coupe du monde, William Gallas avait découvert devant l'équipe rassemblée dans le vestiaire que le brassard de capitaine lui était retiré au profit de Patrice Évra. Raymond Domenech n'avait pas jugé opportun de l'informer. Quel affront pour William, mis devant le fait accompli ! Dans l'exercice de son métier, l'entraîneur doit prendre des décisions et avoir le courage de les assumer. Sa première qualité, comme on le dit en Angleterre, c'est d'être *brave*, d'avoir de la bravoure, d'expliquer, de justifier, de démontrer, d'annoncer, y compris des mauvaises nouvelles.

Alors qu'il gardait en mémoire les attaques dont il fit l'objet après le match retour contre l'Eire, Thierry Henry reçut la visite du sélectionneur à Barcelone, venu lui apprendre qu'il ne le retiendrait pas dans sa liste pour l'Afrique du Sud. Pourquoi pas, même si cette option ne me semblait pas la plus judicieuse ? Finalement, après un dialogue serré, Domenech tourna casaque et il le sélectionna parmi les 23, tout en lui indiquant qu'il ne serait qu'une roue de secours. Allez comprendre !

En dépit de ses 51 buts marqués en équipe de France, de son expérience accumulée et de sa place dans le groupe, le rôle dévolu à Thierry consistait à regarder ses partenaires jouer ! Un attaquant de sa qualité peut, en un coup de génie, faire basculer le sort d'un match, et le sélectionneur préférait s'en priver… tout en le retenant. Son choix m'a paru impénétrable.

Concernant Knysna, Aimé Jacquet m'a dit un jour : « Si tu avais été dans la délégation auprès de l'équipe de France en Afrique du Sud, tout cela ne se serait jamais produit. Tu serais monté dans le bus, tu aurais su trouver les mots pour les ramener à la raison et les gars seraient descendus, un à un, pour aller s'entraîner. » Il est si facile de l'affirmer après coup. J'aurais peut-être tenu un discours émotionnel pour les obliger à se ressaisir. Mais aurais-je été convaincant ? Je peux m'en persuader, mais rien ne le prouve.

Je n'avais aucune raison d'être présent à l'hôtel des Bleus en Afrique du Sud, où je ne pouvais pas imposer ma présence. Elle n'aurait pas été la bienvenue. Cela peut paraître aberrant mais je n'entretenais aucune connivence professionnelle avec le sélectionneur.

Je pense, sincèrement, qu'il a dérivé après la Coupe du monde 2006 en Allemagne.

Je lui reproche son manque d'élégance après l'élimination au premier tour de la Coupe du monde. Qui ne se souvient de son refus de saluer Carlos Alberto Parreira, l'entraîneur brésilien de l'Afrique du Sud, à la fin du dernier match ? Une absence de fair-play qui a donné une très mauvaise image du football français.

Raymond Domenech aurait pu affirmer que si la France avait atteint la finale en 2006, les joueurs et lui-même y avaient contribué. À l'inverse, il aurait dû admettre que, quatre ans plus tard, il portait une part de responsabilité dans l'échec de 2010. Et en tirer une conclusion évidente : présenter sa démission au président de la Fédération.

Il préféra partir en tirant la nappe, en provoquant la chute des assiettes, des couverts et des verres dans un fracas généralisé qui déclencha un flot de rancœurs et de déceptions au sein d'une Fédération sens dessus dessous. Il s'aménagea même une manœuvre de réhabilitation personnelle en se dédouanant et en accusant les joueurs, immatures et irresponsables, donc forcément coupables de l'échec.

Dans ce déballage, personne ne trouva grâce aux yeux de l'opinion publique, notamment chez les consultants qui se déchaînèrent. Christophe Dugarry s'acharna contre moi sur Canal+. Éric Di Meco ajouta sa voix à ce concert anti-Houllier, de même que Jean-Michel Larqué. Si j'avais été le sélectionneur, j'aurais compris qu'on me prenne pour cible et qu'on déclenche un tir nourri sur moi. Mais là…

Ils me clouaient au pilori parce que j'avais accordé un avis favorable au maintien de Domenech après l'Euro 2008. J'étais devenu un coupable idéal, auquel il fallait couper la tête pour assainir le football français. Personne ne prêtait attention à mon travail à la DTN, avec la définition d'un projet et d'une politique de formation originaux. On préféra me critiquer sur la forme plutôt que sur le fond.

J'en ai eu assez d'entendre et de lire ces commentaires.

Dans ce climat de règlement de comptes, où personne ne sortait indemne, car la chasse aux sorcières s'engagea à tous les étages, Jean-Pierre Escalettes démissionna de son poste de président de la Fédération que Fernand Duchaussoy récupéra.

Quand j'ai averti Jacques Lambert que je voulais quitter la Fédération, il m'avoua qu'il me comprenait. Lui aussi devait prendre, plus tard, le chemin de la sortie.

Je n'avais plus la foi pour mener ma mission.

On avait réussi, peu à peu, à m'en détourner.

Chapitre 34
RETOUR AU PAYS DU FOOTBALL

Usé par une cascade de tracasseries, j'avais un besoin vital d'ouvrir les fenêtres et de respirer l'air pur de l'extérieur. L'atmosphère était devenue irrespirable au siège de la Fédération, boulevard de Grenelle, à Paris. Il valait mieux que je parte pour aller renifler l'odeur du terrain. Ah, le terrain ! Je n'ai jamais trouvé meilleur exutoire pour me régénérer. Avant la Coupe du monde, j'avais repoussé les offres de plusieurs clubs allemands dont Wolfsburg, Hambourg et Cologne, qui me proposaient de prendre la direction de leur club. Je ne me sentais pas prêt à me lancer dans une aventure qui exigeait un changement de cap radical. Mais l'idée faisait son chemin.

Dans le courant du mois d'août 2010, lorsque les dirigeants d'Aston Villa, dont Randy Lerner, président du club, propriétaire américain de la franchise NFL des Cleveland Browns, se déplacèrent chez moi, en Corse, pour me soumettre un contrat de deux ans, j'ai su immédiatement que l'heure du départ avait sonné. Ils paraissaient aussi motivés que moi à l'idée de travailler ensemble. Ils réclamaient une réponse rapide de ma part ? Ils l'ont eue, et sans tarder !

Quand j'ai annoncé à Fernand Duchaussoy, en rentrant de vacances, mon intention de renoncer à mon poste de DTN, je ne l'ai pas senti contrarié. Parler de soulagement serait peut-être exagéré mais il ne m'a pas semblé accablé. Il n'entreprit aucune démarche pour tenter de me retenir, contrairement à Noël Le Graët qui aurait souhaité que je demeure en fonction. Mais l'envie avait disparu, et personne n'aurait pu me faire changer d'avis.

Si Fernand Duchaussoy s'accrocha à moi, c'est pour une autre raison.

« Gérard, tu ne peux pas partir de cette façon, du jour au lendemain. Tu dois donner ta démission et honorer ton préavis.

– Mais ce n'est pas possible !

– Tu ne feras pas un préavis de trois mois, d'accord, on s'arrangera. Mais on peut partir sur l'idée d'un mois…

– Mais un mois, c'est encore trop ! Le président d'Aston Villa m'attend la semaine prochaine pour que je reprenne l'équipe. Je te rappelle que le championnat d'Angleterre a déjà débuté… »

Alertée pour imaginer une solution, la direction des ressources humaines de la Fédération se porta à mon secours. Étant salarié depuis plus de deux ans dans l'entreprise, j'étais en droit de solliciter un congé sabbatique. Fort de cet arrangement, je suis retourné voir le président pour lui expliquer la manœuvre, qui n'avait rien d'illégal.

« Je prends un congé sabbatique pour être libre immédiatement, et je démissionne aussitôt après pour mettre tout le monde à l'aise… Ainsi, tu seras tranquille. Les textes le permettent et puisqu'ils jouent en notre faveur, autant s'en servir.

– OK, Gérard, on fera comme ça. »

J'ignore quelle fut la teneur exacte des discussions au conseil fédéral de septembre auquel Jacques Lambert, qui était informé de la procédure, n'assistait pas. Mais il y eut une levée de boucliers contre moi. Des voix « charitables » m'ont sermonné pour ne pas avoir démissionné. D'autres ont opposé un veto formel à mon départ, en prétendant que je me réservais une porte de sortie au cas où mon expérience à Aston Villa tournerait mal.

Fernand Duchaussoy m'appela pour me rendre compte d'une situation qui lui filait entre les doigts. J'étais abasourdi. « Mais tu as pris le temps et le soin de leur expliquer pourquoi nous avions agi de cette manière ? Il était bien convenu entre nous que, dans le mois qui vient, je présenterais ma démission ! »

Décidément, il était temps que je file à l'anglaise.

Six ans et quatre mois après avoir quitté le banc de touche de Liverpool, un seul désir me guidait : retrouver l'Angleterre, son football, sa culture du jeu et de l'effort, son public et son environnement, ses stades, son esprit. Premier League, mon amour… Repartir au feu à 63 ans ne me faisait pas peur : ma passion pour le football était trop forte pour repousser cette nouvelle aventure.

Je savourais mon petit bonheur.

J'étais heureux comme un gamin.

Je revivais.

Club basé à Birmingham, Aston Villa n'avait rien d'un faire-valoir. À son palmarès, il comptait sept titres de champion d'Angleterre et autant de victoires en Cup. Il était aussi l'un des quatre clubs anglais à avoir remporté la Coupe d'Europe des clubs champions, en 1982, face au Bayern Munich. Il occupait le quatrième rang des clubs anglais les plus titrés avec 20 trophées majeurs, et il s'honorait de faire partie de la bande des sept à avoir été concernés par toutes les saisons de Premiership, avec Arsenal, Chelsea, Everton, Liverpool, Manchester United et Tottenham.

Je n'allais pas me perdre dans un club de deuxième catégorie.

Martin O'Neill avait démissionné de son poste, à la surprise générale, après trois journées de championnat, et l'intérim assumé par Kevin MacDonald n'était pas destiné à s'éterniser. Randy Lerner m'en avait donné l'assurance. Il accepta que je vienne avec plusieurs collaborateurs, car je ne voulais pas débarquer tout seul dans un environnement que je ne maîtrisais pas. Je fis d'abord appel à Gary McAllister, comme numéro deux, l'une des pièces maîtresses de mon équipe de Liverpool en 2001. Robert Duverne, le préparateur physique avec lequel j'avais collaboré à l'OL pendant deux saisons, fut ma deuxième « recrue » pour étoffer mon staff. En revanche, j'ai promu Gordon Cowans, l'une des figures emblématiques du club, l'un des douze joueurs à composer le Aston Villa Hall of Fame.

Ma priorité, à court terme ? Améliorer la qualité de jeu avec une philosophie plus *entertaining*. Mon projet visait à convaincre les supporters qu'un autre football, plus chatoyant, était possible. Mais ma tâche dépassait largement cet objectif : changer les habitudes de travail et de management, transmettre une ambition supérieure, et surtout remporter des trophées, un projet qu'Aston Villa avait abandonné depuis quatorze ans. Je savais qu'à terme l'équipe devait intégrer le Big Four de la Premier League. C'était la mission qui m'était confiée pour les trois ans à venir.

Mon premier souci, pourtant, n'avait rien à voir avec le volet sportif du club. Comme à Liverpool, six ans auparavant, je me suis retrouvé confronté à un fléau que je croyais éradiqué, et que j'avais combattu avec fermeté à l'époque. Dans l'effectif d'Aston Villa, quelques spécimens se livraient encore à un jeu dangereux, en maniant avec plus de dextérité la bouteille que le ballon rond. Ils étaient deux ou trois à perpétuer la tradition.

Ce fut pour moi un combat permanent. Il fallait en passer par là.

En football, deux mots sont à bannir du vocabulaire : jamais et toujours. Je ne pensais pas revenir sur un terrain. J'avais un bon poste à la Fédération et un grand dessein à réaliser. Je n'avais pas à me plaindre. J'aurais pu rester en place jusqu'à l'âge de la retraite.

J'avais failli laisser mon cœur sur un banc de touche.

Pourquoi, dès lors, ce retour à la compétition, comme un ultime défi à la vie ?

Peut-être parce qu'une conviction ne m'a jamais quitté : seul le terrain pouvait vraiment me guérir.

Chapitre 35
L'ÉPÉE DE DAMOCLÈS

Fragilisé par le départ de son manager et celui de son meilleur joueur, James Milner, transféré à Manchester City, assommé par une débâcle à Newcastle (0-6) au cœur de l'été et une élimination par le Rapid Vienne en barrages de la Ligue Europa (1-1 ; 2-3), Aston Villa ne traversait pas la meilleure période de son histoire quand j'ai revêtu mon uniforme de pompier. Mais s'il avait manifesté une santé éclatante, personne n'aurait songé à frapper à ma porte.

Mon défi initial était élémentaire : éliminer Blackburn, en seizièmes de finale de la Coupe de la League, pour vite redresser la barre. Elle évoquait une compétition chère à mon cœur, avec mon premier accessit, en 2001, pour Liverpool. Tout un symbole dans ma carrière anglaise. Grâce à Emile Heskey, un de mes hommes de base au temps béni d'Anfield, qui débloqua un scénario de match mal engagé, Aston Villa débuta sous ma direction par une victoire (3-1). Une simple étape dans une perspective plus large de redressement.

Mon retour à Liverpool, quelques jours plus tard, souleva une forte émotion. Les supporters des Reds m'offrirent une ovation poignante et ils déployèrent des banderoles à mon effigie, dès mon arrivée sur le terrain, avant d'entonner le célèbre « *You'll never walk alone* ». À la fin de la rencontre, ils scandèrent mon nom pendant de longues minutes. Chaleureuses au plan humain, mes retrouvailles tournèrent au cauchemar sportif avec une large défaite (3-0). Mon retour en Angleterre ne ressemblait pas à un parcours semé de roses.

Le directoire d'Aston Villa dégagea plus de 30 M€ en janvier pour le recrutement de Jean II Makoun et de Darren Bent, et l'équipe quitta peu à peu la zone rouge dans laquelle elle menaçait de s'enliser. Les fans entonnaient constamment un vibrant « *Houllier's claret and blue army* », qui démontrait qu'ils croyaient en moi. Mais il fallait de la patience pour sortir du bourbier. L'idée d'un « plan à long terme » établi avec Randy Lerner et le directeur exécutif, Paul Faulkner, pesait davantage sur l'avenir du club, fort heureusement, que les recommandations de l'ancien commandant en chef des Marines Charles Krulak, l'ami de Lerner, qu'on surnommait « le général ». Il n'avait pas digéré mon attitude à l'attention des fans du Kop de Liverpool et mes propos après la défaite. « Quitte à perdre, avais-je déclaré, je préfère que ce soit contre eux. » Il les interpréta comme une provocation, mais il ne s'agissait que d'humour et de tendresse à l'égard de supporters qui me restaient fidèles.

Je savais dans quelle direction m'engager : la première année, l'entraîneur pose les bases de son projet et affirme sa personnalité ; la deuxième, il pense à gagner et la troisième, il prend son envol. Dans la période présente, je me situais plutôt dans un régime de survie.

Après une victoire sur le terrain de West Ham (2-1), le 16 avril 2011, le maintien en Premier League était presque atteint. Avec trois matches à domicile et deux autres en déplacement à suivre, notre programme se présentait sous un jour favorable. Avec un peu de volonté, le rêve d'entrer dans le top 10 ne paraissait pas inaccessible.

Le lendemain, pour fêter la bonne nouvelle, nous avons décidé, Isabelle et moi, de déboucher une bouteille de champagne. Dans l'après-midi, je devais me livrer à quelques exercices de gymnastique au camp d'entraînement du club mais la température presque caniculaire m'en dissuada. Tout allait bien. Je remettrais ça à plus tard. Demain peut-être.

À l'instant de porter la coupe à mes lèvres, j'ai ressenti un violent coup de poignard dans la poitrine. Une douleur abominable, bien plus vigoureuse qu'en 2001 dans le vestiaire de Liverpool. J'ai cru qu'une cacahuète était restée en travers de ma gorge, prête à tomber dans la trachée artère. Je me suis allongé, mais la souffrance persistait, de plus en plus insupportable.

Affolée, Isabelle entra en contact avec le « Doc » Waller, le médecin du club, pour une intervention rapide. Puis elle appela Abbas Rashid, qui coulait des jours paisibles dans sa résidence secondaire à Cagnes-sur-Mer. C'est lui qui m'avait sauvé la vie en 2001.

Je souffrais tellement que le docteur, accouru à mon domicile, m'administra une dose de morphine pour me soulager. Il réclama une ambulance d'urgence pour me conduire au Queen Elizabeth Hospital de Birmingham.

Le souvenir de mes interminables heures d'opération remontait à la surface, et j'ai même eu une pensée pour Jock Stein, foudroyé par une crise cardiaque lors d'un match de l'Écosse face au Pays de Galles. J'ignore pourquoi son image s'imposa à moi. Sans doute parce que je broyais du noir comme jamais.

Je me disais : pourvu que mon corps tienne encore un mois ou une semaine, que je puisse profiter de la vie. Je ne veux pas partir sans avoir vu, une dernière fois, tous ceux que j'aime, sans les avoir serrés dans mes bras, sans les avoir embrassés.

Je devais m'accrocher, coûte que coûte.

Tout tourbillonnait dans ma tête à une vitesse vertigineuse Le lendemain matin, à 10 h, Abbas Rashid se pencha sur mon lit d'hôpital, l'air anxieux. Je ne sais pas comment il avait fait pour venir si rapidement de France. Il comprit que l'aorte descendante, qui nourrit la moelle épinière et les membres inférieurs, était touchée. Son collègue de Birmingham, le docteur Banzer, se posa la question : on opère ou pas ? Un cas de conscience. L'aorte, de 2,5 cm normalement, s'était élargie à 3,9 cm. Elle s'écartait et créait un faux chenal.

Pendant 48 heures, j'ai vogué entre la vie et la mort. Une intervention chirurgicale semblant trop risquée, le docteur préféra traiter le mal de manière conservatoire.

Deux écoles s'opposent. En Europe, certains chirurgiens, en dessous de 6 cm, rechignent à pratiquer une intervention, alors qu'aux États-Unis, ils opèrent à partir de 5 cm. J'apprendrai que mes artères étaient plus fines et plus fragiles que la moyenne, et que j'exerçais le métier le plus exposé au monde compte tenu de cette « anomalie ».

L'équipe médicale chercha à me ménager et à me rassurer. Jusqu'au moment où le docteur Mark Waller reprit ce que m'avait déjà dit le docteur Stables : « Vous savez, monsieur Houllier, il vaut mieux arrêter un an trop tôt qu'un jour trop tard. » Le message n'avait rien de subliminal. J'étais au pied du mur. Ce dernier m'expliqua qu'un de ses patients, pilote d'essai, dépassait le Mach 1 dans des avions supersoniques. Un jour, en atterrissant, il découvrit avec stupeur son copain, co-pilote, mort derrière lui. « Il avait les mêmes symptômes que vous, monsieur Houllier... » Son anecdote me glaça le sang. Il ajouta, avec un ton grave : « Votre tension ne doit plus jamais monter au-dessus de 10. Vous prendrez des médicaments jusqu'à votre dernier jour. Le risque, c'est la rupture totale de l'aorte. À moins d'habiter dans un hôpital, vous ne vous en sortiriez pas vivant. Monsieur Houllier, écoutez-moi bien : le métier d'entraîneur est désormais proscrit ! »

Je me suis souvenu d'une discussion avec Rinus Michels, l'entraîneur du grand Ajax Amsterdam des années 70, qui me confia un jour : « Que vous ayez 40, 50, 60, 70 ou 80 ans, vous ne surmontez pas facilement l'arrêt de votre carrière. Tout le monde est passé par là, et lorsque ce moment viendra pour vous, vous aurez beaucoup de mal à le vivre. »

Il ne croyait pas si bien dire.

Pendant quelques jours, j'ai refusé cette issue qui m'était présentée comme inéluctable. Calé dans mon lit d'hôpital, j'ai communiqué par SMS trois compositions d'équipe possibles à Gary McAllister pour le match contre Stoke City. Je l'ai suivi à la radio, soulagé par le résultat final. Le nul (1-1), combiné aux défaites de West Ham et de Wigan et au nul de Wolverhampton, garantissait à 99 % le maintien d'Aston Villa dans l'élite. Mais lorsqu'une infirmière accrocha son tensiomètre à mon bras pendant la retransmission télévisée de notre match à Arsenal, elle s'empara de la télécommande et coupa immédiatement l'image. Ma tension était montée à 16 ! Une pure folie.

J'étais condamné à tourner la page.

Placé en arrêt de travail jusqu'au 20 octobre, je me suis entendu avec les dirigeants du club pour une rupture de contrat à l'amiable.

Le lendemain, je me suis réveillé, et tout s'entrechoquait : terminé Aston Villa, terminé la Premier League, terminé l'entraînement, terminé le terrain, terminé le vestiaire, terminé le banc de touche, terminé les matches, terminé…

Terminus, je descendais du train, qui repartait sans moi.

J'ai pris brutalement conscience que ma vie professionnelle cessait et c'est comme si une petite mort, tout à coup, m'enveloppait de son voile.

Je suis tombé dans une déprime totale.

L'année 2011 a été épouvantable. Engagé dans un interminable tunnel, je n'en percevais pas le bout. Je ne pensais pas pouvoir m'en sortir.

Or une fois encore, les circonstances de la vie m'offrirent une nouvelle chance.

Quelques mois plus tard, par l'intermédiaire de Darren Dein, j'ai rencontré l'entrepreneur autrichien Dietrich Mateschitz, fondateur de Red Bull, qui me fit une proposition incroyable. Il souhaitait que je prenne la direction technique du secteur football de son entreprise, afin de coordonner l'activité de tous les clubs représentant la marque : au Ghana, à São Paulo, à New York, à Salzbourg et à Leipzig. Au départ, par crainte, je me suis montré réservé mais, à la réflexion, j'ai accepté sa proposition à laquelle je consacre toute mon énergie depuis trois ans.

Je garde toujours un œil, néanmoins, sur ma tension, pour éviter qu'elle ne monte et qu'elle ne mette l'aorte sous pression. Lors de certains matches des Red Bulls de New York, de Salzbourg ou de Leipzig, elle grimpe parfois à 10.

J'ai beau vouloir continuer à vivre ma passion, je sais que j'avance avec une épée de Damoclès au-dessus de la tête.

Elle peut tomber à tout moment et provoquer l'irréparable.

J'en ai conscience, mais rien ne m'arrêtera.

J'aime trop le football pour déserter l'univers dans lequel je me suis épanoui toute ma vie.

ÉPILOGUE
LE SENS D'UNE VIE

Dans un article qu'il me consacrait dans une revue spécialisée, *The Technician*, Andy Roxburgh écrivait que j'avais tout fait dans mon domaine, du monde amateur au secteur professionnel : joueur, entraîneur-joueur, entraîneur, DTN, sélectionneur, manager, directeur. Il aurait pu ajouter intendant, consultant, superviseur ou conseiller, plus deux ou trois fonctions moins en vue, en creusant davantage la question.

Il aurait mieux résumé une vie dédiée au football.

Seul le titre de président manque à mon « palmarès », mais il y a peu de chance que je cède un jour à la tentation. J'entends dire que l'on me prête des visées sur la présidence de la Fédération Française de Football dont les élections sont proches. J'avoue ne pas y avoir réfléchi, jusqu'à présent. Pour s'engager dans une telle bataille, il faut du temps et de l'énergie, accepter de prendre des coups et s'autoriser à en donner.

La vie est divisée en trois phases, que j'appelle les trois S.

Les années de survie, d'abord. Dans cette période, le jeune passe ses diplômes, se bagarre, se fraie un chemin, cherche un job, s'accroche, rencontre sa première femme.

Il essaie de trouver sa place dans la société. Il se lance.

Les années de succès ? Globalement, elles interviennent entre 35 et 55 ans. Le jeune a grandi : il bénéficie d'un acquis, est davantage reconnu dans son activité, a plus de maturité, gagne mieux sa vie. Il se déploie, et obtient la récompense de ses efforts.

Viennent les années de sens, quand le luxe consiste à choisir. On n'appréhend plus les événements de la même façon. On ne s'engage plus dans l'urgence car la patience est devenue une force. On n'a plus grand-chose à prouver, sinon à soi-même. Je découvre cette période où la quête de sens n'est pas un vain mot.

À Noeux-les-Mines, je me suis consacré sans relâche à mon métier, comme l'a fait Guy Roux à Auxerre, mais à la puissance 10, sans me rendre compte que je travaillais. Je n'ai pas pensé une seule seconde que j'accomplirais ensuite quelques kilomètres pour servir le RC Lens. Romain Arghirudis était venu me chercher parce qu'il connaissait l'un de mes joueurs, Joachim Marx, avec lequel il était lié. Sans lui, je ne serais jamais allé à la rencontre du peuple sang et or. Je croyais rester une année à Lens, comme Jean Sérafin dont l'action n'avait pas excédé une saison. Mais notre qualification pour la Coupe de l'UEFA en décida autrement. Et la folle aventure commença.

À Lens, comment pouvais-je me douter que j'atterrirais un jour au Paris Saint-Germain ? La capitale me paraissait tellement éloignée et impénétrable. Il aura suffi d'une rencontre impromptue avec Francis Borelli, dans la pénombre d'un parking de stade, un soir de match, pour que ma trajectoire bascule. J'espérais devenir directeur technique national, j'en conviens, mais le poste ne se libéra qu'à la faveur du passage de Michel Hidalgo à Marseille, puis de l'éviction d'Henri Michel. Sans ces circonstances particulières, je n'aurais pas intégré les services de la Fédération. À quoi tient un destin ? Tout s'enchaîna, encore : j'ai été nommé adjoint de Michel Platini en équipe de France, à la suite du refus de Marc Bourrier de le seconder, puis intronisé sélectionneur, sous la double insistance de Jean Fournet-Fayard et de Claude Bez. Comme dans un tourbillon, qui m'emporta dans un univers nouveau, que je n'avais jamais cru pouvoir pénétrer. Après mon échec avec les Bleus, je me suis recentré sur ma tâche à la DTN, mais Christian Damiano s'effaça pour me laisser les rênes de l'équipe de France des moins de 18 ans, m'offrant ainsi la possibilité de rebondir. Jamais, même dans mes rêves les plus fous, l'idée de rejoindre Liverpool comme premier entraîneur étranger du club ne m'avait effleuré l'esprit. Puis j'ai profité du départ de Paul Le Guen de son poste d'entraîneur de Lyon et, plus tard, la démission de Martin O'Neill, à Aston Villa, m'a ouvert, une deuxième fois, les portes de l'Angleterre.

Mon parcours a été jalonné d'imprévus et de surprises, d'heureuses coïncidences et de bonne fortune et, parfois, je me dis que la vie m'a gâté, au-delà de mes espérances.

Une bonne étoile se promène au-dessus de ma tête et me poursuit de sa généreuse assistance. Je n'évoque même pas mes deux accidents cardiaques qui auraient dû m'interdire de rester au contact du monde des vivants. À l'hôpital de Liverpool, je n'oublie pas que certains infirmiers me touchaient comme si j'étais l'enfant du miracle.

La chance ? J'ai une vague idée sur la question.

En même temps, je ne me réfugie pas derrière elle.

Je me souviens de la réponse d'un grand golfeur, auquel un journaliste venait d'expliquer qu'il avait eu beaucoup de chance de remporter son tournoi. « Oui, vous avez raison, lui avait-il répliqué. Je remarque que plus je travaille, plus j'ai de la chance. »

N'ayant jamais été joueur professionnel, j'ai travaillé d'arrache-pied, sans doute plus que les autres, pour m'imposer. Je me suis « musclé » dans la difficulté, en me frayant un chemin et en jouant parfois des coudes. Quand vous recevez des coups, soit vous vous écroulez, soit vous résistez. Vous vous apercevez, alors, que votre peau est solide. La mienne l'est.

Bien sûr, je nourris des regrets quand je pose mon regard sur une carrière qui a connu des vicissitudes.

Au PSG, je déplore que Francis Borelli ait fait son mercato tout seul, en 1986, lorsque j'assistais à la Coupe du monde. La suite aurait pu être différente.

Je n'aurais pas dû utiliser l'expression : « Ginola a commis un crime contre l'équipe de France », qui a été mal comprise et qui a causé tant de contrariétés à David.

Je m'en veux de ne pas avoir accueilli avec assez d'enthousiasme des grands clubs, comme le Bayern Munich, qui se sont présentés un jour sur le pas de ma porte.

J'enrage d'avoir raté le recrutement de Liverpool quand la maladie me fragilisa, en 2002 et en 2003. Je l'ai payé plus tard.

Je me dis que des postes importants se sont offerts à moi trop tôt, et que j'aurais dû attendre dix ans avant de devenir sélectionneur de l'équipe de France.

Je n'ai pas tout bien fait ? Ce n'est pas faux.

Je n'ai pas tout réussi ? Impossible de le nier.

Mais je ne referai jamais ma vie. Je n'y tiens pas : je garde tout. J'ai aimé le plaisir que j'ai éprouvé et la confiance que l'on m'a accordée.

« L'un des principes les plus ancrés dans la vie, c'est le profond désir d'être apprécié », affirmait Thomas Jefferson, dans une formule dont il avait le secret. On ne saurait être plus clair. Je ne ressasse pas mes souvenirs, et la nostalgie ne constitue pas mon moteur. Mais je ne néglige rien, pas même ce que l'expression de l'ancien président des États-Unis révèle de fondamental dans l'histoire d'un homme.

Donner, transmettre, en recueillir la récompense.

Et si c'était le sens d'une vie ?

Entretien
« LE FOOTBALL ENTRE DANS UNE PHASE PLUS ÉDUCATIVE ET PLUS SOCIÉTALE »

Depuis la Coupe du monde 1982 organisée en Espagne, Gérard Houllier a assisté à toutes les phases finales des grandes compétitions internationales, excepté la Coupe du monde 2002, en Asie, dont il a été privé pour des raisons de santé. Il a aussi suivi l'ensemble des éditions de la Ligue des champions depuis quatre décennies, parfois comme acteur, le plus souvent comme témoin, si bien qu'il possède une connaissance du haut niveau incomparable. Il fait part, ici, de ses principales observations glanées au fil des ans, en veillant à jeter un pont entre le football d'hier et celui d'aujourd'hui. Car si sa vie est un roman, qu'il vient de dévoiler dans *Je ne marcherai jamais seul*, elle est aussi truffée de souvenirs et d'observations de terrain.

Vous le racontez dans cet ouvrage autobiographique : durant votre carrière, vous avez œuvré avec des responsabilités distinctes (entraîneur, sélectionneur, directeur technique, manager, consultant…) et dans des environnements variés (France, Angleterre, UEFA, FIFA…). De vos multiples postes d'action, qu'avez-vous remarqué de singulier dans l'évolution du football ?

Il suffirait simplement de comparer la finale de la Ligue des champions 2002 à Glasgow, qui me vient à l'esprit, et celle disputée au même endroit 42 ans auparavant pour mesurer l'étendue des changements qui se sont opérés. Le stade n'avait plus rien à voir ; les vestiaires, les tribunes, la lumière, la pelouse, les buts, le ballon, les équipements étaient tous différents. Lors du Real Madrid-Eintracht Francfort de 1960, le jeu s'écoulait lentement et l'expression des joueurs paraissait très libre. En 2002, le jeu était plus sophistiqué – on se souvient du but sublime de Zinédine Zidane. À l'inverse de Miguel Muñoz, l'entraîneur du Real de l'époque, Vicente Del Bosque avait presque un statut de star, en tout cas un profil très médiatisé. Rien à voir avec son prédécesseur ! Et il se trouvait à la tête d'une équipe composée de joueurs venus de tous les horizons, d'Europe et d'Amérique du Sud, et tous multimillionnaires. Quel énorme contraste ! Je me souviens que nous avions eu, sur le sujet, après la finale, une réflexion approfondie au sein du groupe d'experts de l'UEFA, et le sentiment unanime était que le football avait vraiment basculé dans un autre monde.

À quelle source vous êtes-vous nourri vous-même pour forger vos convictions d'entraîneur ?

Votre question renvoie à une réflexion de Fabio Capello, exprimée dans une interview à *L'Équipe Magazine* : « L'entraîneur est un voleur », disait-il en substance. Il prend les bonnes idées des autres, et les adapte à sa sauce et à sa personnalité.

« RINUS MICHELS ET ARRIGO SACCHI M'ONT INFLUENCÉ »

C'est aussi votre cas ?
Comme tout le monde, je n'échappe pas à la règle. Au départ, celui qui m'a inspiré, c'est Guy Debeugny, dont les méthodes d'entraînement avant-gardistes, à Noeux-les-Mines, ont alimenté mes réflexions pour le restant de ma carrière. J'ai tout appris à son contact. Mais, sans le savoir, Rinus Michels a aussi été une sorte de mentor. Par la façon dont il a fait jouer ses équipes, il a permis une avancée considérable dans l'évolution du jeu. Elles déstructuraient les matches par la disposition originale des joueurs sur le terrain, dont la polyvalence a conduit à ce football total qui fut la marque de fabrique de l'Ajax Amsterdam des années 70 comme de la sélection des Pays-Bas. Un jour de 1995, on s'est retrouvés tous les deux en Israël pour un séminaire d'entraîneurs. Bloqués dans les embouteillages, à l'arrière de la voiture qui nous emmenait en direction de notre lieu de rendez-vous, nous avons discuté pendant une bonne heure et demie. Il m'a décrit le rôle exact de certains joueurs charismatiques, et a insisté sur les nécessaires relais de l'entraîneur qui ne peut pas s'occuper

de la même façon des 25 joueurs de son effectif. C'était passionnant. Sur l'instant, je me suis dit : « Pince-toi, c'est la chance de ta vie... »

D'autres entraîneurs ont-ils produit le même effet sur vous ?
J'ai beaucoup apprécié la fréquentation d'Arrigo Sacchi. J'ai observé ses séances d'entraînement de visu, y compris celles de l'équipe nationale d'Italie quand il en a eu la responsabilité. Elles étaient encore plus étonnantes que celles de Milan. Il y avait chez lui un mélange subtil de velours et de fer. Une main de fer dans un gant de velours. Personne ne discutait ce qu'il avait décidé, le respect était total. Il était d'une grande gentillesse... sauf dans le travail ! Je l'ai vu entraîner debout, sur une chaise, en criant ses ordres. C'était impressionnant : tout était réglé comme du papier à musique.

Il a contribué à révolutionner l'esprit de la Serie A.
Vous connaissez peut-être le message que lui a adressé Silvio Berlusconi à un moment crucial de l'histoire du Milan AC. Prendre en compte la dimension du spectacle et en même temps la notion de résultat. Telle était sa mission, parfaitement remplie. Dans le haut niveau, on ne peut pas gagner n'importe comment. C'était une pierre dans le jardin des entraîneurs.

D'autres entraîneurs, encore ?
J'ai suivi les entraînements de Carlos Alberto Parreira en 1994. Quand le ballon était récupéré à un endroit du terrain, il lançait immédiatement un nouveau ballon ailleurs

pour que ses joueurs effectuent les mêmes manœuvres, dont il déchiffrait le temps de réaction. Il m'a donné quelques pistes dans le management d'un groupe. « Un joueur qui n'a plus faim, ne le prends surtout pas », ne cessait-il de me dire. Il estime que la clé du succès repose dans l'envie du joueur de réaliser quelque chose qu'il n'a jamais fait. C'est son explication du triomphe du Brésil à la Coupe du monde 2002, mais aussi de sa déconfiture, quatre ans plus tard, en Allemagne. J'ai eu également des discussions instructives avec Alex Ferguson qui me lâchait toujours deux ou trois petits conseils utiles, dont je me suis imprégné : « Sois toujours en contrôle… », « Garde sans cesse la main sur ton groupe… »

Quelles transformations le jeu a-t-il subies tout au long de votre parcours professionnel ?

La Coupe du monde 1990 en Italie a marqué une borne décisive. Elle a permis de secouer le cocotier et de trouver des remèdes à un football devenu serré, cadenassé, fermé et peu spectaculaire. La FIFA a pris des mesures qui ont permis d'aérer le jeu et de lui rendre sa vertu première, celle de la quête offensive : la passe en retrait au gardien, le tacle par derrière, le rôle du dernier défenseur, la surveillance accrue dans la surface de réparation, le nombre de ballons autour du terrain pour une remise en jeu rapide… Autant de décisions qui ont transformé les choses en profondeur. Je peux ajouter l'utilisation de la vidéo : en 1994, pour avoir donné un coup de coude à un adversaire, l'Italien Mauro Tassotti avait écopé d'une suspension de huit matches pendant la Coupe du monde, le privant de la finale contre le Brésil. C'est sur la foi des images de la télévision qu'il avait été puni. Depuis, les joueurs font plus attention à leur comportement.

« LE GRAND CHANGEMENT, C'EST LA VITESSE COLLECTIVE DU JEU »

Un jeu plus ouvert et plus offensif : comment se manifeste-t-il, concrètement, sur le terrain ?

Le maître mot, c'est la vitesse. La vitesse dans le jeu, la vitesse de réaction, la vitesse d'enchaînement. Le rythme des matches est plus intense car la vitesse collective du jeu est supérieure. Elle rend les confrontations entre les équipes plus « enlevées ». Je garde en mémoire une action d'Alvaro Morata, avec la Juventus Turin, contre le Borussia Dortmund, lors de la Ligue des champions 2014-2015. Il se trouvait le long de la ligne de touche et, en pleine course et en un éclair, il a contrôlé le ballon, s'est retourné à 180 degrés puis s'est échappé face à des défenseurs qui sont restés sans réaction. Un geste éblouissant. Autre facteur d'évolution : la réduction des distances entre les lignes bouleverse le comportement du joueur, celui de l'attaquant en particulier. Il a moins d'espace mais il est plus protégé qu'avant grâce un arbitrage plus adapté. Parfois, c'était une vraie boucherie ! Aujourd'hui, il peut se libérer du marquage de son défenseur par une feinte, sans crainte d'être abattu. Enfin, l'exigence technique et physique est plus forte : davantage de courses et de duels, donc une sollicitation incomparable du joueur.

C'est une réalité pour tous les joueurs ?

La mutation des défenseurs centraux, depuis une trentaine d'années, est intéressante. Leur bagage technique est plus riche. Normal : la première passe est fondamentale pour assurer une bonne relance. Le stoppeur version ancienne époque tend à disparaître. Fini les Patrice Rio, les Yvon Le Roux ou les Hans-Georg Schwarzenbeck ! Ce n'est pas méchant de le dire, et de citer leurs noms, c'est un constat. Dans l'axe, l'exemple a été montré par des joueurs comme Laurent Blanc, et il l'est aujourd'hui par Javier Mascherano ou Gerald Piqué, à Barcelone. Aller vite, sur une passe « propre », pour empêcher le bloc adverse de se mettre en place : voilà le challenge ! Mais plus généralement, le footballeur est devenu un athlète du football.

Le poste d'arrière latéral, lui aussi, a été bouleversé par une approche tactique différente ?

Le temps où Johan Cruyff, alors entraîneur de Barcelone, disait à Hristo Stoïchkov : « Marche sur la ligne ! », ce temps-là est révolu. Aujourd'hui, à Manchester City, David Silva rentre vers l'intérieur pour créer le surnombre au milieu de terrain, et le latéral s'engouffre dans l'espace libéré. Il doit être un bon footballeur, lui aussi, capable d'éliminer et de centrer. S'il est habile techniquement, il peut avoir une implication décisive dans la relance ou dans les manœuvres de débordement. La Coupe du monde aux États-Unis avait été un « marqueur » : les latéraux brésiliens montaient souvent sur leurs côtés, à l'image de Jorginho, de Cafu, de Branco ou de Leonardo. Dunga, lui, restait en place : il était une sorte de soupape de sécurité.

Sergio Busquets est celui-là, à Barcelone, comme Thiago Motta au Paris Saint-Germain. Fabrice Poullain était la soupape du PSG modèle 1986, et Luis Fernandez se projetait davantage vers l'avant.

Dans ce dispositif, le latéral peut perdre en position défensive ce qu'il gagne en phase offensive.
C'est possible. Et c'est la raison pour laquelle l'ailier doit savoir défendre. C'est même indispensable. En début d'année dernière, José Mourinho avait reproché à Eden Hazard de ne pas défendre suffisamment et de mettre Chelsea en danger. Avant, l'ailier se cantonnait à un rôle bien spécifique, comme le faisaient Maryan Wisniewski, Didier Six ou Bruno Bellone. Son registre s'est élargi : il faut qu'il sache dribbler, mais aussi conserver le ballon, se recentrer, défendre… Dans son secteur, il doit davantage combiner, et se montrer habile dans le jeu court. C'est le cas de Neymar, à Barcelone.

« LES ÉQUIPES QUI PRENNENT DES RISQUES SONT RÉCOMPENSÉES »

Quelles sont les tendances essentielles du football d'élite de ce XXIème siècle, d'un point de vue tactique ?
Toutes les équipes sont aujourd'hui bien organisées, et elles ont pour la plupart de bons footballeurs dont la formation a été très tôt assurée. Les petites nations travaillent correctement, et il n'est plus aussi facile qu'avant de se défaire d'une sélection comme la Slovaquie ou

la Slovénie, par exemple. C'est aussi l'une des conséquences de la globalisation du football qui entraîne de nombreux brassages. Mais la conclusion de l'observation des dernières grandes compétitions, Coupe du monde, Championnat d'Europe et Ligue des champions, est claire : ce sont les équipes qui prennent le plus de risques qui sont récompensées. Et celles qui ont la chance de posséder de grands attaquants. Le football est un sport collectif, mais ce sont les individualités qui finissent par faire la différence.

Pour espérer gagner, le jeu de contre peut aussi limiter les risques.
Une équipe peut gagner des matches en pratiquant le contre, mais pas un championnat ! Vous pouvez l'utiliser de temps en temps, sans créer pour autant un système. L'équipe moderne est celle qui est capable de jouer sur deux registres. J'appelle ça la stratégie du serpent : le jeu se déplace d'un côté à l'autre, part, revient, parfois sur un faux rythme ; et puis, grâce à une accélération individuelle ou à une explosion collective, il s'enflamme. En fait, il faut développer des attaques placées en sachant que la contre-attaque peut être plus prolifique et plus efficace !

Les effets de la « mondialisation » n'ont-ils pas pour conséquence de lisser les cultures et de produire un jeu stéréotypé ?
Je ne le crois pas. D'abord, elle offre aux équipes plus de richesse et de variété. C'est donc positif. Ensuite, si jamais elle risquait de provoquer un jeu stéréotypé, je connais l'antidote : l'imagination ! S'adapter, travailler différemment, s'inspirer d'autres expériences. Dans son management

général, l'entraîneur doit rester constamment en éveil. À lui de réussir l'alchimie entre ces cultures variées. Et de faire preuve à la fois d'expertise et d'ouverture d'esprit. Par exemple, de nombreux joueurs africains ne s'endorment jamais avant 1 h du matin, et le matin, ils n'arrivent pas à se lever. Quand vous jouez tous les trois jours, mieux vaut les laisser au lit ! Grégory Coupet, lui, à Lyon, se présentait à la table du petit déjeuner dès 8 h... Pendant un temps, j'ai eu des règles intangibles ; je les ai oubliées en chemin, par perspicacité et par tolérance.

Dans quelles proportions le métier d'entraîneur a-t-il changé au cours des dernières années ?
Déjà, le facteur temps n'est plus le même : l'entraîneur n'a plus le loisir d'asseoir sa propre philosophie. On ne lui en laisse pas la possibilité. Ensuite, il est un manager : il dirige un effectif très riche, dans tous les sens du terme, et un staff aux contours élargis. Il doit vivre avec la pression des supporters, des médias, des sponsors, et une grande partie de son activité est consacrée à la communication, au sens large. Presque la moitié de son temps ! Et puis, qu'il le veuille ou non, il est « starisé » – moins que les joueurs, mais il l'est malgré tout. José Mourinho est une star. Et Arsène Wenger devient plus connu que sa propre équipe.

Starisé mais plus aussi « incontestable » que par le passé...
Il avait un côté autoritaire qui le rendait incontesté, ça n'est plus le cas. Mais un phénomène identique affecte l'autorité des parents ou des instituteurs, dans une société chahutée et en ébullition où les relations entre les générations ont changé. Pour

schématiser, il y a eu l'époque de Jules Bigot et de Lucien Jasseron, dans les années 50 et 60. Au joueur, ils disaient : « Regarde ce que je fais, et fais comme moi… » Plus tard, il ne fallait pas trop discuter et, dans les années 80, le discours était plutôt : « Fais comme je te dis… » On n'en est plus là : le joueur, aujourd'hui, voit trois matches par semaine, il est à l'écoute des consultants, il a un bagage de connaissances plus important grâce à la télévision et à internet, et il en sait pratiquement autant que son entraîneur. Le rapport a évolué, il est plus riche, il peut être vertical et horizontal, mais aussi participatif. Au joueur, l'entraîneur doit être capable de dire pourquoi il lui demande d'exécuter tel ou tel exercice à l'entraînement. S'il ne le fait pas, il ne se fera pas comprendre et il ne sera pas suivi !

« L'ARRÊT BOSMAN A RENFORCÉ LE POUVOIR DU JOUEUR »

Le statut du joueur ayant changé dans des proportions considérables, est-il plus difficile à « manager » ?

Disons qu'avant, il éprouvait une certaine crainte face à l'entraîneur. Maintenant, il est en position de force. L'arrêt Bosman a contribué à augmenter son pouvoir mais, en même temps, il est devenu plus professionnel. Il a une culture de l'effort plus prononcée, car l'exigence dans le métier s'est élevée.

Il est plus « responsable » ?

Il est presque devenu son propre entraîneur. De toute façon, le haut niveau implique une responsabilisation individuelle et un mental fort : concentration ; contrôle de soi, de son jeu, de ses émotions, de son caractère, pour surmonter les moments difficiles. Le jeune aime la vie en groupe, qui équilibre d'autres occupations plus individualistes comme l'utilisation de la console ou de l'ordinateur. Mais il a besoin de causeries « en tête-à-tête » avec l'entraîneur, qui restent fondamentales pour son épanouissement personnel. Comme peuvent en avoir des enfants avec leurs parents, qui entretiennent le dialogue. En fait, l'entraîneur fabrique de la confiance, pour des joueurs qui se lassent rapidement et pour qui tout devient vite rébarbatif. C'est la zapping-génération, elle a du mal à se concentrer, mais il est possible, néanmoins, de la mobiliser et de l'impliquer sur des objectifs précis. Elle a besoin de concours extérieurs, comme d'autres. Pourquoi les patrons de grandes sociétés vont-ils chercher des coaches pour les aider dans leur cheminement ? J'ai moi-même pu compter, durant ma carrière, sur deux ou trois personnes avec lesquelles je discutais régulièrement de mon activité. Leur regard m'apportait beaucoup.

En même temps, le joueur « moderne » ne donne-t-il pas le sentiment, parfois, de pratiquer un sport individuel ?
La vraie star, c'est d'abord une star inscrite dans le collectif. Sans les autres, à Barcelone ou en sélection argentine, Lionel Messi ne peut rien faire, malgré son immense talent. C'est la force des grandes équipes que de savoir entretenir ce dessein collectif. Car le cancer du football, comme de la vie, c'est la jalousie.

Le joueur d'aujourd'hui n'est-il pas déroutant pour un entraîneur ?

Lorsque j'ai repris mon activité d'entraîneur de club, à Aston Villa, en Angleterre, un journaliste m'a posé la question en conférence de presse : « Qu'est-ce qui a changé depuis votre départ de Liverpool ? » Je lui ai répondu : « La surface de tatouage qui recouvre le corps des joueurs… » Pour eux, il s'agit d'art. Pourquoi pas, après tout ? Il y a vingt ans, un jeune n'aurait jamais osé se pointer dans un vestiaire avec de tels tatouages sur les bras ou dans le cou. Ou avec une coupe de cheveux « iroquoise », comme en arborent Marek Hamsik ou Radja Nainggolan, qui sont par ailleurs de très bons joueurs. En 1997, Thierry Henry avait choqué car il portait des chaussures de football blanches. Maintenant, c'est celui qui met des chaussures noires qui passe pour un hurluberlu. Certains jouent même avec deux chaussures de couleurs différentes ! En France, c'est Djibril Cissé qui est sans doute allé le plus loin dans l'excentricité, y compris vestimentaire.

« SE SOUVENIR QU'ON A EU 20 ANS, NOUS AUSSI... »

L'entraîneur doit-il fermer les yeux devant ce « spectacle » ?

Il doit surtout se souvenir qu'il a eu lui aussi 20 ans, un âge où on cherche à se démarquer et à s'affirmer. Faire preuve d'indulgence aide beaucoup dans le management, car on ne doit pas partir avec des a priori.

Jusqu'où peut aller cette indulgence ?

Jusqu'à accepter, par exemple, que des joueurs fassent leur prière avant les matches. Éric Abidal la faisait, rapidement. Mais à Lyon, c'est Mahamadou Diarra qui s'y pliait systématiquement. Il emportait son tapis avec lui et s'isolait dans les douches. Jusqu'au jour où je lui ai dit de prendre mon vestiaire, de fermer la porte et de prier le temps qu'il jugerait nécessaire. Pour les matches à l'extérieur, il n'avait pas d'autre solution, en revanche, et, revêtu de sa djellaba, il allait dans la partie réservée aux douches. Je sais qu'au Real Madrid, il pratiquait sa religion de la même façon, Fabio Capello m'en a parlé. À partir du moment où le collectif ne ressentait aucune gêne, je n'y voyais pas d'inconvénient.

L'entraîneur doit faire attention à tout, et pas uniquement à ce qui se déroule sur le rectangle vert.

Il faut qu'il demeure un expert, voire un historien du jeu, et qu'il sache, par exemple, ce qu'ont apporté Valeri Lobanovski, Arrigo Sacchi ou même Guy Roux avec son marquage individuel ; en même temps, il doit faire passer son message avec passion et se comporter comme un psychologue.

Un homme tous terrains !

Il doit vivre avec la certitude que le haut niveau, c'est aussi la crise et le rebond. Tout le monde a connu des moments de gloire et des périodes de dégringolade. Avant de s'imposer à Valence puis à Liverpool, Rafael Benitez avait galéré ! Et Aimé Jacquet, avant de devenir champion du

monde en 1998, souvenez-vous de ce qu'il avait enduré !
Je ne m'oublie pas dans le lot car, en 1993, j'étais moi
aussi au fond du trou après l'élimination de la France
de la Coupe du monde aux États-Unis.

La « formation continue » de l'entraîneur est-elle indispensable pour qu'il tienne la rampe ?
Pour progresser, il faut aller voir des matches d'un niveau supérieur à ceux que vous jouez habituellement. Être en éveil permanent à travers des stages, des contacts, des discussions, des confrontations, des lectures. Un entraîneur doit créer autour de lui un environnement dynamique et intense – d'où aussi l'importance de son staff, qui est devenu une « armée ». S'il a vraiment cette envie, il avancera. Car, lorsqu'on veut changer les choses, on y arrive.

Depuis 1947, différentes « écoles » ont imprimé leur marque, et vous avez évoqué les noms de Rinus Michels, de Valeri Lobanovski ou d'Arrigo Sacchi. Et si l'on évoquait l'entraîneur de demain : qu'inventerait-il d'original ?
Je pourrais répondre que l'idée de gagner est tellement obsédante, car liée à la dimension économique du football, qu'elle érode toute forme d'imagination. Ce serait la version pessimiste. Mais je suis persuadé qu'un entraîneur, un jour ou l'autre, aura une forme d'inspiration ou de culot pour inventer quelque chose de totalement nouveau. Ce qu'a réalisé l'Allemagne de Joachim Löw lors de la dernière Coupe du monde est à cet égard intéressant. Elle a inscrit la possession du ballon au cœur du jeu allemand, tout en

conservant ses traditionnels atouts athlétiques et tactiques. Elle a surpris tout le monde, et ce n'est peut-être pas terminé. L'évolution est nette, au niveau international : il faut gagner avec style, avec panache, en assurant le spectacle. Plus personne n'y coupera et on ne pourra plus revenir en arrière.

« LA GOAL-LINE TECHNOLOGY, J'Y SOUSCRIS À 100 % »

Le contenu de la préparation du match a-t-il été revu dans des proportions significatives ?

Avant, vous entraîniez pour entraîner. Maintenant, il faut être capable d'expliquer ce que l'on veut faire et trouver des exercices qui se rapprochent des conditions du match. Mettre par exemple l'accent sur la qualité des passes et des centres, car plus les espaces se réduisent et plus le niveau technique doit s'élever. José Mourinho, lui, organise des séances spécifiques, héritées sans doute de Barcelone, où il est passé. Il n'y a pas de hasard. Ses joueurs s'entraînent pendant une heure et demie non-stop, et passent d'un exercice à l'autre sans aucun temps mort, sur trois terrains contigus. Les entraînements ne sont plus découpés, et ils se rapprochent de la réalité de la compétition et de la stratégie définie pour bien y figurer. L'avenir appartient à ceux qui sont créatifs.

La relative précarité de l'emploi peut provoquer des comportements ou des modes d'action restrictifs.

Quel que soit le club, la mission d'un entraîneur-manager est triple : gagner un titre ou réaliser l'objectif ;

laisser un style en héritage ; faire progresser ses joueurs. L'entraîneur est celui qui aime que les autres réussissent et s'épanouissent. Les joueurs, donc ! Steven Gerrard m'a adressé publiquement, un jour, un compliment : « Gérard Houllier a fait de moi le joueur et l'homme que je suis devenu. » J'étais heureux.

Les grandes compétitions peuvent-elles déboucher sur une amélioration du jeu et entraîner une part d'innovation ? Ou sont-elles condamnées à être le champ clos d'un jeu connu d'avance ?
Historiquement, les Coupes du monde ont beaucoup apporté à l'évolution du jeu en favorisant la liberté individuelle d'expression : la virtuosité de la Hongrie en 1954, le 4-4-2 de l'Angleterre d'Alf Ramsey en 1966, le Brésil de Pelé en 1970, le football total des Pays-Bas en 1974, le libero modèle Helmut Schön de l'Allemagne des années 70… Ensuite, un double virage s'est produit, avec une élévation générale du niveau athlétique et la mise au point d'organisations plus rigides. Du coup, la Coupe du monde n'offre plus le même attrait, encore que l'Espagne en 2010 et l'Allemagne en 2014 ont chacune montré qu'une part d'innovation était possible. Quant à la Ligue des champions, elle présente une palette large et captivante, et propose certainement les matches les plus intenses.

Dans l'optique du développement d'un football plus conquérant et plus épanoui, la vidéo peut-elle apporter sa contribution ?
Oui et non. J'aime bien l'idée de l'universalité du football, qui se pratique avec les mêmes règles un lundi

soir à Issy-les-Moulineaux qu'un dimanche après-midi à Madrid. Mais je conçois qu'il ne soit pas fait pour entretenir ou pour encourager l'injustice.

Expliquez-vous.
La « goal-line technology », j'y souscris à 100 % pour les grandes compétitions. Personne ne peut justifier qu'un seul homme – l'arbitre – puisse se tromper sur une phase de jeu aussi importante (le ballon a-t-il oui ou non franchi la ligne ?) quand des millions de téléspectateurs détiennent la bonne réponse. J'ai le souvenir du match Angleterre-Allemagne de la Coupe du monde 2010, lorsqu'un but a été injustement refusé aux Anglais alors que le ballon avait franchi la ligne. Poursuivre dans le refus de la goal-line n'honorerait pas le football.

Et mettre un arbitre supplémentaire ?
Ce serait prendre le risque d'avoir des erreurs supplémentaires.

Le credo, c'est : tout pour la vidéo ?
Non. On y viendra probablement un jour mais je reste sceptique sur son utilisation « intensive ». Lorsque je vois certains ralentis, à la télévision, j'ai des doutes. Parfois, je suis incapable de déterminer si la faute est réelle ou pas, si elle a été commise à l'intérieur de la surface de réparation ou pas, si elle mérite un coup-franc ou pas. Il faut laisser aux hommes le soin de diriger les matches. D'ailleurs, je remarque qu'ils sont de mieux en mieux préparés, et de plus en plus performants dans l'exercice de leur tâche.

« N'EST-CE PAS LA LIMITE D'UN JOUEUR COMME IBRAHIMOVIC ? »

Pour résumer votre vision du football et de son évolution, l'avenir appartiendrait à ceux qui sont inventifs, qui misent sur l'offensive et qui assurent le spectacle. Un beau programme pour se faire élire, ou une belle campagne de promotion à mettre en musique ! Sont-ils le fruit de votre seule imagination ou bien correspondent-il à une réalité en marche ?

J'aime bien le mot anglais « entertainment » : il fait partie de mon credo. Dans un premier temps, le football a pris le soin de s'organiser, et de créer des compétitions, nationales et internationales. Puis il est passé à une phase de commercialisation, avec un produit qu'il a cherché à vendre, d'où l'arrivée des sponsors, des partenaires et de la télévision qui contribuent à son financement. On entre, à mon avis, dans un troisième cycle, plus « éducatif » et plus « sociétal ». Un cycle où les valeurs générales seront davantage mises en exergue, et la notion de spectacle revalorisée.

Dans une période où le culte de la vedette envahit la place publique, votre constat est paradoxal.

Mais je reviens à ce que disait Rinus Michels : la vraie star, c'est la star d'équipe. N'est-ce pas la limite d'un joueur comme Zlatan Ibrahimovic, d'ailleurs ? Une star dans toute sa dimension individuelle, à la différence d'un joueur comme Andrés Iniesta, une autre star mais pleinement inscrite dans un projet collectif et qui n'en dévie jamais. Il y a un juste équilibre à trouver entre ego et humilité. Ce n'est pas facile pour tous. Je pense que le football reposera de plus en plus sur des principes et des comportements éducatifs. La vidéo amplifiera tout, et encouragera à cultiver certaines vraies valeurs.

Quel optimisme !
Je suis peut-être idéaliste.

N'attribuez-vous pas un rôle supérieur au football, qu'il serait bien en peine d'assumer ?
Je n'irais pas jusque-là. Le football ne doit pas devenir une religion, ou un concentré des valeurs de la vie. Mais je m'aperçois de plus en plus que le sport collectif contient des éléments utiles dans la vie de tous les jours. Je veux m'en tenir à la déclaration de l'écrivain Albert Camus, dans les années 50, pour qui le football était vécu comme une école de la vie : « Vraiment, le peu de morale que je sais, je l'ai appris sur les terrains de football et les scènes de théâtre qui resteront mes vraies universités. » Des endroits où il se sentait à la fois solitaire et solidaire. Chacun, dans le monde du football, doit prendre conscience de la responsabilité collective du spectacle à offrir aux spectateurs.

Recueilli par Denis Chaumier

CV et Statistiques

HOULLIER Gérard, Paul, Francis

Né le 3 septembre 1947 à Thérouanne
(Pas-de-Calais)
Fils de Francis et de Gisèle Houllier, née Bertin
Marié le 25 octobre 1991 à Isabelle Duranteau

Études
Institution Sainte-Austreberthe, Montreuil-sur-Mer
Lycée Albert-Châtelet, Saint-Pol-sur-Ternoise
École Normale de Douai
Université Lille III-Charles de Gaulle

Diplômes
Diplômé de l'École Normale de Douai
Certificat d'aptitude pédagogique d'instituteur
puis de professeur de collège
Maîtrise d'anglais
Brevet d'État d'éducateur sportif
Diplôme d'entraîneur professionnel de football

Carrière
Instituteur
Professeur de collège à Hucqueliers (1970-72)
Conseiller d'éducation à l'École supérieure de commerce (ESC) de Lille
Professeur à l'École Normale d'Arras puis à l'ESC Lille (1972-82)

Parcours de joueur
Hucqueliers (1959-1968)
Liverpool Alsop (ANG, 1968-69)
Hucqueliers (1969-1971)
Le Touquet (1971-1976)

Parcours d'entraîneur
Le Touquet (1973-1976)
Nœux-les-Mines (1976-1982)
RC Lens (1982-1985)
Paris S-G (1985-octobre 1987 ; janvier-juin 1988)
Directeur technique national (1989-1998)
Équipe de France (adjoint A, 1988-1992 ; entraîneur A, août 1992-novembre 1993 ; U18, 1994-1996 ; U20, 1996-97)
Liverpool FC (ANG, 1998-2004)
Olympique Lyonnais (2005-2007)
Directeur technique national
(octobre 2007- septembre 2010)
Aston Villa (ANG, septembre 2010-2011)

Red Bull Soccer (directeur technique,
depuis juillet 2012)

Palmarès d'entraîneur
Champion d'Europe Juniors en 1996 avec l'équipe
de France Juniors
Vainqueur de la Coupe de l'UEFA en 2001
avec Liverpool FC
Vainqueur de la Supercoupe d'Europe en 2001
avec Liverpool FC
Champion de France en 1986 avec
le Paris Saint-Germain et en 2006 et 2007
avec l'Olympique Lyonnais
Vainqueur de la FA Cup en 2001 avec Liverpool FC
Vainqueur de la League Cup en 2001 et 2003
avec Liverpool FC
Vainqueur du Charity Shield en 2001
avec Liverpool FC
Vainqueur du Trophée des champions en 2005
et 2006 avec l'Olympique Lyonnais
Vice-champion d'Angleterre en 2002
avec Liverpool FC
Finaliste de la Coupe de la Ligue en 2007
avec l'Olympique Lyonnais

Nombre de matches
France
Barrages Division 1 : 2 (2 Noeux-les-Mines)

Coupe de France : 43 (8 Noeux-les-Mines, 15 Lens, 16 PSG, 4 Lyon)
Coupe de la Ligue : 5 (5 Lyon)
Trophée des champions : 2 (2 Lyon)
Division 1 : 291 (114 Lens, 101 PSG, 76 Lyon)
Division 2 : 102 (102 Noeux-les-Mines)
Division 3 Groupe Nord : 30 (30 Noeux-les-Mines)

Équipe de France

Éliminatoires Coupe du monde : 10
Rencontres amicales : 2

Angleterre

Charity Shield : 2 (2 Liverpool)
FA Cup et League Cup : 43 (37 Liverpool, 6 Aston Villa)
Premier League : 234 (204 Liverpool, 30 Aston Villa)

Europe

Ligue des champions : 34 (2 PSG, 14 Liverpool, 18 Lyon)
Coupe de l'UEFA : 39 (6 Lens, 33 Liverpool)
Supercoupe : 1 (1 Liverpool)
TOTAL 840 matches
(656 Championnat, 98 Coupes nationales, 74 Coupes d'Europe, 12 Équipe de France)

Distinctions

Meilleur entraîneur de France de D2 *France Football* en 1981 (avec Noeux-les-Mines)
Meilleur entraîneur de France de L1 (Trophée UNFP) en 2007 (avec l'Olympique Lyonnais)

Prix Pierre-Paul Heckly de l'Académie des sports
en 1985
Chevalier de la Légion d'honneur en 2002
Officier honoraire de l'Ordre de l'Empire
britannique en 2003
Docteur honoraire des Universités de Liverpool

INDEX

Abidal Éric, 255, 270, 271, 328
Abramovitch Roman, 266
Adams Tony, 121, 138, 204
Allardyce Sam, 313
Amorfini Jean-Jacques, 187
Amoros Manuel, 99
Ancelotti Carlo, 242
Anderson Sonny, 244
Anelka Nicolas, 117, 192, 231-235, 238, 304
Aragones Luis, 114
Aranzana Pierre, 43, 47
Arghirudis Romain, 10, 31-32, 310
Arribas José, 33
Aulas Jean-Michel, 10, 242-248, 249, 255, 261, 257, 259-267, 269, 271, 272, 274-276

Babb Phil, 162
Babbel Markus, 145
Bade Jean-Pierre, 36
Banzer Dr, 306
Barnes John, 49
Barthez Fabien, 183
Bats Joël, 44, 60, 62-63, 69, 252, 276
Battiston Patrick, 88
Bebeto, 99
Beckham David, 191, 224
Beckham Victoria, 224
Bellone Bruno, 322
Ben Arfa Hatem, 256, 279
Benitez Rafael, 328
Bent Darren, 304
Benzema Karim, 255-256
Berger Patrik, 204
Bergougnoux Bryan, 250
Bergues Maryline, 130

Bergues Patrice, 10, 14, 23, 129, 130-131, 137, 150-151, 155, 163, 171, 196, 202, 208, 246
Berlusconi Silvio, 318
Bez Claude, 68, 80, 81, 92, 311
Bialas Stefan, 29
Biancheri Henri, 49
Bibard Michel, 44, 60
Bigot Jules, 19, 325
Biguet Gérard, 60
Blanc Laurent, 93, 96, 104, 299, 300, 321
Blatter Sepp, 96
Blayau Pierre, 118
Bocandé Jules, 65, 67, 68-69, 72
Boixel Philippe, 171
Boli Basile, 93, 99
Bondoux Jean, 33
Boniek Zbigniew, 84
Borelli Francis, 10, 41-50, 56-57, 63, 65-66, 68, 70, 72, 269, 310, 312
Bosquier Bernard, 14
Bossis Maxime, 57
Boujenah Michel, 48
Boulogne Georges, 96
Bourrier Marc, 81, 311
Branco, 321
Braun Jacky, 21
Brisson François, 34, 36, 38, 41
Brochand Bernard, 46, 47-48
Brown Jack, 118-119, 120
Busquets Sergio, 321

Caçapa Claudio, 247, 250, 252, 270
Cafu, 321
Cahuzac Pierre, 29
Campbell Kevin, 173
Camus Albert, 16, 334
Cantona Éric, 53, 56, 85-86, 93, 94, 102-103, 104, 184-189, 191
Capello Fabio, 93, 227, 228, 267, 317, 328
Carné Marcel, 46
Carnus Georges, 14, 343
Carol Martine, 46
Carragher Jamie, 139-143, 157, 165, 181, 253
Casoni Bernard, 93, 99
Cayzac Alain, 10, 47, 71, 219, 223, 227, 235, 242
Cayzac Marinette, 219
Chambon Albine, 263
Cheyrou Bruno, 151
Chirac Jacques, 44
Christian-Jaque, 46
Cissé Djibril, 327
Clayton Keith, 148
Clough Brian, 149
Colas Jean-Claude, 83
Collins James, 313
Cornet Jean, 22
Corrigan Joe, 150, 151
Coste Christian, 42, 51-52
Coupet Grégory, 250, 270, 324
Cowans Gordon, 300

Cris, 270
Cruyff Johan, 71, 321
Cuperly Dominique, 179-180

Da Fonseca Omar, 44, 111-112
Dalglish Kenny, 134-135, 149, 166, 215
Damiano Christian, 110-111, 311
Debeugny Guy, 9, 23, 24, 25, 33, 317
Dein Darren, 308
Dein David, 10, 120, 122, 320
Del Bosque Vicente, 114, 316
Delelis André, 32, 38
Denoueix Raynald, 242
Deplanche Claude, 38
Deschamps Didier, 87, 105, 242, 290
Desumer Bernard, 290
Diao Salif, 175, 236
Diarra Mahamadou, 267, 270, 328
Di Meco Éric, 295
Diouf El-Hadji, 236-237, 249
Dixon Lee, 204
Djaziri Karim, 256
Domenech Raymond, 97, 100, 118, 277, 278, 283-292, 293-296
Domergue Jean-François, 179, 180
Drogba Didier, 266

Duchaussoy Fernand, 290, 298, 299, 311
Dugarry Christophe, 86, 295
Dunga, 321
Dunne Richard, 313
Dusseau Claude, 110-111
Duverne Robert, 252, 300

Émile Henri, 286
Ericksson Sven Göran, 224
Escalettes Jean-Pierre, 277, 278, 284-292, 293, 295, 297, 298-300, 305, 307
Essien Michael, 250, 259-267
Evans Roy, 131, 133-136, 137, 147-149, 150, 151, 154, 160
Évra Patrice, 293

Fagan Joe, 134-135
Faulkner Paul, 304
Ferdinand Rio, 162
Ferguson Alex, 139, 162, 183, 187-190, 228, 319
Fernandez Luis, 49, 51-57, 60, 61, 63, 64, 67, 68, 72, 88, 99, 111, 170, 186, 203, 231, 322
Ferri Jean-Michel, 267
Flak Simon, 22
Fourmanoir Jean-Claude, 14
Fournet-Fayard Jean, 10, 75, 77, 80-81, 85, 91, 96, 311

Fowler Robbie, 143, 146, 173, 198, 205-206, 209-211, 225, 232
Francescoli Enzo, 57
Francis Trevor, 184, 185, 198
Frau Pierre-Alain, 250
Fred, 252, 253, 262, 269, 270
Friedel Brad, 199

Gallas William, 117, 293
Gard Norman, 128, 180, 181
Gence Bernard, 22
Germain Bruno, 68
Gerrard Steve, 142-143, 156, 158-159, 165, 170-178, 180-181, 236, 256, 260, 272, 331
Gide André, 16
Gilhooley Jon-Paul, 177
Gili Gérard, 28
Ginola David, 86, 96, 99, 102-107, 172, 312
Girard René, 68, 283-285
Godart Jean-Michel, 27-28
Govou Sidney, 251, 253-259, 270, 283
Griezmann Antoine, 280
Guérin Vincent, 104

Halilhodzic Vahid, 65-67, 68
Hamman Dietmar, 145, 163, 164, 198-199, 209
Hamsik Marek, 327

Hazard Eden, 322
Heighway Steve, 169, 170
Henchoz Stéphane, 163, 164
Henry Thierry, 86, 112, 117, 254, 256, 289, 294, 327
Herbin Robert, 42
Heskey Emile, 215, 232, 303
Hidalgo Michel, 42, 81, 118, 310
Hilaire Francine, 185
Hoddle Glenn, 49, 184, 192
Hodgson Roy, 163
Hoek Frans, 199
Houllier Francis, 12, 13, 15, 16
Houllier Gisèle, 12, 14
Houllier Isabelle, 216, 219, 223, 239, 305
Houllier Jackie, 12
Houllier Serge, 12, 217, 219, 232
Hureau Jean-Pierre, 31
Hyypiä Sami, 163-165, 205-206

Ibrahimovic Zlatan, 333
Ince Claire, 159, 190-191, 201
Ince Paul, 137, 153-160
Iniesta Andrés, 279, 333
Irwin Denis, 188
Ivic Tomislav, 94

Jacques Robert, 44, 61, 169
Jacquet Aimé, 92-93, 99, 103, 105, 109-110, 114, 116,

294, 328
James David, 199
Jansen Rob, 199
Jasseron Lucien, 325
Jefferson Thomas, 312
Jodar Jean-François, 77, 78
John Elton, 224
Jorginho, 321
Jospin Lionel, 224-225
Juninho, 250, 254-255, 270, 273

Kanouté Frédéric, 238
Keegan Kevin, 135, 193
Kenyon Peter, 264-266
Kewell Harry, 214
Kist Kees, 69
Kopa Raymond, 13
Kostadinov Emil, 104, 113
Kovacs Stefan, 92
Krulak Charles, 304

Lacombe Bernard, 76, 248, 253, 274-276
Lacombe Guy, 242
Lagardère Jean-Luc, 56, 57
Lahm Philipp, 279
Lama Bernard, 94, 105
Lambert Jacques, 278, 291, 296, 311
Larqué Jean-Michel, 92, 295
Lavagne Léonce, 31
Leclercq Daniel, 36

Lee Sammy, 150-151, 155
Le Graët Noël, 91, 93, 105, 117-118, 298, 299-300, 310, 321
Le Guen Paul, 242, 246, 250, 255, 281, 311
Lemerre Roger, 32
Le Milinaire Michel, 28
Lemoult Jean-Claude, 54-55
Leonardo, 321
Leprovost Pascal, 34
Lerner Randy, 10, 297, 300, 304
Le Roux Yvon, 321
Leroy Bernard, 10, 24-25, 30
Le Scour Gérard, 47, 70, 71-72
Lippi Marcello, 86, 114
Litmanen Jari, 236
Littbarski Pierre, 57
Livermore Doug, 150
Lizarazu Bixente, 86
Lobanovski Valeri, 328, 329
Löw Joachim, 114, 329
Lowitz Claude, 44
Lukic John, 193

MacDonald Kevin, 300
Macias Enrico, 47
Makelele Claude, 267, 306
Makoun Jean II, 271, 304
Malouda Florent, 250, 270
Malvoisin Patrick, 43, 47
Marouani Charley, 50
Martel Gervais, 291
Marx Joachim, 29, 30, 38, 310

Mascherano Javier, 321
Materazzi Marco, 96
Mateschitz Dietrich, 10, 308
McAllister Denise, 166-167
McAllister Gary, 164-167, 300, 307
McAllister Jake, 167
McCann Fergus, 119
McManaman Steve, 122, 137
Mendes Jorge, 263-266
Mérelle André, 279
Messi Lionel, 326
Michel Henri, 75, 77, 78-79, 80, 81, 310
Michels Rinus, 307, 317, 333, 343
Milner James, 303
Milutinovic Bora, 71
Mombaerts Erick, 70, 71, 77, 279, 283-284
Monteil Henri, 290
Moores David, 121-123, 128, 148, 228, 238, 239
Moraes Antonio, 71
Moran Ronnie, 134-135
Morata Alvaro, 320
Morlans Jean-Pierre, 77, 78, 277, 278, 280
Mourinho José, 261, 263, 266, 322, 324, 330
Moyes David, 128
Müller Patrick, 247
Munaron Jacky, 37, 38
Muñoz Miguel, 316

Murphy Danny, 156, 174, 183

Nainggolan Radja, 327
Neymar, 322
Nowak Grégory, 242

Ogaza Roman, 36, 37
O'Leary David, 224
Olmeta Pascal, 57, 93
Olsen Morten, 37
O'Neill Martin, 300, 311
Oudjani Chérif, 41
Owen Michaël, 137, 154, 172, 174, 179, 183, 196, 202, 203, 205, 207, 211, 232

Pagnol Marcel, 48
Paisley Bob, 134-135
Papin Jean-Pierre, 84, 85, 88-89, 93, 94, 95, 101, 103
Parlour Ray, 139
Parreira Carlos Alberto, 295, 318
Parry Rick, 121-123, 148, 200, 228, 233, 240, 262, 263
Partridge Richie, 169
Pelé, 331
Pelissier Franck-Thomas, 248
Perez Christian, 86
Perpère Laurent, 235
Peyroche Georges, 42

Pibarot Pierre, 23
Pinault François, 118
Piqué Gerald, 321
Piveteau Fabien, 259
Platini Aldo, 87
Platini Michel, 10, 80-81, 83-90, 91, 92, 93, 100, 103, 104, 184-186, 287, 311
Pogba Paul, 280
Poll Graham, 176
Poullain Fabrice, 44, 61, 267, 322
Puel Claude, 242, 247, 275

Rabier Jean-Michel, 38
Raï, 99
Ramos Venancio, 38
Ramsey Alf, 331
Rashid Abbas, 10, 218-221, 226-227, 305, 306
Rashid Karveh, 218-219
Raynaud Fernand, 76
Redknapp Harry, 238
Redknapp Jamie, 192, 205-206
Repellini Pierre, 285
Réveillère Anthony, 270
Revie Don, 129
Richards Dave, 120, 121-122
Ricort Roger, 55
Riise John Arne, 172
Rijkaard Frank, 165
Rimbaud Arthur, 113
Rio Patrice, 321

Roach Dennis, 49, 184
Roberto Carlos, 250
Robinson Peter, 10, 115-117, 121-123, 130, 137-138, 148, 156, 162-165, 210, 260
Robson Bobby, 238
Roche Alain, 104
Rocher Roger, 14
Rocheteau Dominique, 62, 65, 67, 68
Rodgers Brendan, 167, 312
Romano Georges, 70
Romario, 99
Rotkoff Nicolas, 242
Roux Guy, 30, 179-180, 232, 310, 328
Roxburgh Andy, 187, 309
Rudi Petter, 122
Ruffier Richard, 35

Sacchi Arrigo, 318, 328, 329
Saccomano Eugène, 83
Sadoul Jean, 75
Sammer Matthias, 36
Sandjak Jamel, 321
Sandjak Lyazid, 67
Sarfati Maurice, 46
Sartre Jean-Paul, 16
Saunders Tom, 148, 149, 150
Sauzée Franck, 95
Schön Helmut, 331
Schwarzenbeck Hans-Georg, 321

Scolari Luis Felipe, 114
Seaman David, 204
Sécember Jean, 100
Sénac Didier, 36
Sène Oumar, 46-47, 61-62
Sérafin Jean, 20, 32, 34, 310
Seydoux Jérôme, 244-245, 264, 270-272, 278
Seydoux Michel, 278
Shankly Bill, 134-135, 150, 212, 231
Silva David, 321
Simonet Claude, 10, 117-118, 286
Six Didier, 322
Smicer Vladimir, 174
Smith Terry, 148
Smith Walter, 224
Solskjær Ole Gunnar, 155
Song Rigobert, 210
Souness Graeme, 134-135, 150, 184, 216
Sowinski Arnold, 32, 33, 133
Stables Dr, 306
Starr Ringo, 127
Stassievitch Alexandre, 29
Staunton Steve, 143-144, 162
Stein Jock, 183, 317
Stoïchkov Hristo, 321
Stopyra Yannick, 60
Susic Safet, 45, 55, 61, 62, 66, 67, 94
Syme David, 38
Talar Charles, 46, 47-48
Tapie Bernard, 93-94, 95, 96, 300

Tassotti Mauro, 319
Taupin Philippe, 43, 47
Tempet Jean-Pierre, 37
Thiago Motta, 322
Thiriez Frédéric, 321
Thompson Phil, 141, 144-145, 150, 159, 160, 182, 206, 211, 225, 227, 228, 239
Thuram Lilian, 173-174, 306
Tiago, 250, 270, 273
Tigana Jean, 68, 88, 92, 112
Tirloit Alain, 29, 34, 35
Tlokinski Miroslaw, 41
Trapattoni Giovanni, 164
Trézéguet David, 111-112
Trézéguet Jorge, 112, 117

Valdo, 99
Vandenbergh Edwin, 37
Van der Sar Edwin, 199
Van Nistelrooy Ruud, 191
Varane Raphaël, 280
Venglos Jozef, 120
Vercoutre Rémy, 270, 271
Vercruysse Philippe, 41
Vérebès Josef, 71
Vermeulen Pierre, 61, 63, 69, 169
Verschueren Jean, 25, 26, 56
Vieira Patrick, 168
Vogts Berti, 287
Waller Mark, 215, 305, 306
Weah George, 103

Weller Marc, 28
Wenger Arsène, 49, 77, 121, 122, 126, 129, 138, 162, 173-174, 191-196, 204, 210, 224, 234, 249, 290, 324
Westerveld Sander, 199-200
White Noel, 148
Wilkinson Howard, 185-186, 192
Willmott Peter, 125-126
Wiltord Sylvain, 249-251, 283

Wisniewski Maryan, 322
Xuereb Daniel, 36, 38, 66, 72

Yorke Dwight, 155

Zaremba Pascal, 38
Zidane Zinédine, 86, 96, 306, 316
Ziege Christian, 145